臺灣歷史與文化 研究輯刊

十九編

第4冊

冷戰下的國民黨海外黨務（1950～1962）

葉川睿 著

花木蘭文化事業有限公司

國家圖書館出版品預行編目資料

冷戰下的國民黨海外黨務（1950～1962）／葉川睿 著 -- 初
版 -- 新北市：花木蘭文化事業有限公司，2021〔民110〕
目 2+192 面；19×26 公分
（臺灣歷史與文化研究輯刊十九編；第 4 冊）
ISBN 978-986-518-452-0（精裝）
1. 中國國民黨 2. 組織管理
733.08   110000666

ISBN-978-986-518-452-0

9 789865 184520

臺灣歷史與文化研究輯刊
十九編 第 四 冊   ISBN：978-986-518-452-0

冷戰下的國民黨海外黨務（1950～1962）

作　　者　葉川睿
總 編 輯　杜潔祥
副總編輯　楊嘉樂
編　　輯　許郁翎、張雅淋　美術編輯　陳逸婷
出　　版　花木蘭文化事業有限公司
發 行 人　高小娟
聯絡地址　235　新北市中和區中安街七二號十三樓
　　　　　電話：02-2923-1455 ／傳真：02-2923-1452
網　　址　http://www.huamulan.tw 信箱 service@huamulans.com
印　　刷　普羅文化出版廣告事業
初　　版　2021 年 3 月
全書字數　169019 字
定　　價　十九編 23 冊（精裝）台幣 60,000 元

冷戰下的國民黨海外黨務（1950～1962）

葉川睿　著

作者簡介

葉川睿，臺灣國立暨南國際大學歷史系學士、碩士，專長海外華人史、近代國民黨研究。生活中也長期關注各類移民活動，及其適應、認同問題。目前為高中歷史教科書開發人員，致力於打造能培養學生歷史思維的教科書。

提　　要

　　1949 年，當國民黨主導的中華民國政府撤退至臺灣後，在圖謀反共復國計畫的同時，華僑自然成為當年國民黨急欲拉攏的合作對象。但經歷二戰與國共內戰後，許多海外黨部與黨中央失聯，或停止運作，造成 1950 年代國民黨在爭取海外華僑支持前，必須先重整失序的海外黨務。

　　1950 年，國民黨推動黨務改造運動，海外黨務改由中央改造委員會第三組專責處理。當時的第三組主任為鄭彥棻，鄭擔任主任的時間長達十二多年（1950～1962），任內積極重整失序的海外黨務，並同時推動海外黨務改造運動。學者楊建成認為鄭彥棻主持海外黨務的十二年間，可稱為「海外黨務復興」時期。

　　海外黨務復興運動大略分為三個時期，不論在哪個時期，鄭與第三組在推動海外黨務復興運動時，都必須面對僑居國政府對華僑與國民黨的非難，其中又以東南亞國家最為嚴重。東南亞地區一向為國民黨海外黨部的重點發展區，但由於二戰後東南亞各國民族主義興起，許多地區紛紛出現排華事件，使得國民黨在 1950 年代推行海外黨務復興運動時，必須面對比以往更加棘手的環境。

　　另外，1950 年代國民黨發展海外黨務時，同樣被捲入國際冷戰局勢之中。海外黨務一向與僑務、外交、情報交互合作，因為冷戰的關係使「美援」也加入國民黨的海外工作中，使當代的海外黨務更顯複雜。

　　然而，海外黨務雖有美國的援助，仍不敵海外華僑認同的轉變，以及各僑居國政府的打壓。海外黨務復興運動曾多次修正路線，不斷成立新組織主持海外黨務發展，但所獲得的成果卻相當有限；同時也讓國民黨在海外與中共鬥爭過程中背上干預他國內政的罪名。而國民黨在不斷修正海外黨務路線的過程中，更意味著其對海外黨務的主動性逐步減弱；不斷成立新組織主持海外黨務發展，也同樣意味黨中央第三組對海外黨務的掌控力道日漸減弱，不再做為國民黨整體海外工作的領導角色。

目

次

緒　論

一、研究動機與目的

　　二戰結束後，中國國際地位獲得提升，領導政府抗戰勝利的中國國民黨（以下簡稱國民黨）聲勢同樣獲得提升，縱使在抗戰後期國民黨不斷有負面的事蹟傳出〔註1〕，但海外華人社會仍多對國民黨寄予厚望。當時關注中國政局的多數海外華僑，莫不希望主政的國民黨能快速帶領中國從戰爭中復原，並實行憲政制度。國民黨主政下的國民政府為感謝華僑對抗戰的貢獻，也迅速擬定許多政策，專門負責歸僑復員和保僑，當時的計畫相當周詳，但卻因隨即而來的內戰，使得諸多政策遲至 1949 年均未施行。不僅政府部門的政策無法順利推動，當時國民黨海外部許多照顧海外黨員的政策也無法實行。〔註2〕

　　1949 年中華民國政府撤遷到臺灣，政府不僅失去中國大陸，美國也中

〔註1〕抗戰時期，軍費開銷數額龐大，雖然國內實行各種增稅募款措施，但仍無法填補財政黑洞。另一方面，戰爭導致的通貨膨脹在過了 1940 年後更加嚴重，使得政府支出大增，同時商店與工廠也積極囤積貨物保值。通貨膨脹不僅使一般百姓生活困苦，也導致商業投機行為快速發展，不僅民間如此，掌握政經資源的官員也同樣進行商業投機行為，甚至與軍方人員共同走私奢侈品，這些官員的行為在當時最為人所厭惡。而這些藉由政經優勢進行商業投機的官員，多為國民黨高層或與蔣家有姻親關係者，因此使得海內外許多華人均對重慶國民政府或國民黨不滿。詳見：郭廷以，《近代中國史綱》（臺北：曉園，1994），頁 830～832；林金枝，《近代華僑投資國內企業概論》（福建：廈門大學，1988 年），頁 27。

〔註2〕李盈慧，《華僑政策與海外民族主義（一九一二～一九四九）》（臺北：國史館，1997 年），頁 274～283。

止對中華民國政府的援助。使依靠華僑力量起家的國民黨與中華民國政府，必須再次注意海外僑界的力量，希望能夠獲得僑界的資源，達成「反共復國」的目的。〔註3〕

　　然而，1949年後的僑界已大不相同。當時的華僑社會一方面對分裂的中國感到失望，另一方面又必須面對僑居國的政治氣氛。東南亞許多國家於二戰後，紛紛尋求獨立自主，〔註4〕這些國家在尋求獨立的過程中常藉機排擠當地華僑，或要求華僑表明自己的政治態度，當時部分華僑轉選擇認同僑居國政治，另一部分華僑選擇繼續認同中國，更多部分的華僑則採取觀望態度。在當時，不論華僑的政治認同為何，均有「祖國」認同的問題，〔註5〕使得當時僑界政治立場更加複雜。

　　僑界政治立場的分歧，使得多次借重華僑力量度過政治難關的國民黨，在爭取海外僑心與推動海外工作時，比過往更加的艱難。在國共內戰時，隸屬政府部門的僑務委員會（以下簡稱：僑委會）受制於戰爭，無法完全實行戰後的歸僑復員及保僑交涉；同時，國民黨中央海外部也因戰火，人事組織一再縮編，導致黨務工作同樣成效有限。〔註6〕

　　所以，1950年後國民黨海外黨務工作（以下簡稱：海外黨務）在拉攏海外華僑支持「反共復國」時，將先面對幾個嚴苛的考驗：（一）因內戰而

〔註3〕華僑與中華民國政府和國民黨的淵源頗深，從革命建國、二次革命、護法運動、北伐、對日抗戰等重要事件與戰役，政府均獲得海外華僑的大力支持，進而度過難關。1949年中華民國政府不僅失去大陸，更失去美援的協助，在臺灣的中華民國政府地位岌岌可危，臺灣島上的資源有限無法支援蔣中正的「反攻復國」計畫。此時，海外華僑人數達一千兩百多萬人，約是當時臺灣軍民的兩倍，因此若能獲得僑界的支援，必能彌補臺灣資源不足的問題。詳細的敘述可見：鄭彥棻，《僑務問題的新認識》（臺北：海外出版社，1953年），頁21；「當前的僑務綱領及推進的基本原則」，1954年，【中山：鄭彥棻手稿】HW782.886 8458（5）no.316。

〔註4〕東南亞二戰後尋求獨立建國的國家有：馬來亞、菲律賓、越南、緬甸、印尼、柬埔寨、高棉、新加坡。可參見：巴素（Victor Purcell）著，郭湘章譯，《東南亞之華僑》（上）（臺北：正中書局，1966年初版）。

〔註5〕從歷史的常態來看，海外華人的政治立場會受中國政局與僑居國政治情勢的變化而轉變。二戰後，中國國內發生國共內戰，東南亞各國反殖民爭取獨立的意識高漲，導致海外華人的政治認同走向多元化。因此，使海外華人面對「祖國」問題時，均有不同的認同。

〔註6〕參見：李盈慧，《華僑政策與海外民族主義（一九一二～一九四九）》，頁274～283；中國國民黨中央委員會第三組編，《中國國民黨在海外（上篇）》（臺北：編者自印，1961年），頁239。

失聯的海外黨部；（二）部份海外黨部因二戰影響或遭查禁，導致當地黨務運作已停頓多時。失聯與停頓的海外黨部黨務問題，均是海外黨務在 1950 年後必須先面對的重大問題，但這還不是最困難的部份，更困難的部份是與海外黨部回復連繫後，該如何引導海外黨部正常運作，以及指導海外黨部面對可能遭遇的各種困難，例如應付當地政府的非難和當地親共人士的侵擾等。

關於這方面的議題，筆者在選修李盈慧老師的課時，曾寫過一篇相關的研究回顧：〈鄭彥棻時期（1950～1962 年）的海外黨務僑務政策史料介紹與研究回顧〉，[註7]而該篇研究回顧的確有助於筆者解決上述的問題，在該文中筆者整理出幾點結論和議題：（一）鄭彥棻主持海外黨務僑務共計十二年多（1950.08～1962.12），所以談論當時海外黨務時必不可忽略鄭彥棻與其主持的黨政組織；（二）鄭彥棻雖是當時海外黨務僑務的最高主管者，但所有相關的政策與提案仍須獲得黨內與組內會議通過，所以如果以主持海外黨務的中央改造委員會第三組（以下簡稱：第三組）和中央委員會第三組（以下簡稱：中央三組）為主，討論海外黨務，其廣度將會比圍繞鄭彥棻個人的史事分析來得大；（三）學界長期以來對於 1950 年後的海外黨務僑務關注多集中在 1960 年中期以後，對於 1950 至 1960 年間則多未注意。[註8]

1950 年代的海外黨務僑務有一項特點，特別在 1950 年代初期，由於政府部門緊縮，僑委員會一度有遭裁併的提議，且僑委會的海外工作因為戰亂幾乎陷入停頓狀態，所以當時的國民黨第三組也兼辦一部分的僑務工作。[註9]而原本由第三組管轄的業務，在國民黨第七次全國代表大會後

〔註7〕當年筆者於李盈慧老師開授的：「華僑華人與中國政局」，曾寫〈鄭彥棻時期（1950～1962 年）的海外黨務僑務政策史料介紹與研究回顧〉一文做為課堂報告。

〔註8〕1950 年至 1960 年的海外黨務主要研究，可以楊建成的著作為代表，楊以「海外黨務復興運動」稱呼鄭彥棻時期的海外黨務（詳細述說在下文的研究回顧將會論述）；至於 1950 年至 1960 年的海外僑務，其相關的研究成果，除僑教方面的研究成果有較多關於 1950 年至 1960 年的內容外（多研究美援僑生教育），華僑投資的議題則多集中在 1960 年之後，這或許與 1960 年後反攻大陸已快無望，同時海外排華事件有關，使得海外華僑傾向來臺投資，也因此有關華僑投資的研究斷限多集中在 1960 年之後。

〔註9〕上述內容參考自：李雲漢，《中國國民黨史述：第四篇保衛臺灣與建設臺灣》（臺北：中國國民黨中央委員會黨史委員會，1994 年），頁 141。

移交予中央三組，該組主任仍同樣是鄭彥棻，同時行政院僑委會委員長也是鄭彥棻（鄭是第一位擔任第三組主任，且又身兼僑委會委員長的人），故黨務部門與僑務機構之間的關係仍相當密切，且中央三組亦可能仍兼任部分僑務工作，此點使 1950 年代的國民黨海外黨務更具研究價值與意義。換個角度而言，如能對 1950 年代的海外黨務有透徹的認識，將能更進一步理解當時僑務的意義和精神所在。同時，若以鄭主持海外黨務的時期作為研究斷限，亦有足夠的時間檢視海外黨務發展的起伏過程，故本文的研究斷限定在 1950 至 1962 年乃是基於種種考量後而定之。另外，鄭彥棻雖是當年主持海外黨務的重要人物，但本文無意對鄭在海外黨務發展上的成就做出評斷，畢竟海外黨務政策非他一人決定就算數，所以本研究將以當時主管海外黨務的第三組與中央三組（以下以「黨中央第三組」作為第三組與中央三組的合稱）為主，透過黨中央第三組的權力變化分析海外黨務在當時國民黨眼中的重要性。

1950 至 1962 年間，國民黨黨中央第三組企圖恢復原有的海外組織，以拉攏海外黨員與華僑支持反共復國政策，但在恢復與重建的過程中卻必須面對詭譎多變的海外局勢，使其海外黨務在推行時並非一帆風順，而是邊推行邊修正路線，基於上述之因，使本研究決定探討 1950 年至 1962 年的國民黨海外黨務發展模式和興衰。

二、研究成果回顧

1950 年代中華民國雖已實行憲政，但實際上仍是以黨領政的局面，所以黨務、僑務的關聯性相當高。再加上鄭彥棻先後擔任第三組主任、中央三組主任，並同時兼任僑務委員長，使當時海外黨務、僑務雙方關聯相當密切，且當年黨務部門兼辦一部分的僑務工作，故本研究認為探討 1950 年代的僑務研究回顧，是有其必要性的。所以，研究成果回顧將會依下列兩大主題進行回顧：（一）中國國民黨海外黨務相關研究；（二）僑務的相關研究。

（一）中國國民黨海外黨務相關研究

學界對於國民黨黨務研究未曾間斷，在許多 1950 年代的黨務研究著作，多集中在 1950 至 1952 年間的國民黨黨務改造運動。以國民黨黨務改

造為研究主體的著作，〔註 10〕研究人員多注重當年國民黨改造與臺灣政
治發展的相關性，及這次黨務改造對國民黨發展史的意義，相較之下黨務
改造中的海外黨務以及改造後的海外黨務則鮮少被提及。但這些與本研究
相關性不高的著作，卻提供本研究許多有關黨務改造的知識與深層意義，
例如王良卿的《改造的誕生》〔註 11〕一書，使筆者理解國民黨實施黨務
改造的遠因與近因，以及黨務改造並非單純為 1949 年的大挫敗而生，而
是參雜許多黨內外的歷史因素而生。又如另一本研究成果稍早於王良卿
的論文，〔註 12〕陳曉慧的〈由上而下的革命：中國國民黨改造之研究（1950
～1952）〉〔註 13〕，則給予筆者理解黨務改造是如何由上層推行至下層。
事實上所有關於黨務改造研究的著作，〔註 14〕都曾給予筆者極大的幫助，
使筆者得以累積豐碩的知識基礎來思考海外黨務改造與國內黨務改造的
異與同，以及對當時的歷史背景有更深一層的認識。

　　整體而言，研究國民黨的著作中對 1950 年代初期海外黨務的關注並不
多，對 1950 年後的海外黨務亦是如此。所以，1950 年後國民黨是如何重啟
因內戰與國際情勢而幾近停滯的海外工作，又如何進一步建立新的工作目
標與精神，學界早期在這方面的研究成果不多，但現在此現象已逐漸扭轉。

　　有關 1950 年後國民黨海外黨務的著作，早期多由黨中央第三組所編，
且僅提供黨內人員及海外黨員傳閱。1970 年後，文化大學成立民族與華僑
研究所，許多該所的師生都對近現代「僑學」〔註 15〕研究做出貢獻，可是

〔註 10〕例如：陳曉慧，〈由上而下的革命：中國國民黨改造之研究（1950～1952）〉
　　　　（臺北：國立政治大學歷史學系博士論文，2000 年）；李守孔，〈中國國民
　　　　黨改造之意義與價值〉，《近代中國》第 43 期（1984.10），頁 29～41；李雲
　　　　漢，〈中國國民黨遷臺前後的改造與創新，一九四九～一九五二〉，《近代中
　　　　國》第 87 期（1992.2），頁 19～40；陳三井，〈中國國民黨民國三十九年之
　　　　改造與臺灣新政〉，《中國國民黨黨史論文選集（第五冊）》（臺北：近代中
　　　　國，1994 年），頁 559～593。
〔註 11〕王良卿，《改造的誕生》（臺北：政大歷史系，2010 年）。
〔註 12〕王良卿的《改造的誕生》是根據他的博士論文改寫而成，而王良卿的博士
　　　　論文於 2003 年完成，故可以說陳曉慧的研究成果稍早於王良卿的著作。
〔註 13〕陳曉慧，〈由上而下的革命：中國國民黨改造之研究（1950～1952）〉（臺北：
　　　　國立政治大學歷史學系博士論文，2000 年）。
〔註 14〕有關國民黨黨務改造的研究成果在註 10 已提過許多，筆者從這些著作中獲
　　　　得不少國民黨黨務改造的知事，同時也對當時國民黨黨內的人事布局與派系
　　　　問題有初步的認識，對於筆者在寫作與尋找相關資料時有相當大的幫助。
〔註 15〕「僑學」一詞首見於：鄭彥棻，《往事憶述》（臺北：傳記文學，1985 年），

他們的研究斷限多集中在 1960 年之後，且研究也較偏向僑務層面的議題，黨務方面則相當少見。

早年的研究成果中對 1950 年代與 1960 年代初期的海外黨務研究成果一直不多見。這種現象直到 1990 年代才開始轉變。首先，李雲漢在《中國國民黨史述》〔註16〕中，首次點出時局因素使黨務部門兼任僑務工作，雖然此書仍然是以整體國民黨研究為主，有關海外黨務的篇幅並不多，但卻已先點出 1950 年代時黨務部門兼任僑務工作的情形。真正出現專論 1950 年代至 1960 年代初期海外黨務的著作，則是待楊建成完成《中國國民黨海外工作理論與實踐，1924～1991》〔註17〕一書後，這本書共收錄三篇論文，〔註18〕其中前兩篇與本研究的時間斷限有關，這兩篇論文分別是：〈中國國民黨海外黨務工作的理論與實踐，1924～1991〉、〈從統計資料試論：中國國民黨海外黨務復興運動始末，1950～1963〉。楊建成在此書總共繪製 30 多個表格，利用表格中的數據呈現國民黨海外黨務的變化，其中〈從統計資料試論：中國國民黨海外黨務復興運動始末，1950～1963〉一文就使用了 27 個圖表。楊建成繪製的圖表成為後進研究人員重要的參考資料，同時他也透過這兩篇論文提出新見解，述說他對國民黨海外工作的評價。其中有關 1950 年後國民黨海外黨務的論點，經本研究整理後，主要有以下數點：（一）國民黨海外組織和活動，是當地華人「自發性」的社團組織，國民黨中央則在一定條件下予以收編，對其作一般性的聯繫和指導，因此不可將國民黨視為國際性政治黨派組織；（二）1950 年後海外失聯人數與僑民人數，均大過臺灣島內的黨員數與平民數，因此復興海

頁 127。鄭彥棻認為華僑問題是中華民國的固有特色，海外黨務更是中國國民黨的特色，必須要有深入研究，使行政與學術結合，使政策擬定以學術研究為基礎。故和李石曾提倡「僑學」研究，並策進組織僑政學會，並希望日後能在大學設立華僑研究所，或東南亞研究所。

〔註16〕李雲漢，《中國國民黨史述：第四篇保衛臺灣與建設臺灣》（臺北：中國國民黨中央委員會黨史委員會，1994 年）。

〔註17〕楊建成，《中國國民黨海外工作理論與實踐，1924～1991》（臺北：楊氏臺灣現代史資料出版屋出版，2001 年 11 月 12 日初版）。

〔註18〕三篇論文依序為：〈中國國民黨海外黨務工作的理論與實踐，1924～1991〉、〈從統計資料試論：中國國民黨海外黨務復興運動始末，1950～1963〉、〈抗日戰爭時期海外僑胞救國賑災運動之統計分析〉。三篇論文均完成於 1994 至 1995 年間，經過重新修訂後合編入《中國國民黨海外工作理論與實踐，1924～1991》一書中。

外黨務是當年刻不容緩的議題；（三）國民黨第七屆全國代表大會後，決議「反共抗俄，反攻大陸」為主要政治綱領，並同時向海外僑胞宣傳此精神；（四）國民黨中央規畫海外黨務發展八大重點區；（五）1950年代國民黨海外黨務工作，引來許多國家的不滿與猜忌，甚至引發社會種族衝突和暴亂，導致1960年後必須重新修正黨務僑務路線；（六）1970年代後，黨務僑務路線改為「反共反獨」、「革新保臺」，並透過僑選立委增額拉攏僑界；（七）國民黨海外黨務工作無法達到預期的成果，主因有三：籍貫、年齡、反攻大陸政治訴求無法在短期內實現。楊建成亦使用「海外黨務復興運動」〔註19〕一詞代表鄭彥棻主持下的海外黨務，說明在鄭彥棻主持海外黨務的十二年多，不斷試圖將海外黨務重新復興與振作。「海外黨務復興運動」一詞與楊建成著作中的論點及圖表資料都成為後進研究人員的指引，這些資料除了可理解1950年至1960年海外黨務外，亦明確指出當時海外黨務發展的特點：復興海外黨務。

　　在李雲漢與楊建成之後，朱浤源曾就星馬地區國民黨活動做出研究成果。朱浤源的〈中國國民黨在新馬：戰前與戰後的比較〉〔註20〕是學界研究1950年後的海外黨務著作中，首先進行僑居地分析的著作。朱浤源的這篇論文分五期〔註21〕說明國民黨在星馬的活動發展，其中的第五期：兩岸對立初期（1950～1954），大量引用當時國民黨與海外出版社發行的相關書籍，並將引用的資料完整呈現於著作中，此舉同樣有助於後進研究人員找尋相關文獻。

　　黃辰濤則使用不同的研究方式表現在其碩士論文〈爭取海外力量：中華民國外交、僑務、黨務在新馬的運作（1945～1957）〉〔註22〕，黃辰濤

〔註19〕有關「海外黨務復興運動」一詞乃是引自楊建成的著作之中，詳細內容可參閱：楊建成，《中國國民黨海外工作理論與實踐，1924～1991》，頁29。

〔註20〕朱浤源，〈中國國民黨在新馬：戰前與戰後的比較〉，《新馬華人：傳統與現代的對話》（新加坡：南洋理工大學、新加坡亞洲研究學會、南洋大學畢業生協會，2002年），頁201～258。

〔註21〕五期分別為：早期的發展（1986～1937）、抗戰前期（1937～1941）、抗戰後期（1942～1945）、戰後國共內鬥十期（1945～1949）、兩岸對立初期（1950～1954）。

〔註22〕黃辰濤，〈爭取海外力量：中華民國外交、僑務、黨務在新馬的運作（1945～1957）〉（南投：國立暨南國際大學歷史學系碩士論文，2008年）。

將外交、僑務、黨務共同提及討論，應該與他的論文指導老師李盈慧有關。〔註 23〕從黃辰濤的著作中可以得知中華民國政府爭取新馬地區海外力量的同時，也面臨外交、僑務、黨務三者的衝突與矛盾，幾經折衷之後終於確立外交應該重於僑務與黨務。而在美國方面的研究有彭佩琪的〈國民黨政府在美僑社的僑務工作（1949～1960）〉〔註24〕，這篇論文中彭佩琪特別強調在國際冷戰，及兩個中國政局的影響下，國民黨對於美國僑社的影響力並非一成不變，特別是當華人厭倦中國政治的鬥爭，加上美國開放移民限制後，使得華人社會反而更加關注他們在美國社會中的權益，並試圖融入當地社會。以冷戰架構的視角探討 1950 年代海外華僑與國民黨間的互動，是彭佩琪此篇論文最主要的特色，且彭珮琪亦認為東南亞華僑研究同樣適用冷戰架構討論。不論是黃辰濤或是彭珮琪，他們在寫作論文時均至海外蒐集豐富的一手史料，並配合國內有限的材料完成論文，這樣的研究方式是現今許多研究人員無法做到之事，故使這兩篇論文的成果格外可貴。

總結研究國民黨黨務發展的著作中，有關海外黨務的區塊常被忽略。1950 年時國民黨曾大動作的進行改造運動，這一波的改造包含海外黨務，但如同前文所述，關心海外黨務研究的人不多。由於海外黨務所受到的重視較不足，使得海外黨務改造工作究竟如何改造，以及改造後的海外黨務發展如何往往無法得知。在 1950 年代及 1960 年代初期海外黨務發展研究成果有限的狀況下，目前僅能透過少數研究文獻中的描述，得知當時海外黨務發展概況，所以此研究不足處令筆者相當感興趣。究竟海外黨務改造與國內改造是否同步？改造方式是否也完全一樣？改造過後的海外黨務又如何發展？過去的研究成果均無法回答。而這些疑惑也將是本研究欲解決的問題。

（二）與中華民國僑務相關的研究

1950 年代初期，因為政府部門緊縮，僑委會一度有被裁併的計畫，所

〔註23〕黃辰濤的論文指導老師李盈慧，曾在《華僑政策與海外民族主義（一九一二～一九四九）》中提出：國民黨進行海外工作時常以黨務配合外交、僑務、情報，形成四連環的設計。詳見：李盈慧，《華僑政策與海外民族主義（一九一二～一九四九）》，頁 70～71。

〔註24〕彭佩琪，〈國民黨政府在美僑社的僑務工作（1949～1960）〉（臺北：國立臺灣師範大學歷史所碩士論文，2009 年）。

以當時第三組常兼管部分僑務工作，再加上僑務委員長與三組主任後來均
是鄭彥棻，故當時的僑務多少會受到黨務的影響。基於上述，本研究認為
回顧研究當時僑務的著作，是有其必要，因這將有助於理解當代海外黨務
的理念與目標。

　　然而，僑務研究成果相當豐富，本研究無法一一列舉回顧，在此對於
僑務研究的回顧，本研究僅取學界中較重要及和本研究較相關的著作，並
將範圍限縮於僑務政策方面，以及當時政府較注重的僑教方面，下文將分
別對兩方面進行研究成果回顧。

1、僑務政策方面

　　學界中有不少討論中華民國政府 1950 年後僑務政策的著作，如陳樹強
《三民主義僑務政策之實踐與評估》〔註 25〕。陳樹強集中討論三民主義與
僑務政策的相關性，並評估政策最後的實踐性；藉由從中華民國政府各時
期領導人的僑務政策與僑務執行機關為切入點，分析他們對於三民主義僑
務政策的實踐並給予評估。著作中同時引用不少官方的統計資料，但結論
與各章小結都免不了要提及三民主義的重要性，且在分析政府各時期僑務
觀點時，都是以政府領導人為主角，執行機構為配角。

　　到 1980 年代，臺灣的碩博士論文有許多以僑務政策為討論主軸，這些
著作有：管訓美〈現階段我國僑務政策之研究〉〔註 26〕、蔡先容〈中山先
生僑務思想與當今僑務政策之研究〉〔註 27〕、顏國裕〈我國僑務政策之研
究——民國六十年以後之發展分析〉〔註 28〕、陳文峰〈我國當前僑務政策
與措施研究〉〔註 29〕。但這些著作研究年代均偏重 1970 到 1980 年代，對
於 1970 年代前僑務政策僅作簡單的論述，且 1970 年代後的政策檢討也多
是以官方資料為主。

〔註25〕陳樹強，《三民主義僑務政策之實踐與評估》（臺北：海華基金會，1994
　　　　年）。

〔註26〕管訓美，〈現階段我國僑務政策之研究〉（臺中：國立中興大學公共政策研
　　　　究所碩士論文，1983 年）。

〔註27〕蔡先容，〈中山先生僑務思想與當今僑務政策之研究〉（高雄：國立中山大
　　　　學中山學術研究所碩士論文，1992 年）。

〔註28〕顏國裕，〈我國僑務政策之研究——民國六十年以後之發展分析〉（臺北：
　　　　國立政治大學公共行政研究所碩士論文，1989 年）。

〔註29〕陳文峰，〈我國當前僑務政策與措施研究〉（臺北：私立中國文化大學民族
　　　　與華僑研究所碩士論文，1985 年）。

以上各著作，因為當年時局的影響，使寫作內容均帶有官方色彩。但隨著時局的轉變，2005 年范雅梅以「僑生」〔註 30〕的身分撰寫她的碩士論文〈論 1949 年以後國民黨政權的僑務政策：從流亡政權、在地知識與國際脈絡談起〉〔註 31〕。范雅梅以社會學觀點討論當時僑務政策，談僑務政策的源起及轉移植至臺灣，再進一步討論僑務政策到臺灣後的新意識型態，接著又把新的僑務政策放到世界格局中分析，看在何種條件下僑務政策得以延續。2007 年李道緝寫〈構建新「祖國」──鄭彥棻時期（民國 39～47 年）的僑務工作〉〔註 32〕，此文是學界第一篇完整討論鄭彥棻時期的僑務工作，而李道緝也是學界第一位直接深入討論鄭彥棻與僑務工作的學者。李道緝認為 1949 年後鄭彥棻藉由強調華僑與國民革命的關係，使華僑與臺灣的中華民國政府有所連結，因此鄭彥棻建立一套政治認同依歸模式：「華僑──國民革命──臺灣」。但當年中華民國政府的國力根本無力確保海外華僑權益，僅能對內不斷制定各種保僑措施，如：僑團回國觀光、僑生回國升學、華僑回國投資，造成僑務政策的內縮化。2009 年黃正杰的〈政治民主化與臺灣對外僑務政策變遷：以對美國僑社政策為例〉〔註 33〕採用不同的觀點看待僑務政策，黃正杰分析臺灣的政治民主化過程對政府僑務政策造成的影響，分析的過程中黃認為 1950 至 1970 年代的僑務政策立基於三民主義之上，透過大中國的意識形態定義僑務問題和決定僑務政策，並企圖將臺灣打造成海外華人的祖國。而在拉攏海外華人支持的同時，政府也同樣在海外透過各種方式打壓臺獨運動。

其它相關的著作。趙綺娜在〈外交部亞太司檔案的內容與利用：從一

〔註30〕旅居國外的僑民回國就學稱為僑生，因此僑生必須擁有中華民國國籍，才能符合僑民與僑生的身分。而目前所稱的「僑生」大多數不具有中華民國國籍，所以應該稱他們為「外籍生」。但長久以來社會習慣稱回國就學的華人為「僑生」，使得這些未擁有中華民國國籍的華人，到今日來臺求學時仍被稱作「僑生」，同時學界目前也未有更好的名詞代替，故現在仍統一稱呼這些來臺就學的華人為「僑生」。本文依循上述，凡遇到類似議題都暫以「僑生」一詞代表來臺求學的華人。

〔註31〕范雅梅，〈論 1949 年以後國民黨政權的僑務政策：從流亡政權、在地知識與國際脈絡談起〉（臺北：國立臺灣大學社會學研究所碩士論文，2004 年）。

〔註32〕李道緝，〈構建新「祖國」──鄭彥棻時期（民國 39～47 年）的僑務工作〉，《中央大學人文學報》第 31 期（2007.7），頁 181～207。

〔註33〕黃正杰，〈政治民主化與臺灣對外僑政策變遷：以對美國僑社政策為例〉（臺北：國立臺灣大學政治學系博士論文，2009 年）。

九五〇年代臺灣對東南亞華僑（華人）政策談起〉〔註 34〕中，除提到許多
亞太司檔案中涉及保僑與護僑內容外，也談到美國對於東南亞華人問題的
態度，希望他們能同化於其居住國，或者效忠臺灣的中華民國政府；趙綺
娜還有另一篇〈美國政府在臺灣的教育與文化交流活動（一九五一至一九
七〇）〉〔註 35〕，在這一篇論文中，趙談到美國在 1951 年至 1970 年幾乎壟
斷海外文化輸入臺灣的管道，其中的原因之一，便是要增加臺灣人民與東
南華人對美國反共政策的信心。從趙綺娜的兩篇論文中均提到美國相當關
注東南亞華人的政治傾向，所以希望透過各種手段使他們不親共，或者支
持在臺灣的中華民國政府。Wing Chung Ng 的 "Taiwan' Overseas Chinese
Policy from 1949 to the Early 1980s" 〔註 36〕對於 1950 年代中華民國政府的僑
務政策論述與其它研究並沒有太大的差異，Ng 認為 1950 年代的僑務政策
乃是以反共復國為基礎，並透過僑教、華僑投資提升華僑的忠貞程度，同
時海外華僑也會透過慶祝雙十國慶與蔣總統誕辰表達自己對中華民國政府
的忠貞，可惜 Ng 對 1950 年代的僑務政策論敘過於簡略，同時亦忽略當時
僑務與外交及黨務間的關聯性。

　　上述學界研究僑務政策的著作多採官方立場論述，雖然 1990 年後政局
較以往開放，但學界對於 1950 至 1960 年間僑務政策的研究仍不多，可見
此方面的研究仍有待學界共同努力。

2、僑教方面

　　在此僅討論與本研究較相關的僑教研究著作。在僑教的著作中和本
研究相關性最高的是：李盈慧〈1949 年以來中華民國的華僑教育政策〉
〔註 37〕，李盈慧認為 1970 年代是僑教政策的分水嶺，1950 到 1960 年代

〔註 34〕趙綺娜，〈外交部亞太司檔案的內容與利用：從一九五〇年代臺灣對東南
　　　　亞華僑（華人）政策談起〉，《近代中國史研究通訊》27 期（1999.3），頁
　　　　128～136。

〔註 35〕趙綺娜，〈美國政府在臺灣的教育與文化交流活動（一九五一至一九七
　　　　〇）〉，《歐美研究》31 期 1 卷（2001.3），頁 79～127。

〔註 36〕Wing Chung Ng, "Taiwan' Overseas Chinese Policy from 1949 to the Early
　　　　1980s" in Larry N. Shyu ed., *East Asia Inquiry: Selected Articles from the
　　　　Annual Conferences of the Canadian Asia Studies Association, 1988-1990*
　　　　（Canadian Asian Studies Association, 1990）, pp.265-286.

〔註 37〕李盈慧，〈1949 年以來中華民國的華僑教育政策〉，《暨大學報》第 1 卷第 1
　　　　期（1997.3），頁 165～194。

的僑務政策以「反共復國」的精神為主，政府利用教育的手段號召華僑參與反共政策，且招收對象以東南亞的華僑青年為主。這個時期之所以能夠大力推行僑教，除政府本身的決心也與美援有絕對之相關。李盈慧不僅將1950 到 1960 年代的僑教政策重點列出，更提出各個時期僑教政策的轉變，顯示政府的僑教政策會隨時局與環境而轉變。

　　李盈慧的另一篇文章〈「回國」升學：星馬華裔青年與海峽兩岸關係〉〔註38〕中提到，1953 年美國副總統尼克森訪問東南亞後，認為華人在東南亞的經濟實力強大，為了反共，不應該讓僑生回到大陸升學，希望中華民國政府能就僑生教育一事多加研究，美國方面亦願意撥款援助此教育計畫。類似的研究內容也出現在下列兩份論文之中：李盈慧的〈海外青年技術訓練班的創辦與發展〉〔註 39〕，及李靜兒的〈近半世紀的「華僑」教育（1950～2000）〉〔註 40〕。

　　上述李盈慧與李靜兒的著作可得知 1950 到 1960 年代的僑教政策與美援的相關性，陳月萍接續處理這個議題，在〈美援僑生教育與反共鬥爭（1950～1965）〉〔註41〕一文提出美援與僑教的相關性，並討論當時僑教為何要「反共」。從李盈慧、李靜兒、陳月萍的著作，可以得知 1950 至 1960 年代的僑教與美援有密切的關係，同時政府試圖透過教育手段號召華僑參與反共政策。

　　其他關於僑教的著作，諸如：夏誠華的《民國以來的僑務與僑教研究（1912～2004）》〔註 42〕、饒慶鈴的〈海峽兩岸推展僑務政策之比較研究：兼論僑教之比較〉〔註 43〕、李明儀的〈僑生回國就學政策之研究〉〔註 44〕、

〔註38〕李盈慧，〈「回國」升學：星馬華裔青年與海峽兩岸關係〉，《東南亞與中國：連接、疏遠、定位》（新加坡：新加坡亞洲研究學會，2009 年），頁 87～128。

〔註39〕李盈慧，〈海外青年技術訓練班的創辦與發展〉，《華僑教育學術研討會會議實錄》（南投：國立暨南國際大學，1998 年）。

〔註40〕李靜兒，〈近半世紀的「華僑」教育（1950～2000）〉（中：私立東海大學歷史學系碩士論文，2004 年）臺。

〔註41〕陳月萍，〈美援僑生教育與反共鬥爭（1950～1965）〉（南投：國立暨南國際大學歷史學系碩士論文，2004 年）。

〔註42〕夏誠華，《民國以來的僑務與僑教研究（1912～2004）》（新竹市：玄奘大學海外華人研究中心，2005 年）。

〔註43〕饒慶鈴，〈海峽兩岸推展僑務政策之比較研究：兼論僑教之比較〉（臺北：國立臺灣師範大學政治學研究所博士論文，2005 年）。

〔註44〕李明儀，〈僑生回國就學政策之研究〉（高雄：國立中山大學中山學術研究所碩士論文，1992 年）。

張正藩的〈華僑教育的發展與改進〉〔註45〕、陳慧嬌的〈偶然身為僑生：戰後不同世代華裔馬來西亞人來臺求學的身分認同〉〔註46〕等。夏誠華的著作內容主軸以僑教為重，所以歸在此類之中，但僑教的部分則多集中討論 1980 年代後的僑生教育與海外臺北學校。其它如饒慶齡、李靜兒、李明儀的著作同樣以近五十年內的僑教研究為主，但這些著作均側重於教育方式的分析，對於僑教政策則沒有實質深入的探討。而張正藩的著作說明中華民國政府的僑教如何發展，並同時對政策提出幾點建議，但其性質則較偏向政令宣導品。最後關於陳慧嬌的碩士論文，陳慧嬌本身是位僑生，她以僑生的觀點看僑教與身分認同，並採用問卷調查結果完成論文，但該論文主說明近代僑生對僑教的觀點，以及僑生的身份認同問題，上述這幾份著作與本研究所關注面向相似處均不多，所以不再繼續討論。

　　上述的僑教著作，對 1950 至 1960 年代間的研究有限，通論性著作以介紹政策發展為主，專題性著作則多偏重教育方法的分析，或海外僑校發展概況。不過已有著作提出 1950 到 1960 年代的僑教政策以「反共復國」的精神為主，甚至美國也對僑教進行援助，顯見這個時期的僑教有著更深一層意義，已不僅是與「反共復國」的國策有關，更與冷戰局勢有所關連。

　　綜合上述各方面的研究回顧，可以發現過去的研究對 1950 至 1960 年代初期的海外黨務研究成果相當有限，對於本研究著重的 1950 至 1962 年亦是如此。在黨中央第三組兼管部分僑務工作的情況下，當時的僑務政策必定與海外黨務息息相關，但多數的研究僅注重僑務方面，對於黨務的關注則偏少，且談論 1950 至 1960 年代僑務的著作亦不多，更使得欲透過僑務理解當時海外黨務的線索相當有限，基於目前的研究較缺乏關注 1950 至 1962 年海外黨務下，本研究決意對此進行論述，論述 1950 至 1962 年間海外黨務發展的興衰與變化。

三、研究方法與範圍

　　本文重新運用多份舊史料，並將各份舊史料相互對照與考證，期望能重新建構 1950 至 1962 年間的國民黨海外黨務，並在講述海外黨務政策演

〔註45〕張正藩，〈華僑教育的發展與改進〉，《華僑問題論文集》（第四輯）（臺北：海外出版社，1957 年），頁 76～93。

〔註46〕陳慧嬌，〈偶然身為僑生：戰後不同世代華裔馬來西亞人來臺求學的身分認同〉（臺北：國立政治大學新聞研究所碩士論文，2005 年）。

變之餘，透過當時的實際案例分析海外黨務政策的執行成果，以及海外黨務在整體海外工作中的地位演變。

海外黨務方面的史料，以中國國民黨文化傳播委員會黨史館藏的《一般檔案》、《會議紀錄檔》為主。再加上國民黨中央委員會第三組所編的刊物，如：《海外工作研究》〔註47〕、《加強海外工作方針》〔註48〕、《中國國民黨在海外（上下兩冊）》〔註49〕、《海外黨務通訊》〔註50〕、《海外》〔註51〕、《海外通訊》〔註52〕等。

另外，國立中山大學圖書館特藏的《鄭彥棻先生手稿檔案》也是本研究倚重的史料之一。《鄭彥棻先生手稿檔案》的資料有676筆，經過筆者的分析，當中至少有87筆檔案與黨務、僑務有直接相關性。而同樣由中山大學圖書館館藏的《鄭彥棻先生影集》的資料則有39筆，其中第5、6兩輯與黨務、僑務有直接的相關性；而第29輯則是〈鄭彥棻先生書文及證件〉，這三本影集均與僑務資料有直接相關性。

除黨史會與中山大學的特藏檔外，中研院近史研究所檔案館所藏《外交部檔案》中的祕書處檔案和亞太司檔案，也記錄許多關於海外黨務的訊息，以及黨務和外交部門的合作方式。

由於至今國民黨海外工作的相關檔案（含第三組、中央三組、海工會時期檔案）仍未開放，這一批檔案中可能包含1950年代的海外黨務訊息，所以至今學界多不敢碰觸1950年代的海外黨務研究。但筆者在爬梳與對照上述三地檔案館所藏的檔案後，認為已足夠對1950年代至1960年代初期的海外黨務發展做出粗略的概述，故決意透過這幾份檔案重新建構1950至1962年的海外黨務概況。

〔註47〕中國國民黨中央委員會第三組編，《海外工作研究》（臺北：編者自印，1954年）。

〔註48〕中國國民黨中央委員會第三組編，《加強海外工作方針》（臺北：編者自印，1956年）。

〔註49〕中國國民黨中央委員會第三組編，《中國國民黨在海外》（上下兩篇）（臺北：編者自印，1961年）。

〔註50〕《海外黨務通訊》（臺北：中國國民黨中央改造委員會第三組）。1951年4月10日發行第一卷第一期。後期有部份期數刊名為《東南》或《東南半月刊》，至於是更改刊名還是另立新刊物取代，這方面筆者未見到資料證明，但從期刊內容可以判斷這兩份刊物同《海外黨務通訊》的性質。

〔註51〕《海外》（臺北：海外月刊社）。1951年開始發行。

〔註52〕《海外通訊》（臺北：海外通訊社）。

另外，本文使用史料時，為簡化行文格式，註釋中將採用縮寫，符號表如下：

【黨：會議】：中國國民黨文化傳播委員會黨史館藏，會議紀錄檔。

【黨：一般】：中國國民黨文化傳播委員會黨史館藏，一般檔案。

【近：外】：中央研究院近代史研究所檔案館藏，外交部檔。

【中山：鄭彥棻手稿】國立中山大學圖書館特藏，《鄭彥棻先生手稿檔案》。

【中山：鄭彥棻影集】國立中山大學圖書館特藏，《鄭彥棻先生影集》。

四、相關名詞釋義

學界中雖已對「華僑」、「華人」兩名詞有詳細解釋。〔註53〕但本文中常會牽涉到中華民國政府與國民黨的立場，同時也須考量海外華人的立場。因此，本文必須先定義「華僑」、「華人」兩名詞，說明這兩個名詞在本文出現時所代表的立場與意義。

「華人」一詞通常泛指海外所有具備華人血統的人，雖然他們未必具備有中國國籍，或者血緣上並非完全的純華人血統。簡而言之，當文中要指稱某一地區或全球華人時，將使用「華人」一詞代稱，因此「華人」一詞不帶任何政治意義。

而「華僑」一詞的定義則更加複雜。多數學者使用「華僑」一詞時，多會參考王賡武對「華僑」的定義，王賡武認為「華僑」一詞具備：政治的、法律的、以及意識型態的內涵。〔註54〕但是本文以鄭彥棻和國民黨為研究主體，所以選擇使用鄭彥棻和國民黨對「華僑」的定義，鄭彥棻和國民黨對「華僑」的定義採取較廣義的說法：擁有中國血統且在政治和文化上認同中國的海外華人，一律當作「華僑」。〔註55〕

〔註53〕詳情可見：王賡武，《中國與海外華人》（臺北：臺灣商務，1994 年），第一、十二、十三章。

〔註54〕王賡武，《中國與海外華人》（臺北：臺灣商務，1994 年），頁 8。

〔註55〕關於「華僑」的廣義定義可參考：陳烈甫，《華僑學與華人學總論》（臺北：臺灣商務，1987 年），頁 11～20；李盈慧，《華僑政策與海外民族主義（一九一二～一九四九）》，頁 11～14。

　　另一組需解釋的名詞：「海外黨務」、「海外工作」。「海外黨務」係指國民黨在海外各支分部推行的黨務工作，黨務工作包含：組織、法規、政策。「海外工作」則是指國民黨海外各支分部接獲黨中央的命令後，在各自所屬地區進行的工作，工作內容主要以宣傳、招收與訓練黨員為主，有時還需領導或協助當地僑務事宜，如：華僑教育、投資等，所以「海外工作」一詞事實上包含政府部門的工作，故可視作當時對黨政機關所有海外工作的統稱。依照上述的定義，海外黨務屬於海外工作中的一個主環節，所以海外工作一詞亦包含海外黨務在內。

五、鄭彥棻生平簡介〔註56〕

　　雖然，本文並非以鄭彥棻為主角，但前文已說過鄭彥棻主持海外黨務長達十二年之久，對當時的海外黨務有很大的影響力，故在此仍須簡要介紹鄭彥棻的生平。

　　鄭彥棻（1902～1990），原籍廣東順德。鄭彥棻早年深受孫文的精神影響，並於 1923 年經國立中山大學校長鄒魯推薦加入國民黨。1926 年受中山大學推薦前往法國里昂中法大學〔註57〕留學，在里昂大學期間鄭彥棻主修法文與教育學，結束里昂大學的學業後鄭彥棻轉往巴黎大學選修統計學。鄭彥棻留法期間，同時被選為國民黨駐法總支部里昂支部執行委員，鄭留法時期多次領導黨員與中共駐法駐歐黨員進行鬥爭，且於清黨後更奉黨中央命令，負責法國黨務整理。〔註58〕1930 年起進入國際聯盟工作，並兼任《中央日報》駐歐特派員一職，直至 1935 年返國接任中山大學法學院院長為止。

　　1937 年對日戰爭爆發，鄭彥棻奉派接任全國經濟委員會專門委員，負責研究國際情勢與國際宣傳工作。抗戰期間，鄭彥棻屢獲黨政高層重用，先後擔任國際反侵略中國分會、軍委會政治部設計委員、國民精神總動員會議設計委員、中央訓練委員會委員、三民主義青年團（以下簡稱：三青

〔註56〕有關於鄭彥棻的簡介，參考自：鄭彥棻，《往事憶述》（臺北：傳記文學出版社，1985 年 12 月）；鄭彥棻，《往事憶述》（臺北：傳記文學出版社，1985 年 12 月）；馮成榮，《鄭彥棻傳》（臺北：東大圖書公司，1993 年）。

〔註57〕中法大學是政府利用法國政府歸還的庚款所建，並聘請吳稚暉擔任首屆校長。

〔註58〕「海外工作經驗談」，1962 年，【中山：鄭彥棻手稿】HW782.886 8458（5）no.356。

團）中央臨時幹事會幹事、中華民國國民外交協會常務理事、廣東省政府委員兼祕書長、三青團廣東支團部幹事、三青團中央宣傳處處長等職。中日戰爭結束後，鄭彥棻接任三青團中央團部副祕書長，1947 年黨團合併後，依據黨團合併原則，奉派接任中央執行委員會副祕書長。隔年，黨中央祕祕書長吳鐵城辭職，故暫行代理中央黨部祕書長職務，待年底國民黨總裁蔣中正透過手諭提請，並獲黨中央決議通過後，方正式成為黨中央祕書長。

　　1950 年國民黨決議在臺實行黨務改造，鄭彥棻奉派成為中改會委員，同時被任命為第三組主任，負責主持海外工作，1952 年再接任行政院僑務委員長一職。1958 年行政院改組，鄭彥棻隨院長俞鴻鈞總辭，遂辭卸僑務委員長一職，專心於黨內第三組職務。1960 年鄭彥棻接任司法行政部長，但仍繼續保有第三組主任的職銜，鄭彥棻第三組主任的職位至 1962 年才正式辭卸。從上述可以得知鄭負責海外黨務達十二年，但最後兩年已在行政院兼任司法行政部長，故真正全心投入的海外黨務時期為 1950 至 1960 這十年。本研究認為這十年也正是國民黨爭取海外華僑華人支持的關鍵十年，因此，可見鄭彥棻當年對海外黨務發展的重要性。

　　1962 年鄭彥棻辭去黨務要職後，專心於司法行政部長事務，1967 年卸職後榮調總統府副祕書長，1972 年升任總統府祕書長。1978 年轉任總統府國策顧問，1987 年轉任總統府資政。1990 年在臺北病逝，享壽 89 歲。

第一章　海外黨務改造方案的擬定與執行

　　孫文創立的國民黨長期受華僑援助，不論是革命時期、中華革命黨、北伐還是抗日時期，所以國民黨一直相當重視海外黨務的發展。1949 年，國民黨撤守到臺灣時，正積極尋求外援協助其反共復國的目標，此時華僑勢力自然又被列入考量。過去歷史上國民黨有幾次面臨存亡關頭時，都是依賴華僑的大力資助而度過難關，這一次也不例外。特別是 1950 年代初期華僑總人口數多於在臺灣的軍民人數。

　　1950 年代初期的海外華僑人數有各種說法，表示國民黨與政府（以下簡稱：政府。僅適用於中華民國政府）均無法得知當時海外華僑的確切總人數，當時普遍認為海外華僑應有 1,300 多萬，比臺灣 900 萬軍民的總數還要多，所以海外華僑對當年國民黨與政府的重要性可想而知。〔註 1〕

〔註 1〕關於 1950 年代初期海外華僑總人數，《僑務會議實錄》和《鄭彥棻傳》均認為有一千兩百萬人，《四十二年度的海外黨務》認為有一千三百萬人，《中國國民黨在海外：海外黨務發展史料初稿彙編（上篇）》認為有一千四百萬人；臺灣的軍民總人數方面，《四十二年度的海外黨務》認為有九百萬人，《中國國民黨在海外：海外黨務發展史料初稿彙編（上篇）》認為有一千萬人。在考量各書的完成背景與時間後，《四十二年度的海外黨務》的數據應該會較為精確，故採用該書中臺灣有九百萬軍民，海外華僑總數有一千三百萬人之數據。但實際上，當時的國民黨並不曉得有多少名海外華僑，上述之數字僅可作為概略性的參考。資料來源：馮成榮，《鄭彥棻傳》（臺北：東大，1993 年），頁 100；鄭彥棻，《僑務問題的新認識》（臺北：海外出版社，1955 年 8 月），頁 70；中國國民黨中央委員會第三組編，《四十二年度的海外黨務》（臺北：編者自印，1954 年 2 月），頁 2；中國國民黨中央改造委員會編，《中國國民黨中央改造委員會一年來工作報告》（臺北：中央

　　1950 年代初期，不僅海外華僑人數比臺灣的軍民人口總數還多。同時依據當時的資料顯示，在黨員人數方面海外各地失聯的黨員多達252,036 人，而當時國民黨認可的國內忠貞黨員僅 16,8000 多人。〔註 2〕所以，當國民黨 1950 年決定進行黨務改造運動時，海外黨務改造方面在考量海外黨員人數與海外各地區的狀況後，發現有必要另外擬具一套適合海外黨務的改造方案，並希望藉此恢復與華僑的關係，再進而透過華僑影響當地僑界和政府，以達到反共抗俄，及增加反攻大陸的籌碼。

　　然而，1950 年代海外華僑社會面臨「祖國」認同的問題，導致國民黨在 1950 年代推行的「海外黨務復興運動」，〔註 3〕不僅需要考量海外黨部的僑情，還需要考量僑居國政府的態度，以及面對中共在海外僑界的政治鬥爭。海外黨務復興首要進行的是海外黨務造運動，1950 年 8 月後海外黨務改由中央改造委員會（以下簡稱：中改會）第三組負責（以下簡稱：第三組），第三組負責擬定海外黨務改造政策，但第三組光擬定政策便花費近半年的時間。擬定海外黨務改造政策的半年間，第三組透過訪查僑界、邀請海內外黨員共同會商等方式，蒐集各方對海外黨務改造之意見，顯示此時國民黨對海外華僑與黨員相當重視，更希望藉由改造後的海外黨部組織拉攏華僑支持。當時，國民黨認為海外黨務改造若成功，將可直接改善海外華僑對國民黨的信心，並支持其反共復國政策。

第一節　從國內黨務改造到海外黨務改造

　　抗戰後期到 1949 年間國民黨內部即有要求革新的呼聲，從 1946 年的革新運動到 1947 年的國民黨與三青團合併一事，這些革新理念最後因黨團

改造委員會，1951 年 8 月 5 日），頁 245；僑務會議實錄編輯委員會編，《僑務會議實錄》（臺北：海外出版社，1952 年），頁 1；中國國民黨中央委員會第三組編，《中國國民黨在海外：海外黨務發展史料初稿彙編（上篇）》（臺北：編者自印，1961 年），頁 22。

〔註 2〕楊建成，《中國國民黨海外工作理論與實踐，1924～1991》（臺北：楊氏臺灣現代史資料出版屋，2001 年），頁 22。楊建成轉引自：1955 年 10 月 22 日，國民黨中央祕書長張屬生在「亞洲地區工作會議」中的報告，自由地區黨員同志由 168,000 人，增至 458,575 人。見「中國國民黨亞洲地區工作會議紀錄」，中央委員會印，1956 年 10，頁 9。

〔註 3〕1950 年代的「海外黨務復興運動」，這個說法是引述楊建成的觀點。參考自：楊建成，《中國國民黨海外工作理論與實踐，1924～1991》，頁 29。

間模糊曖昧的體制關係，以及揮之不去的內宗派主義而失敗。〔註4〕1949
年國民黨在大陸的潰敗，迫使國民黨再次正視改造的議題，1950年6月25
日韓戰爆發後，蔣中正斷然實施黨務改造，7月22日國民黨中央常會舉行
臨時會議，會中通過「中國國民黨改造方案」，8月5日成立中改會，負責
改造期間的黨務工作。〔註5〕

　　改造的第一步是停止第六屆中央執行委員會及中央監察委員會一切職
權，由人數編制較少的中改會完全取代過去中執委與中監委的職權，中央
人事的精簡將有助於上層領導下層，也更能完全執行蔣中正的指示。接著
透過基層小組的運作，發起舊黨員歸隊登記，趁機掃除黨內腐惡勢力，並
同時吸收臺灣本土菁英。歸隊登記後，更令新舊黨員接受基層黨部訓練，
藉此增強黨對於黨員的掌控，如此不僅有利於黨對基層的控制力，同時也
可藉機深入臺灣地方社會，更可藉機擺脫過去黨內宗派林立的狀況。〔註6〕

　　對國民黨而言，1950年的黨務改造運動是一個由上而下的革命運動，
希望在消極方面可以把失敗主義徹底清除，終結派系惡鬥的行為，並改變
過去官僚主義的作風；積極方面，改進基層組織與幹部制度，重新確立黨
政關係，並將改造的意義與精神推行到各方面的業務。〔註7〕

　　海外方面，1950年代初期海外華僑多達1300多萬人，比臺灣的軍民總
數還多；海外黨員則號稱25萬多人，同樣比臺灣的16多萬名黨員還多。
故海外黨部組織對1950年代初期的國民黨而言相當重要。但1950年提出
的〈中央海外部卅八年度黨務工作報告〉〔註8〕指出：「海外各地，或因當
地民族獨立運動之勃興，或因共黨在當地製造紛亂，以致引起當地殖民政

〔註4〕詳細內容可參閱：王良卿，《改造的誕生》（臺北：政治大學歷史系，2010
　　　年），頁101～209、470～475。
〔註5〕王良卿，《改造的誕生》（臺北：政治大學歷史系，2010年），頁101～209、
　　　470～475；李雲漢，〈中國國民黨遷臺前後的改造與創新，一九四九～一九
　　　五二〉，《近代中國》第87期（1992.2），頁19～40。
〔註6〕關於改造過程與方式的詳細內容可見：陳曉慧，〈由上而下的革命：中國國
　　　民黨改造之研究（1950～1952）〉，臺北：國立政治大學歷史學系博士論文，
　　　2000年，頁164。李雲漢，〈中國國民黨遷臺前後的改造與創新，一九四九
　　　～一九五二〉，《近代中國》第87期（1992.2），頁19～40。
〔註7〕引述原文為：張其昀，第七次全國代表大會黨務報告。轉引自：陳曉慧，
　　　〈由上而下的革命：中國國民黨改造之研究（1950～1952）〉，頁58～59。
〔註8〕〈中央海外部卅八年度黨務工作報告〉，1950年2月24日，【黨：會議】
　　　6.41/78。

府之憂慮，而有限制政團活動之規定，新加坡政府取銷豁免本黨註冊於前，香港政府限制政黨活動於後，現英、印、緬等國政府相繼承認共匪偽組織，本黨在各該地之活動，更受嚴重打擊……。」〔註9〕另外，《中國國民黨中央改造委員會三十九年度工作報告》〔註10〕中則說明1950年時海外黨部發展概況：「本黨現有海外組織，……，其中有早已不以本黨名義活動者，如星加坡馬來亞各直屬支部。有已停頓者，如德日等國直屬支部。有失去聯絡者，如安南已陷共匪之區域，但亦有正事重建者，如港澳及日本黨部。」〔註11〕上述的海外黨務概況，指出幾個海外黨務的嚴重問題，如許多海外黨部早已失去聯繫，或遭當地政府查禁已不能公開活動，甚至黨務已陷入停頓。故1950年代初期，國民黨如欲拉攏海外黨員或重建海外黨務組織，「海外黨務復興運動」將成為刻不容緩的首要議題。

　　楊建成認為國民黨海外黨部組織有一個特殊性，多數的海外黨部皆屬自發性組織，由當地支持國民黨的華僑糾集眾人組成，國民黨中央在一定條件下予以收編，將其收編入正式的海外黨部系統中。〔註12〕當時國民黨對自己政黨組織及海外黨部的看法，亦自認為不是一個國際性組織。〔註13〕而筆者認為，國民黨擁有龐大的海外黨部組織，所以就廣義的定義來說屬於一個國際性政黨；但若就狹隘的定義而言，國民黨海外黨務與國內黨務有不同的環境，且海外黨務不僅無法全力配合國內的黨政措施，亦受限於當地環境的限制，更無顛覆當地政府的野心，所以確實不算國際性政黨。

　　筆者較傾向國民黨不是一個國際性政黨的論述，這與國民黨海外黨部組織的成立性質有關。因為國民黨的海外黨部多屬自發性的組織，所以當海外黨部成員對國民黨感到失望時，自然會開始淡出或退出海外黨部組織；另一種情況則是如果華僑的生活出現困難，無力再參與海外黨部的活動，也會漸漸淡出黨部組織。

〔註9〕〈中央海外部卅八年度黨務工作報告〉，【黨：會議】6.41/78。

〔註10〕中國國民黨中央改造委員會編，《中國國民黨中央改造委員會三十九年度工作報告》（臺北：中央改造委員會，1951年1月）。

〔註11〕中國國民黨中央改造委員會編，《中國國民黨中央改造委員會三十九年度工作報告》，頁13。

〔註12〕楊建成，《中國國民黨海外工作理論與實踐，1924～1991》，頁29。

〔註13〕中央改造委員會編，《中國國民黨第七次全國代表大會黨務報告》（下篇）（臺北：中央改造委員會，出版年不詳），頁87；「當前亞洲黨務」，1956年，【中山：鄭彥棻手稿】HW 782.886 8458（5）no.331。

國共內戰期間,華僑數最多的東南亞地區正逢民族主義高漲,各國先後掀起一波波的獨立運動,不少華僑為保護在僑居地扎根多年的成果,轉而關注僑居地政治,放棄關懷紛亂的中國政局。亦有不少華僑受到二戰戰火的波及,導致事業與生活遲遲無法回復正軌,而暫時或永久脫離所屬黨部。東南亞地區因二戰戰火波及,而導致華僑黨員暫離所屬黨部,或因戰火而導致當地黨部工作停擺的狀況相當多。海外黨員脫離所屬黨部,以及海外黨部運作停擺,皆會使國民黨與當地華僑社會產生疏離感,若情況久未改善,將會導致華僑支持國民黨的意願大減,這是國民黨最不願意見到的結果。

再回頭談國民黨黨務改造的議題,國民黨 1950 年在臺實行黨務改造時,附屬黨中央的海外黨部自然必須跟隨黨中央改造的步伐。海外黨員與黨部雖在 1950 年代初期的狀況不佳,但並不會因此降低黨中央對海外黨務的重視,畢竟海外華僑仍有 1,300 多萬人,要使多數華僑支持國民黨與政府,還是需要透過當地的黨部組織拉攏華僑支持。然而,海外黨部面臨的困境與國內不同,且海外黨員並不需要為失去大陸負責,派系惡鬥的情形在海外黨部也不如國內嚴重,僅有少數人事糾紛;〔註 14〕海外黨部出現運作麻煩的原因與國內政局相關性也較低,反而與當地黨員生活及僑居國政治較為相關,故海外黨務改造若與國內一致,可能會面臨許多執行問題。

1950 年,根據「中央改造委員會組織大綱」的內容,第三組負責:掌理海外黨部之組織,與黨員之訓練,並指導其活動。〔註 15〕可知,海外黨務改造方案的擬定與執行,由第三組全權負責,並將擬定與執行方案提報中改會審核。過去多數人都在關心 1950 至 1952 年國民黨黨務改造對臺灣日後政治影響時,海外黨務改造相較下常被忽略;事實上海外黨務改造的成功與否,將影響各國華僑對國民黨的支持度,以及華僑對反共復國政策的支持度,更一步還會影響政府的僑務與外交政策。簡而言之,海外黨務

〔註 14〕中國國民黨中央改造委員會編,《中國國民黨中央改造委員會一年來工作報告》,頁 33;中國國民黨中央改造委員會編,《中國國民黨中央改造委員會三十九年度工作報告》,頁 13〜14;「一年來海外黨務改進工作概況(初稿)」,1951 年,【中山:鄭彥棻手稿】HW 782.886 8458(5)no.304。

〔註 15〕「中央改造委員會組織大綱」,〈國民黨中央改造委員會第二次會議紀錄〉,1950 年 8 月 8 日,【黨:會議】6.42/2.2。

將直接影響國民黨的海外勢力，所以國民黨並未要求海外黨務改造須與國內同步，而是希望第三組調查清楚後，再向中改會提出海外改造方案即可。

第二節　海外黨務改造方案的擬定

　　前一節已提到 1950 年國民黨欲推動黨務改造運動，以強化黨的組織，貫徹黨的命令。但海外地區由於情況特殊，海外黨務改造方式必不可與國內一致，需要另外擬定一套適合於海外黨部的改造方式，而這個重擔自然落在第三組的肩頭上。第三組在擬定海外黨務改造方案過程中，必須優先考量海外黨務與華僑社會的狀況；其次則應與海外黨員進行意見交流，才能使海外黨務改造達到因地制宜的理想。

　　所以，本節將依序討論改造前後的海外黨務與華僑社會，接著敘說第三組如何與華僑交換海外黨務改造意見，最後說明海外黨務改造方案的擬定過程與意義何在。藉此呈現海外黨務改造方案的擬定過程。

一、改造前後的海外黨務與華僑社會的政治認同

　　1948 年冬天起，國民黨因內戰失利，黨中央從南京先後遷到廣州與重慶，1950 年初才遷至臺北，整整一年的時間，忙於播遷，黨務人事不斷縮編，黨務工作也大多停擺。有許多海外黨部在這一年多的時間中，與黨中央失去聯繫，直到黨中央在臺北安頓完畢後，才先後恢復聯繫。〔註 16〕因此，1950 年的海外黨務工作首重恢復聯繫，不僅要恢復與原有黨部的聯繫，更要一并找回失聯的黨員。〔註 17〕

　　1950 年前後的海外黨員究竟有多少，根據 1950 年 2 月 24 日國民黨某次黨內會議中的〈中央海外部卅八年度黨務工作報告〉〔註 18〕，對日抗戰後雖然海外地區有各種困難，導致黨務工作無法順利推行，但各地黨部的恢復與吸納新黨員方面的成績，則超過原預訂計畫。抗戰後期至 1949 年間

〔註16〕中國國民黨中央委員會第三組編，《中國國民黨在海外：海外黨務發展史料初稿彙編（上篇）》，頁 239。

〔註17〕國民黨黨中央恢復與海外黨部的聯繫後，緊接著發動黨員歸隊運動，號召暫時離開或久未聯系的海外黨員向當時所屬海外地區黨部報到，並加入該黨部組織中，詳細的內容下文將有更詳細的述說。可參考：來源同註 16。

〔註18〕〈中央海外部卅八年度黨務工作報告〉，1950 年 2 月 24 日，【黨：會議】6.41/78。

海外黨員人數的確逐年增加，1949 年時海外黨員總人數達到自 1911 年來的最高峰。（見表 1-1、圖 1-1）

表 1-1：1911〜1949 年國民黨海外黨員人數統計表

年度	1911	1916	1921	1926	1929	1934	1939	1946	1948	1949
人數	2,877	7,238	13,652	30,329	82,778	104,429	29,882	129,291	201,539	227,986

資料來源：引用楊建成，《中國國民黨海外工作理論與實踐，1924〜1991》（臺北：楊氏臺灣現代史資料出版屋，2001 年），頁 72。

圖 1-1：1911〜1949 年國民黨海外黨員年度比較表

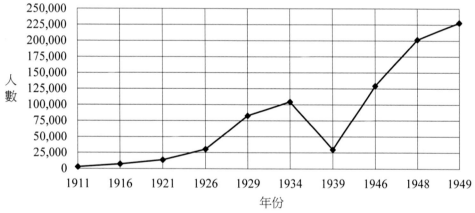

資料來源：依據表 1-1 內容所繪，資料來源同表 1-1。

〈中央海外部卅八年度黨務工作報告〉中的數據顯示：海外黨部直屬中央者，共一百〇二個，計總支部十二個（內港澳總支部經費困難已於卅八年十一月底停止活動）直屬支部八十五個，直屬分部五個，黨員人數亦由民國三十四年大戰結束時之七萬八千二百四十六人，增加至二十二萬七千九百八十六人，即每四十名華僑中，有本黨黨員一人。〔註 19〕依照檔案中的敘述，可反推算出當時的海外華僑約有 911 萬多人，與本章採用的海外華僑共 1300 多萬人，有著 400 萬人左右的差距。若該份檔案數字無誤，則表示 1949 年到 1953 年間海外華僑增加 400 多萬人；否則就表示該份檔

〔註 19〕〈中央海外部卅八年度黨務工作報告〉，1950 年 2 月 24 日，【黨：會議】6.41/78。

案或本論文採用的華僑總數其中一者有誤，不論是哪一方有誤均代表當時國民黨海外黨務數據有瑕疵。然而，這份報告是中改會成立前的報告，若受國共內戰影響而失真乃可以預料的，可以不必太過在意，反倒應在意中改會成立後的數據。中改會成立後原有的「海外部」改稱為「中央改造委員會第三組」，第三組主任由原中央黨部祕書長鄭彥棻出任，李樸生、吳春晴擔任副主任。〔註20〕

　　根據1951年1月的《中國國民黨中央改造委員會三十九年度工作報告》，和同年8月的《中國國民黨中央改造委員會一年來工作報告》、「一年來海外黨務改進工作概況（初稿）」，三份報告書均指出：由中央直轄的總支部有11個，其中亞洲4個，美洲5個，歐洲、澳洲各1個；原有的85個直屬支部，其中已有數個不以國民黨的名義活動（如馬來亞各直屬支部），德國直屬支部工作已停頓；安南地區因為戰火，有部分黨部失去聯絡，日本黨部則正積極重建；所以仍保持聯繫的僅有62個直屬支部，5個直屬分部。〔註21〕

　　一份講述1949年海外黨務工作報告：〈中央海外部卅八年度黨務工作報告〉；以及三份講述1950年海外黨務工作報告：《中國國民黨中央改造委員會三十九年度工作報告》、《中國國民黨中央改造委員會一年來工作報告》、「一年來海外黨務改進工作概況（初稿）」。上述不同年份的海外黨務工作報告中，主要的數字差異在工作報告書指出1949年時海外仍有85個直屬支部，但到1950年年底則只剩下62個，其中有很大的原因應該是某些海外黨部已失去聯絡，或者無法再公開活動。很顯然國民黨的海外黨部，因為各地局勢的變遷，失去不少海外據點。

〔註20〕 中央改造委員會成立並取代原有六屆中央執行委員會及中央監察委員會後，原有中央黨部組織則改為：祕書處、第一組、第二組、第三組、第四組、第五組、第六組、第七組、幹部訓練委員會、紀律委員會、財務委員會、黨史史料編纂委員會、設計委員會。中改會中各組會各司其職，其中第三組為原有的海外部，所以中改會時期的第三組負責掌理海外黨部之組織與黨員之訓練，並指導其活動。資料來源：李雲漢，〈中國國民黨遷臺前後的改造與創新，一九四九～一九五二〉，《近代中國》第87期，（1992.2），頁19～40。

〔註21〕 參考來源：中國國民黨中央改造委員會編，《中國國民黨中央改造委員會三十九年度工作報告》，頁13；中國國民黨中央改造委員會編，《中國國民黨中央改造委員會一年來工作報告》，頁33；「一年來海外黨務改進工作概況（初稿）」，1951年，【中山：鄭彥棻手稿】HW 782.886 8458（5）no.304。

　　1950 年，國民黨雖失去不少海外黨部，可是單從當時的相關報告來看海外黨員人數卻反常的持續增加，實際上卻可能不是這麼一回事。1949 年的〈中央海外部卅八年度黨務工作報告〉指稱，海外黨員人數共有 227,986 人；1950 年的《中國國民黨中央改造委員會三十九年度工作報告》指出：「加上新徵黨員 1,178 人，連原有共 252,042 人」。〔註 22〕1951 年《中國國民黨中央改造委員會一年來工作報告》和「一年來海外黨務改進工作概況（初稿）」均指出：「加上新徵黨員 2,227 人後，連原有共 252,631 人」。〔註 23〕上述這些看似沒問題的數據實際上存在不小的瑕疵。首先，1949 年的海外黨員總數並未說明何時調查，且 1950 年的數據是直接加上新徵黨員數後得出，照理說相差僅一年的調查數據相減後應等於 1950 年的新徵黨員總數，但實際上卻差異頗大，表示四份檔案中所認為的「原有海外黨員數」不同，更表示這些數據中只有一個可能是對的，或是都有問題。〔註 24〕筆者認為假設數據均無問題，能用來解釋的最佳理由，可能為許多原大陸地區黨員 1949 年後並未隨國民黨中央遷臺，而轉遷大陸以外的海外各地，進而轉變為海外黨員身分，至於是否如此國民黨並未對此做出相關統計，所以也使 1949 至 1950 年間的海外黨員人數差異問題暫時成為懸案。

　　其次，1950 年和 1951 年的海外黨員人數統計也有另一種瑕疵，1950 年和 1951 兩年的海外黨員總人數都是直接加上新徵黨員數後得出，通常這是一個再正常不過的簡易統計方法。但筆者認為 1949 年後，既然不少海外黨部與黨中央失去聯系，同理多數黨員也會失去聯系，甚至離開國民黨或已死亡，所以 1950 年和 1951 年報告中所謂的原有黨員人數，也同樣不是一個準確的數據，因為這個數據並未詳加考慮二戰與國共內戰帶來的影響。

〔註 22〕中國國民黨中央改造委員會編，《中國國民黨中央改造委員會三十九年度工作報告》，頁 13。

〔註 23〕中國國民黨中央改造委員會編，《中國國民黨中央改造委員會一年來工作報告》，頁 33。「一年來海外黨務改進工作概況（初稿）」，1951 年，【中山：鄭彥棻手稿】HW 782.886 8458（5）no.304。

〔註 24〕1949 年海外黨員共 227,986 人，1950 年海外黨員共 252,042 人，相減後得 24,056 人。照理說，這個數據應為 1950 年間徵收到的海外新黨員相近，但根據紀錄 1950 年的新徵黨員僅 1178 人而已，兩個數據相差相當多，明顯不合常理。

　　關於上述提及的 1951 年海外黨員人數究竟存在多大的誤差值，筆者在《鄭彥棻先生手稿檔案》中見到一份名為「海外工作組織檢討」的檔案，該份檔案中詳細紀錄 1950 至 1960 年間海外黨員總數（見表 1-2），檔案中指出 1951 年的海外黨員總數僅有 31,742 人。〔註25〕這個數據與 1951 年的《中國國民黨中央改造委員會一年來工作報告》和「一年來海外黨務改進工作概況（初稿）」中所指稱的 1951 年海外黨員達 25 萬多人，存在極大的差距，顯見至少有一方的數據明顯有誤，也表示前文質疑數據錯誤的說法可能為真。為一探 1951 年海外黨員總數究竟是 3 萬多人，還是 25 萬多人，筆者將採用其他的間接數據與資料來說明之。

表 1-2：歷年海外組織之發展（1950～1960）

年　　份		中央直屬			海外黨部所屬					黨員人數
		總支部	直屬支部	直屬分部	支部	直屬分部	分部	小組	通訊處	
第一階段	1950	10	79	5	66	46	1,412	—	189	總整理期間
	1951	10	79	5	66	46	1,412	—	189	31,742
	1952	12	78	5	66	46	1,810	—	189	35,935
第二階段	1953	12	78	5	66	46	1,810	69	189	47,601
	1954	12	79	6	66	46	1,810	521	189	48,709
	1955	12	80	6	66	46	769	1,003	62	54,069
	1956	12	80	7	65	50	765	1,432	33	61,280
	1957	12	80	8	59	51	765	1,892	33	63,996
第三階段	1958	12	80	11	59	51	767	1,901	33	65,003
	1959	13	81	11	67	47	759	2,176	33	69,142
	1960	13	71	10	77	48	792	2,295	33	71,465

資料來源：「海外組織工作檢討」，擬稿日期不詳，國立中山大學圖書館特藏，《鄭彥棻先生手稿檔案》，檔號：HW 782.886 8458（5） no.346。

　　竟究 1951 年海外黨員總數是 3 萬多人，還是 25 萬多人，可透過 1951

〔註25〕「海外組織工作檢討」，1961 年 4 月 10 日，【中山：鄭彥棻手稿】HW 782.886 8458（5）no.346。

年後國民黨在海外進行的海外黨籍總檢查〔註 26〕結果得知，並佐以其他相關資料的証明。1953 年海外首次舉行 1949 年後的第一次黨籍總檢，當時海外黨員數仍據稱共有 256,942 人（同樣未減去失聯或退黨、死亡的黨員），結果僅有 35,915 人登記參加，總檢人數也僅有 32,687 人；〔註 27〕1953 年海外黨籍總檢結果已清楚指出號稱 25 萬多名的海外黨員，其中有大部分早已不存在。另外，再根據年份更晚的數據來檢視，1956 年國民黨召開亞洲地區工作會議時，當時主管海外黨務的鄭彥棻上臺致詞前，在他的演講卡中寫下當年各地區海外黨員數：共有 63,800 人，其中亞洲49,212 人，美洲 11,732 人，歐洲 384 人，非洲 1,019 人，大洋洲 1,453 人。〔註 28〕

　　簡要說明前一段歷年數據的意義。海外黨員數從 1951 年號稱的 25 萬多人，至 1953 年黨籍總檢時僅約 3 萬多人參加，1956 年則也僅有 6 萬多名海外黨員，就算沒有「海外工作組織檢討」這份檔案的數據佐證，也足顯見號稱的 25 萬名海外黨員並不是最接近現實的數據，更何況該數據實際上並沒有扣除失聯、退黨、死亡之類的黨員。故 1951 年時，國民黨海外黨員總數理應僅有 3 萬多人，也就是說「海外組織工作檢討」認為 1951 年僅有31,742 人的數據，最接近當時的實際人數。同時，更表示「海外工作組織檢討」中所記錄的數據比起《中國國民黨中央改造委員會一年來工作報告》和「一年來海外黨務改進工作概況（初稿）」更值得信任。

　　而從 1951 年海外黨員僅剩 31,742 人，1953 年也僅 3 萬多名海外黨員參加黨籍總檢，均顯示 1950 年代初期國民黨海外黨務面臨前所未有的危機：大量的黨員流失。表示國民黨撤退到臺灣後，多數海外黨員也從此遠離國民黨，至少在黨籍身分上已不屬國民黨黨員；而這樣的情形也同樣影響到海外新徵黨員數，在「海外組織工作檢討」中有 1950 至 1960 歷年的海外新徵黨員數，詳見表 1-3：

〔註 26〕黨籍總檢查，是國民黨中央為了針對基層黨部空虛而提出的因應方案。黨中央為保持黨員永不脫離隊伍，根治基層組織空虛的積弊，於是有黨籍總檢查的制度。資料來源：中央委員會第一組編，《中國國民黨六十年來組織之發展》（臺北：編者自印，1954 年），頁 19。
〔註 27〕中國國民黨中央委員會第三組編，《四十二年度的海外黨務》，頁 20。
〔註 28〕「當前亞洲黨務」，1956 年，【中山：鄭彥棻手稿】HW 782.886 8458（5）no.331。

表 1-3：歷年海外新徵黨員數（1950～1960）

年份	1950	1951	1952	1953	1954	1955
人數	1,986	1,478	5,363	4,914	4,018	3,842
年份	1956	1957	1958	1959	1960	總計
人數	3,146	2,214	2,516	1,490	1,613	32,580

資料來源：「海外組織工作檢討」，1961 年 4 月 10 日，【中山：鄭彥棻手稿】HW 782.886 8458（5）no.346。

圖 1-2：1950～1960 年國民黨海外新徵黨員人數

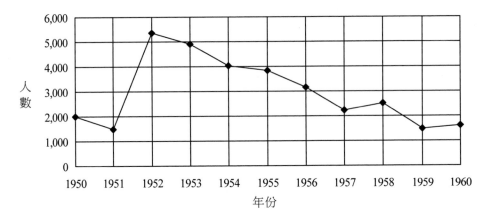

資料來源：同表 1-3。本圖表依據表 1-3 而繪製。

　　在圖 1-2 中，海外新徵黨員數雖每年都有所增加，但至 1953 年起新徵黨員數便開始一年不如一年，僅在 1958、1960 兩年有小幅的反彈。比起 1948 至 1949 年間的新徵黨員數多達 26,447 名，〔註29〕說明 1950 年代初期國民黨海外黨務規模已無法與昔日比擬，甚至在海外新徵黨員數上也遠不及 1949 年前。

　　縱使 1950 年代初期海外黨員人數大減，海外黨部也有失聯或停閉的情形發生，海外新徵黨員人數也大不如前，但 1,300 多萬的海外華僑數是相當可觀的，如果多數華僑願意支持國民黨政權反攻大陸，成功率將可獲得實

〔註29〕根據前文的圖表 1-1 的數據相減得來，1949 年 227,986 人減去 1948 年 201,539 人，得出新徵黨員數 26,447 人。雖然，1949 年的海外黨員總數如本文中所言是有瑕疵的數據，但這對於 1948 至 1949 年新徵黨員數的影響並不大，所以兩兩相減後仍可得出近似值。數據瑕疵對於海外黨員總數正確性影響，遠大過於新徵黨員數的正確性。

質的提升,所以海外華僑力量在當時並未因海外黨員人數的驟減而遭到忽視。這時的國民黨認為海外黨部與黨務仍有發展的必要性,並冀望透過海外黨部組織拉攏華僑擁護國民黨,以及維持政府的正統性。

會造成 1950 年代初期海外新徵黨員的減少,主要有三個原因:國民黨在 1949 年的挫敗、1949 年中共建政、僑居地政府的態度。

國共內戰期間,關注中國政局的華僑便化分為左、中、右三派,1949年國民黨挫敗後,不少華僑對中國政局及國民黨感到失望,導致華僑加入國民黨的意願降低不少,華僑意願的降低不僅與國民黨的失敗有關,也與中共及海外反國民黨的中立派人士有關。中共與反國民黨的勢力在海外的宣傳活動,使不少華僑對加入國民黨抱持觀望態度,加上國民黨撤退到臺灣後軍政均暫時未安定,導致華僑對國民黨政權的信任度大減。而 1949 年中華人民共和國的建立,更是給予關注中國政局的華僑相當大的衝擊,同時也使得華僑社會中明顯劃分成反共與親共陣營。〔註30〕

另一方面,華僑所在的僑居國政府在 1950 年前後也開始出現轉變,導致華僑支持國民黨或入黨的意願降低。特別是在東南亞國家,造成東南亞華僑華人政治認同轉向的原因有二:(一)東南亞國家民族主義興盛,且基於對華人的負面印象和部分華僑認同中國的情形,各國施行不同程度的排華法案,或強迫同化的政策,令華人必須選擇為誰效忠;(二)僑居國的政治壓力與兩岸分治,僑居國希望華人選擇「國民」的身分,恰巧兩岸政府的僑務政策都從給予僑民身分到鼓勵入籍當地。〔註31〕

1950 年前後,華僑在選擇親共或反共,親國民黨或反國民黨時,還須考量僑居國的政治情勢,僑居地的政治情勢往往直接影響華僑的生活,所以導致許多華僑紛紛將自己的政治關懷轉向僑居地政治,再加上兩岸政府均鼓勵華僑入籍當地,使得許多華僑漸漸轉為認同僑居地政府。但華僑真正認同僑居地政府是需要長期的演變,所以 1950 年前後華僑社會的認同模式大致可分為認同中國政府與僑居地政府,其中認同中國政府的又可略分

〔註30〕麥禮謙,《從華僑到華人-二十世紀美國華人社會發展史》(香港:三聯,1992 年 1 月),頁 339～353;顏清煌,〈從歷史的角度看海外華人的社會變革〉,《戰後海外華人變化國際學術研討會論文集》(北京:中國華僑出版公司,1990 年),頁 6。

〔註31〕莊國土,〈論東南亞華族及其族群認同的演變〉,《時代變局與海外華人的族國認同》(臺北:海外華人研究學會,2005 年 3 月),頁 11～50。

為反共與親共兩大類。〔註32〕

　　另從前文述敘中可知，關心中國政治的海外華僑，一方面必須對分裂的中國政局作出抉擇，一方面還得面對僑居地政府施加的壓力，許多華僑在關心中國政局的同時，也不得不關注僑居地的政策發展，這類問題在東南亞地區的華僑社會最為明顯。例如星馬地區因為明令禁止國民黨和共產黨公開活動，所以迫使多數的國民黨黨部無法再以國民黨的名義進行活動，自然也大大削弱國民黨對當地華僑的影響力。雖然，東南亞地區華僑的認同問題，不能代表全體海外華僑認同問題，但東南亞為華僑人數最多之地區，該地區的華僑認同問題縱使不能代表全體海外華僑，也足以代表多數海外華僑所面臨的問題。而在臺灣的國民黨為迅速實現其反共復國的理想，在尋求外援的同時，自然不會忽略在歷史中多次支持國民黨的華僑；但這一次國民黨在爭取華僑支持的過程中，卻必須面對華僑政治認同的分歧，自然也增加 1950 年後國民黨爭取海外華僑及重新恢復海外黨務工作的困難度。再加上 1950 年代初期流失大量海外黨員，故 1950 年代的海外黨務將著重海外黨務復興運動，而在海外黨務復興運動中又該如何進行海外黨務改造，將是第三組接手海外黨務後首要面對的重大課題。

二、中改會第三組對海外黨務改造的事前準備

　　在國民黨海外黨部與國內情勢不同的前提下，海外黨務的改造方式自然不可與國內一致。國內黨務改造最主要的意義，旨在改變抗戰後期的黨員腐敗、惡鬥、鬆弛等問題，所以中改會成立後馬上停止第六屆中央執行委員會及中央監察委員會一切職務，頗有要求六屆中執監委員負起 1949 年失敗責任的意味。〔註33〕反觀海外黨務，海外黨部多為自發性組織，各僑居國國情和各地黨員的狀況也不一，且海外黨部對 1949 年的失敗更無直接的相關性，所以海外黨務改造有必要依循因地制宜的模式進行。〔註34〕因

〔註32〕參考自：崔貴強，《新馬華人國家認同的轉向（1945～1959）》（修訂卷）（新加坡：新加坡青年書局，2007 年）；莊國土，〈論東南亞華族及其族群認同的演變〉，《時代變局與海外華人的族國認同》，頁 11～50。

〔註33〕內容詳見：陳曉慧，〈由上而下的革命：中國國民黨改造之研究（1950～1952）〉，頁 43、48。

〔註34〕中國國民黨中央改造委員會編，《中國國民黨中央改造委員會一年來工作報告》，頁 33；中國國民黨中央改造委員會編，《中國國民黨中央改造委員會三十九年度工作報告》，頁 13～14；「一年來海外黨務改進工作概況

地制宜的海外黨務模式並非是新的創舉，在抗戰時海外黨務便已有這樣的決策模式，〔註35〕至於這時該如何擬定因地制宜的海外黨務改造模式，則成為第三組必須馬上解決的議題。

第三組如欲擬訂因地制宜的海外黨務改造方案，則必須透徹理解海外黨務概況，以及海外黨員的需求，所以第三組有必要透過各種方式瞭解海外黨部與黨員概況，才有助於其擬定因地制宜的海外黨務改造方案。下文將述說第三組透過哪些方式蒐集海外黨務與黨員的概況。

1950 年 8 月 5 日中改會成立後，鄭彥棻擔任中改會委員兼第三組主任。蔣中正為表示他對海外黨務和僑胞的重視，於 8 月 31 日中改會第十三次會議中交議：派鄭彥棻同志赴美洲各地，宣達本黨改造之旨意，及督導黨務，訪問僑團，並與各方面優秀份子切取聯繫，以發展黨務案。〔註36〕鄭彥棻隨即以聯合國代表團顧問的身分在 9 月 8 日啟程赴美，聯合國會議結束後再轉赴美洲與日本各地探訪黨務僑務。〔註37〕

這一次的出國訪問是鄭彥棻接任第三組主任後首次的海外訪問行程。結束聯合國代表團行程後，9 月 8 日鄭彥棻正式開始第一次的海外訪問行程。8 日至 9 日先飛抵馬尼拉，10 日開始先後訪問以下各地黨部與僑團：美國的三藩市、紐約、波士頓、芝加哥、山旦吋、華盛頓、費城、砵崙、西雅圖、洛杉磯、未市卡利、檀香山，墨西哥京城和覃必古，瓜地馬拉、薩爾瓦多、宏都拉斯、尼加拉瓜京城馬拿瓜、哥斯達黎加、巴拿馬、哥倫比亞的卡利、厄瓜多的惠也基，秘魯的利馬、介休、未刺科羅、華冷架、華造、華拉，智利、阿根廷、烏拉圭、巴西京城和聖保羅，委內瑞拉、古巴的夏拿灣、馬丹砂、汕爹姑、甘馬隈、汕打加拉，加拿大的多倫多、渥太華、滿地可、溫哥華、維多利亞，日本的東京、橫濱、大阪、奈良、神

（初稿）」，1951 年，【中山：鄭彥棻手稿】HW 782.886 8458（5）no.304。

〔註35〕1941 年 6 月 1 日，蔣中正在重慶對黨務工作人員訓練班講述「海外黨務工作要旨」，內容中提到：「我們對於海外黨員應該如何組織訓練鼓勵團結，……。全靠大家能夠認清環境，明瞭對象，盡心研究，因時因地制宜……。」資料來源：革命實踐研究院，《總裁言論選輯（二）黨務》（臺北：中央委員會，1954 年 10 月再版），頁 404。

〔註36〕〈國民黨中央改造委員會第十三次會議紀錄〉，1950 年 8 月 31 日，【黨：會議】6.42/3.3。

〔註37〕馮成榮，《鄭彥棻傳》，頁 107；「鄭主任訪問美洲僑胞視導黨務紀要」，1951 年，【中山：鄭彥棻手稿】HW 782.886 8458（5）no.301。

戶、京都、長崎等地，共二十餘個國家，五十多個城市。〔註38〕鄭彥棻自
認為這一次的出訪有很大的政治意義，當時許多華僑質疑國民黨反攻大陸
的實踐力，鄭的出訪不僅將政府的反共復國計畫傳達給僑界，更可使華僑
重拾對國民黨的信心，進而支援中華民國政府反共復國之計畫。〔註39〕同
時，鄭這一次的出訪還帶有蒐集海外黨員對黨務改造的意見。

　　負責海外黨務改造任務的第三組，在蒐集海外僑界對黨務改造的意見
上，除主任鄭彥棻出國訪問僑界外，同時也陸續邀集熟悉黨務僑務的黨員，
分別舉行座談會。自1950年8月10日起至1951年6月30日共舉辦十次
座談會，由第三組邀集海內外熟悉黨務、僑務人士，以及部份的海外黨員
代表，就海外黨務改造事宜進行討論，冀望進行海外黨務改造時能考量僑
情，並完成改造的目的。〔註40〕這十場在國內舉辦的座談會，從資料上可
以明顯看出主要針對亞洲地區海外黨務事宜，曾受邀的海外黨員或單位來
自：菲律賓、港澳、日本、暹羅、緬甸。〔註41〕但礙於筆者未見到十次座
談會的會議紀錄，所以無法具體的述說這十次座談會中曾提出哪些意見，
以及第三組面對這些意見的反應。這一波在國內進行的座談會，多數和鄭
彥棻出訪美洲地區和日本的時間重疊，可見第三組採取雙軌制，美洲地區
的僑民意見由主任鄭彥棻負責傾聽，亞洲地區則藉由回國考察團等各種名
義，〔註42〕邀請海外黨員回國參與座談會。

〔註38〕馮成榮，《鄭彥棻傳》，頁108；「鄭主任訪問美洲僑胞視導黨務紀要」，1951
　　　　年，【中山：鄭彥棻手稿】HW 782.886 8458（5）no.301。
〔註39〕鄭彥棻，《往事憶述》（臺北：傳記文學，1985年12月），頁116～117；馮
　　　　成榮，《鄭彥棻傳》，頁107～109。
〔註40〕資料來源：中央改造委員會編印，《中國國民黨中央改造委員會一年來工
　　　　作報告》，頁34；中國國民黨中央改造委員會編印，《中國國民黨中央改
　　　　造委員會三十九年度工作報告》，頁14；「一年來海外黨務改進工作概況
　　　　（初稿）」，1951年，【中山：鄭彥棻手稿】HW 782.886 8458（5）no.304。
　　　　根據上述三份資料，第三組依序在以下日期舉行座談會：1950年8月10
　　　　日、8月23日、10月16日、10月20日、10月26日、11月13日、11
　　　　月31日、12月20日（一日兩場），1951年6月30日，共十場座談會。
　　　　座談會對象除邀集國內熟悉海外黨務僑務的人士外，也邀請不少海外黨員
　　　　參與，冀望藉此收集海外黨員對改造的意見。
〔註41〕資料來源同註40。
〔註42〕菲律賓曾透過華僑考察團、第一次青運問題座談會、第二次青運問題座談
　　　　會回臺參加座談會；港澳、日本、緬甸則以邀請熟悉該地狀況的黨員參加；
　　　　泰國藉由華僑觀光團名義返臺，參加座談會。詳見：中國國民黨中央改造

進一步考量各國華僑的籍貫後，筆者認為這樣的安排不全然是巧合，鄭彥棻出訪的地區以粵籍華僑居多（美國、加拿大、中南美洲多數華僑屬粵籍），而鄭彥棻本人就是廣東人；其它亞洲地區有些以粵籍華僑為主，有些則以閩籍華僑為主，不論是以哪個籍貫為主第三組均有人員可以與其溝通。〔註43〕海外華僑社會中有多種方言社群，每個方言群都具有排他性或封閉性只是強弱不一，〔註44〕這表示要打入華僑社會最好要會相同的方言。第三組設立時應該考量過海外僑界的方言與省籍，所以才會選擇福建省籍的吳春晴擔任副主任。〔註45〕

第三組除透過訪問僑界與召開座談會蒐集僑界對改造的意見外，在中改會成立後，便馬上將黨務改造方案印發至各級海外黨部，更要求各黨部為此召開會議，研究改造方案對各黨部的合適性，並擬具一份適合當地黨務改造的報告，供第三組參考。〔註46〕

從上述的這些資料中可以發現第三組主動積極與華僑連繫，並大力推動海外黨務改造運動。第三組為能使海外黨務改造更加順利，在主任鄭彥棻出訪美洲地區的同時，兩位副主任與組內人士也邀集海內外熟悉黨務人士召開座談會，更同時發電海外各級黨部，要求各海外黨部對改造一案向第三組提出報告書。〔註47〕這些資料雖可說明第三組積極準備海外黨務改

委員會編，《中國國民黨中央改造委員會一年來工作報告》，頁34。

〔註43〕第三組主任鄭彥棻粵籍，副主任李樸生粵籍，副主任吳春晴閩籍。雖然主任出訪美洲地區，但當時國內兩位副組長均在，且兩位副主任的籍貫恰好一為粵籍一為閩籍，足以應付以粵閩為主體的海外華僑。其他第三組的成員尚有：梁子衡、朱集禧、汪仲讓、李菊休、徐壽春、薛侶篤、明鎮華、方國柱、陳德規等人，這些成員都曾有過僑務經驗，或籍貫與華僑相同。參考自：李樸生，《我不識字的母親》（臺北：傳記文學，1966年）。

〔註44〕麥留芳，《方言群的認同：早期星馬華人的分類法則》（臺北：中央研究院民族學研究所，1985年），頁118～119。

〔註45〕當時第三組的另一位副主任是李樸生，李樸生與主任鄭彥棻同樣都是廣東人，所以第三組確實有必要起用福建人擔任要職。但蔣中正提名吳春晴擔任第三組副主任的實際原由為何，在現存的資料中無法得知，所以筆者大膽猜測第三組需要一位福建籍的副主任拉攏閩籍華僑。資料來源：〈國民黨中央改造委員會第十六次會議紀錄〉，1950年9月6日，【黨：會議】6.4-2/3.6。

〔註46〕中國國民黨中央改造委員會編印，《中國國民黨中央改造委員會三十九年度工作報告》，頁14。

〔註47〕中國國民黨中央改造委員會編印，《中國國民黨中央改造委員會三十九年度工作報告》，頁14。

造一事，但在敘述海外黨部對改造的意見時則過於籠統，所以海外黨部給予第三組的意見中，有多少被落實在日後的「中國國民黨海外黨務實施綱要」〔註48〕中，這一點難以獲得證實。

海外黨部對黨務改造的意見，目前僅能透過第三組的報告書得知，所以無法得知海外黨部對黨務改造是否有激烈的言論。現今可能有兩種檔案紀錄這些意見，一為海外各黨部留存的檔案，二為黨史館中尚未開放的海工會〔註49〕檔案。

從第三組的報告書中，可得知海外黨部對海外黨務改造的意見不同與僑居地政府的態度有關，當時僑居地政府對境內國民黨的活動有兩種反應：容許與公開、禁止與取締。〔註50〕至於海外黨員與中改會第三組對海外黨務改造的意見則可略分為三種：（一）海外黨部組織健全，且也選出新的負責人，無須再改造；（二）海外黨部工作不夠完備，需要中央加強指導，但無須改造，避免引發事端；（三）海外黨部狀況極差，工作也陷入停頓處，非改造不可。〔註51〕但這三種意見中，以何種占最多數，第三組並未講明，海外黨部傳回的資料也未說明，所以究竟有多少華僑贊成海外黨部改造，又有多少華僑認為無須進行改造，都無法有確切的數字或相關資訊說明。

三、「中國國民黨海外黨務實施綱要」的擬定過程及其意義

1950 年 8 月 5 日，國民黨正式推行黨務改造運動後，如前文所述海外華僑的勢力讓國民黨無法忽視，所以海外黨務改造初期主要著重恢復聯繫，恢復後才考慮進行如同國內的黨務改造運動。1949 年中國與國際局勢的邊變、僑居地政府對國民黨和華僑的態度、海外黨部狀況不一等原

〔註48〕〈國民黨中央改造委員會第一一七次會議紀錄〉，1951 年 4 月 18 日，【黨：會議】6.42/13.7。

〔註49〕1969 年 4 月 5 日，國民黨第十次全國代表大會通過「現階段黨的建設案」，該案成為新一波的黨務革新案。1972 年延續黨務革新理念，國民黨開始對黨機構進行裁撤或歸併，人事方面也大幅改組。其中，原有的第一至第六組，改組為五個工作會，即：組織、大陸、海外、文化、社會。5 月 15 日，完成新的改組，原本負責海外黨務的第三組，改為海工會，首任主任為陳裕清。資料來源：李雲漢，《中國國民黨史述：第四篇保衛臺灣與建設臺灣》，頁 141。

〔註50〕參考自：中國國民黨中央改造委員會編印，《中國國民黨中央改造委員會三十九年度工作報告》（臺北：中央改造委員會，1951 年 1 月），頁 480～489。

〔註51〕中國國民黨中央改造委員會編印，《中國國民黨中央改造委員會三十九年度工作報告》，頁 14。

因，均使得國民黨推行海外黨務改造前，必須先瞭解華僑對黨務改造的看法。為此，第三組花費近半年的時間訪問僑界，召開座談會蒐集僑界對海外黨務的意見。最後，才於 1951 年時提出「中國國民黨海外黨務實施綱要」〔註 52〕做為海外黨務改造的最高法源依據。

海外黨務改造前，第三組必須先幫助海外黨部重新確定海外黨員人數，此舉可協助海外黨部重新強化組織，並進一步推動海外黨務改造運動。1950 年 12 月 20 日，中改會第 64 次會議通過「海外黨員登記編組辦法」〔註 53〕，法案第一條：為使海外黨員一律納入組織，並依據黨員歸隊實施辦法第十二條之規定，特訂定本辦法。〔註 54〕此法案欲將散居海外各地黨員重新編入黨中央能夠掌控的海外黨部組織中，而這些暫時脫離黨部組織的黨員，多數是因為環境問題而暫時與黨部失聯；〔註 55〕這些暫離組織的黨員一旦歸隊，將可增強海外黨部組織系統，並有助於海外黨部推行下一階段的黨務改造。

《海外黨務通訊》第一卷第三期，有一篇〈海外黨員登記編組辦法之運用問題〉向華僑解釋「海外黨員登記編組辦法」如何運用，〔註 56〕第三組用這篇文章來向海外黨部黨員解釋該法案的意義。這篇文章中提到由於海外地區工作大多正常，並沒有如同國內發生遽變，同時海外各地的黨部與僑居地狀況不一，使得國內黨員歸隊辦法未必適合海外，而海外又分為自由與非自由地區，所以海外黨員歸隊登記方案必須另外擬定，且各海外黨部還要各自變通，做出最適合自身的方案。〔註 57〕對於海外各黨部該如

〔註 52〕 此綱要於中改會第 117 次會議中通過，作為海外黨務改造的重要依據。資料來源：〈國民黨中央改造委員會第一一七次會議紀錄〉，1951 年 4 月 18 日，【黨：會議】6.42/13.7。

〔註 53〕 「海外黨員登記編組辦法草案」於中改會第 64 次會議中提出，會後決議修正通過，是為：「海外黨員登記編組辦法」。資料來源：〈國民黨中央改造委員會第六十四次會議紀錄〉，1950 年 12 月 20 日，【黨：會議】6.42/8.4。

〔註 54〕 〈國民黨中央改造委員會第六十四次會議紀錄〉，1950 年 12 月 20 日，【黨：會議】6.42/8.4。

〔註 55〕 如前文所述，暫離組織的黨員可能因為：（一）受二戰波及，必須為了生活而暫離組織；（二）所屬黨部因為二戰戰火波及而停止運作。

〔註 56〕 〈海外黨員登記編組辦法之運用問題〉，《海外黨務通訊》第一卷第三期（1951.05.24），頁 2～3。

〔註 57〕 〈海外黨員登記編組辦法之運用問題〉，《海外黨務通訊》第一卷第三期（1951.05.24），頁 2～3。

何執行黨員登記編組，〈海外黨員登記編組辦法之運用問題〉給予一個最簡單的執行依據：「凡組織健全，工作正常的可舉辦清查黨籍；如果工作欠正常，組織早已鬆懈的應切實舉辦登記編組。」〔註58〕

　　1949 年後，不少海外黨部關閉或工作停頓，使當地黨員與海外黨務脫節，所以中改會擬定「海外黨員登記編組辦法」讓脫隊黨員得以歸隊。本研究在參照〈海外黨員登記編組辦法之運用問題〉一文後，認為「海外黨員登記編組辦法」可能有以下幾種意義：（一）海外黨部關閉區，黨員可藉由編組登記重回海外黨部，但未必回到原本所屬的黨部；（二）與海外黨部失聯的海外黨員，可藉機重回黨部組織中；（三）海外黨部可以確立自身的黨員人數，並透過此運動檢視黨部在僑界的宣傳系統強弱；（四）海外黨部的黨員登記編組成果可作為第三組評斷各黨部組織強弱的依據。〔註59〕

　　海外黨員登記編組可說是海外黨務改造的事前籌備工作，海外黨員登記編組執行後不久，海外黨務改造也正式列入中改會的工作重心之一。〔註60〕1951 年 1 月 11 日，中改會第 73 次會議通過「四十年度黨務中心工作綱領」〔註61〕，明確指出：推進海外黨部改造工作，積極爭取海外反共的僑胞。〔註62〕緊接著，2 月 14 日中改會第八十五次會議中通過「本年度黨務工作主要目標」〔註63〕，也再次聲明：推進海外黨部改造工

〔註58〕〈海外黨員登記編組辦法之運用問題〉，《海外黨務通訊》第一卷第三期，頁 2～3。

〔註59〕本研究認為「海外黨員登記編組辦法」的執行意義，歸納自辦法原件內容，以及〈海外黨員登記編組辦法之運用問題〉一文。詳細資料可見：《國民黨中央改造委員會第六十四次會議紀錄》，1950 年 12 月 20 日，【黨：會議】6.42/8.4；〈海外黨員登記編組辦法之運用問題〉，《海外黨務通訊》第一卷第三期，頁 2～3。

〔註60〕在這之前的中改會法案，對於海外黨務改造尚無具體性的建言，多數的法案談及海外黨務時，均表示日後另訂之。「海外黨員登記編組辦法」可視為中改會第一次正式為海外黨務立的法案。

〔註61〕「四十年度黨務中心工作綱領」，〈國民黨中央改造委員會第七十三次會議紀錄〉，1951 年 1 月 11 日，【黨：會議】6.42/9.3。

〔註62〕「四十年度黨務中心工作綱領」中之：第三、政治主張之實行→二、對海外→（一）推進海外黨部改造工作，積極爭取海外反共的僑胞。資料來源：同註61。

〔註63〕〈國民黨中央改造委員會第八十五次會議紀錄〉，1951 年 2 月 14 日，【黨：會議】6.42/10.5。

作，積極爭取海外僑胞與留學青年。〔註64〕海外黨務改造原本就是國內黨務改造的一環，是遲早要落實的工作，會延至 1951 年才正式列入年度工作中，再次表示國民黨對海外黨務的重視。因為，國民黨擔心對海外黨部冒然進行改造，將會收不到效果，所以先行清楚調查海外黨務狀況及推動黨員編組登記後，方才正式列入計畫，並擬定於 1951 年正式推行。故一系列有關海外黨務改造的法案都在 1951 年提出並修正通過，而這些通過的相關法案將會出現於下文之中，在此暫不述及。

1951 年 3 月 15 日，第三組於中改會第 99 次會議提出「現階段海外黨務改進原則」，內容如下：〔註65〕

（一）海外黨部改造之實施，應因地制宜，不必與國內強同一律，應重在本黨改造綱要基本精神之貫澈，而不重在組織形式上之改變。

（二）海外黨部改造之重點，在新生力量之培養現代鬥爭技術之訓練，及協導人員之充實。

（三）海外黨員及幹部份子，需要黨的教育，比國內更為迫切，應特予加強。

（四）海外宣傳迎頭趕上，下列三項為最低限度之要求應即實施：

　　1. 充實海外通訊社，以加強宣傳資料之供應。

　　2. 選擇重要地區之黨報，改善其設備，並酌量補助其經費。

　　3. 為適應華僑廣泛而特殊之需要，恢復《華僑先鋒》。

（五）僑民運動應以展開對僑胞之服務工作為起點，以建立反共抗俄聯合陣線為目的。

（六）充分運用海外組織及善用華裔與當地人士關係，以展開國民外交。

會議最後決定以鄭彥棻、張道藩、陳雪屏、胡健中、蕭自誠、陶希聖、唐縱、羅家倫八人組織小組，依據第三組提出的「現階段海外黨務改進原則」，擬定更具體的辦法後再行提出，擬定期間由鄭彥棻擔召集人。〔註66〕

鄭彥棻等人組織的小組，於 1951 年 4 月 18 日中改會第 117 次會議提

〔註64〕摘自「本年度黨務工作主要目標」中第十三項。資料來源：同註63。

〔註65〕「現階段海外黨務改進原則」，〈國民黨中央改造委員會第九十九次會議紀錄〉，1951 年 3 月 15 日，【黨：會議】6.42/11.9。

〔註66〕同註65。

「中國國民黨海外黨務改造實施綱要草案」，最後獲得修正通過，定名為：「中國國民黨海外黨務改造實施綱要」。〔註67〕綱要內容如下：〔註68〕

一、海外黨務之改造，除以本黨改造綱要為依據外，依本綱要之規定。

二、海外黨部改造工作之重點，在新生力量之培養，現代組織及工作技術之訓練，及協導人員之充實。

三、海外黨部實施改造所採用之方式，應因地制宜，不必強同一律，應重在本黨改造綱要基本精神之貫澈，而不重在組織形式之改變。

四、海外黨部在改造期間，應針對其實際情況，分別作下列之處理：

1. 依期改選，健全組織，保持經常活動者。
   原有執監委員會仍照常行使職權，其尚應改造之事項，應督促限期完成。

2. 組織健全，保持經常活動，但未依期改選者。
   應限期改選執監委員會委員，並就其尚應改造之事項，督促限期完成。

3. 久未改選，工作鬆懈，或因人事關係，工作限於停頓者。
   原有執監委員會，應即停止行使職權，另行遴派改造委員成立改造委員會，行使執監委員會之職權，並負依限實施改造之責。

4. 受當地政治環境之限制，原有執監委員會不能活動，其工作早已停頓者。
   原有執監委員會，應即停止行使職權，另行遴派特派員或成立改造委員會，以祕密方式從事活動，並執行改造之任務。

五、海外黨部之改造，應依其處理方式，分別完成下列主要任務：

1. 原有執監委員會照常行使職權者：

〔註67〕 「中國國民黨海外黨務實施綱要」，〈國民黨中央改造委員會第一一七次會議紀錄〉，1951年4月18日，【黨：會議】6.42/13.7。

〔註68〕 同註67。

（一）登記編組，或清查黨籍。

（二）整肅原有黨員。

（三）徵求新黨員。

2. 成立改造委員會者：

（一）完成前項各種任務。

（二）如期召開各級代表大會，或黨員大會，成立各級黨
部。

3. 採用祕密方式活動者：

（一）清查黨籍。

（二）整肅原有黨員。

（三）徵求新黨員。

（四）編組活動。

六、海外黨部之改造工作，以在本年九月底以前完成為原則。

七、海外黨部實施改造期中，為求增加工作效能，切實達成任務，
中央得選用下列方式予以輔導：

1. 遴派適當人員，分赴各地輔導。

2. 就當地同志中，選派指導員負責指導。

3. 遴派當地同志，成立輔導小組，就近輔導。

八、中央對海外黨部之改造工作，應嚴加考核，並依期考核結果，
分別予以獎懲。

九、海外黨部之各級組織，仍暫依本黨總章之規定。

十、海外黨部實施改造所必需之有關章則，另行訂定之。

十一、本綱要提經中央改造委員會通過後施行。

「中國國民黨海外黨務實施綱要」與先前的「現階段海外黨務改進原則」
均明確指出海外黨部改造，必須應因地制宜，改造的重點在精神力的貫徹，
而非組織層面的改造。

第三組提出對海外黨務改造採取因地制宜式，重精神改造而不重組織
改造，可視為國民黨對海外黨務的重視與尊重其自主權，以及海外黨部和
黨員沒必要為 1949 年的失敗負責。但筆者猜測就另一個層面而言，顯示出
第三組擔憂若將國內黨務改造方式套用至海外黨部上，也就是籌組改造委
員會代替原有中執委中監委，可能會令原本位居領導階層的忠貞黨員們不

快；這些可能受影響的忠貞黨員們大多也是僑界中的重要人士，假如國民黨的海外黨務失去這些黨員的支持，或這些黨員因為黨部改選出現分裂的情形，將有可能進一步失去其他華僑對國民黨及其政權的支持，這將是國民黨最不願見到的情況之一。

然而，各個海外黨部的運作情況與環境均不同，因地制宜式的改造說法又太過籠統，所以第三組有必要模擬海外黨部可能遭遇的各種情況，並替這些黨部設計出一套參考範本，以減少海外黨部改造時可能遭遇的干擾。「中國國民黨海外黨務實施綱要」中第四條提出四種狀況供海外各級黨部參考，其中的第一至第三項適用於海外黨部可公開活動的地區，第四項則適用海外黨部無法公開的地區，從這四項可以反推測當時國民黨海外黨部可能面臨的狀況和運作情形。在允許國民黨公開活動的地區，不代表所有黨部的運作都在常軌中，仍然有黨務脫序或停滯的黨部存在；不允許國民黨公開活動的地區，許多黨部的黨務早已脫序或停滯，以上這兩種海外黨部最急須整頓，甚至需要黨中央遴選特派員前往協助改造事宜。其它容許國民黨活動的地區，只要黨部運作仍屬正常，且在黨務推動上未嚴重脫序，中央多允許其自主完成改造。（至於哪些黨部採用何種方式進行黨務改造，第三組在中改會第 131 次會議中有提出詳細的報告說明，本章的第三節亦將會詳細述說，故在此暫不提及）。事實上，海外黨部複雜的程度絕非這四種情形而已，每個黨部都有其自身的困難，第三組擬定四類狀況是無法代表全體海外黨部，這四類狀況是給黨中央做為參考，把各海外黨部歸類後處理。〔註69〕

海外黨務因為「中國國民黨海外黨務實施綱要」的確立，使黨務改造正式由國內擴及到海外地區。1951 年海外黨務改造的啟動，表示第三組已與多數失聯的黨部回復連繫，再加上海外黨員登記編組也幾近完成，海外黨務終由動盪漸漸趨於穩定，因地制宜式的改造方式則成為海外黨務改造的最大特點。〔註70〕

因地制宜不僅是海外黨務改造的特色，同時也顯現出國民黨為保全海外實力，允許各海外黨部在不違逆黨綱的情況下，有限度進行程度不一的

〔註69〕〈關於「海外黨務改造實施綱要」的說明〉，《海外黨務通訊》第一卷第三期，頁2。
〔註70〕鄭彥棻，《往事憶述》，頁124。

黨務改造。因地制宜式的改造表面上可視為黨中央和第三組對海外黨部的妥協，實則為第三組對海外黨務的主動出擊。海外黨務改造方案擬定的過程中，第三組在海外訪問黨部與僑團，在國內則召開多次座談會，希望藉由這些工作深刻瞭解海外黨部的需求與狀況，再進一步擬定最適合海外僑情與黨員的改造方案。第三組的主動出擊與反映，不僅再度顯示黨中央與第三組對海外黨務的重視，同時也表示黨中央與第三組希望藉由主動出擊的方式，牢牢抓住海外黨部與華僑的心，以確保在反共復國期間能獲得海外華僑的支持。

海外黨務改造最後採取不同於國內的方式，顯示國民黨對海外黨部與華僑力量極為重視，同時也極為尊重海外黨部的自主性。政治層面的意義則表示海外黨部黨員無須為國民黨 1949 年在大陸的失敗負責，所以黨中央對海外黨務改造才會採取較為平和的方法。若反向思考，國民黨願對海外黨務放寬改造準則，間接透露出國民黨為拉攏華僑，在黨務運作過程中主動給予海外黨部更多的揮灑空間，使多數的海外黨部可以自行擬定黨務改造計畫，所以才會呈現出與國內黨務改造截然不同的運作方式。

第三節　海外黨務改造運動

1951 年 4 月 18 日，中改會通過「中國國民黨海外黨務實施綱要」，海外黨務改造正式付諸實行。各海外黨部在因地制宜的原則下，各自進行適合自身的改造方式，然而海外黨務改造是否順利推行？目前能夠說明的資料來源不多，所以筆者希望藉由中改會資料與第三組編纂的相關書籍還原部分歷史：海外黨部的改造過程。

一、第三組會報中的海外黨務改造進度

1951 年 5 月 14 日，第三組依據「中國國民黨海外黨務實施綱要」第四條的規定，將海外黨部分為四類，並於中改會第 131 次會議中提出討論。〔註 71〕根據分類結果，符合第四條第一項規定：保留現有執監委員會，並限期完成其他應改造的事項，共有 13 個黨部；〔註 72〕符合第四條

〔註71〕〈國民黨中央改造委員會第一三一次會議紀錄〉，1951 年 5 月 14 日，【黨：會議】6.42/15.1。

〔註72〕十三個黨部分別為：大溪地第一直屬支部、大溪地第三直屬支部、墨西哥第四直屬支部、墨西哥第一直屬支部、墨西哥第五直屬支部、古巴總支部、

第二項規定：限期改選執監委員會，並限期完成應該改造的事項，共有
26 個黨部；〔註 73〕必須採用第四條第四項規定：停止原有執監委員會職
權，並另行遴派特派員或成立改造委員會以祕密方式從事活動并執行改造
之任務，共有 42 個黨部；〔註 74〕其它尚有 11 個直屬支部受戰事影響久
無工作報告，待恢復聯繫後將視情況採用第四條第三項或第四項。〔註 75〕
5 月 14 日，第三組的報告中共提及 92 個海外黨部，與 8 月 3 日鄭彥棻在
中改會中的報告數字不同，5 月 14 日與 8 月 3 日有關海外黨務報告的檔
案及文件有三份，這三份的發表時間點都很接近，尚保持聯繫的海外黨部
數不應該相差這麼多。〔註 76〕除去人為筆誤的因素，造成海外黨部數出
現差異的原因，筆者大膽推測可能有以下幾點：（一）這個時期的第三組
尚未完全掌握海外黨部，所以才會出現數據變動的情形；（二）避免暴露
祕密行動中的海外黨部，所以真實數據只在中改會中提出，可能流出黨外
的報告書則使用修改過的數據；（三）在這將近三個月的期間，第三組又
成功恢復幾個海外黨部運作與聯繫。

　　假如 1951 年第三組對海外黨部報告書出現數據差異，原因是因為無法

法國總支部、智利總支部、哥斯大黎加直屬支部、加拿大總支部、巴拿馬
直屬支部、秘魯總支部、烏魯圭直屬分部。資料來源：同註 71。

〔註 73〕二十六個黨部分別為：美國總支部、墨西哥第二直屬支部、墨西哥第三直屬
支部、宏都拉斯直屬支部、尼加拉瓜直屬支部、薩爾瓦多直屬支部、瓜地馬
拉直屬支部、哥倫比亞直屬支部、委內瑞拉直屬支部、巴西直屬支部、厄瓜
多直屬支部、皆因直屬分部、帝文直屬支部、亞魯巴直屬分部、南非洲直屬
支部、馬達格斯加直屬支部、大溪地第二直屬支部、飛枝直屬支部、澳洲總
支部、惠靈頓直屬支部、暹羅總支部、海防直屬支部、河內直屬支部、西堤
直屬支部、高棉直屬支部、留尼汪直屬支部。資料來源：〈國民黨中央改造
委員會第一三一次會議紀錄〉，1951 年 5 月 14 日，【黨：會議】6.42/15.1。

〔註 74〕四十二個黨部分別為：馬來亞十一個直屬支部、印尼十九個直屬支部、緬
甸總支部、印度總支部、倫敦直屬支部、利物浦直屬支部、模里斯直屬支
部、千里達直屬支部、尖美加直屬支部、佐治城直屬支部、蘇利南直屬支
部、北婆羅洲三個直屬支部。資料來源：同註 73。

〔註 75〕十一個黨部分別為：安南之碰街、會安、美荻、芹苴、永隆、溚臻、薄寮、
金歐、東川、檳榔、寮國。資料來源：同註 73。

〔註 76〕5 月 14 日，會議中共提到 92 個黨部。8 月 3 日的資料則指出總支部共 11 個，
支部 85 個，仍保持聯繫的有 62 個支部，兩份檔案在尚保持聯繫的海外黨部
數有 30 個黨部的差距。8 月 3 日的資料參考自：中國國民黨中央改造委員會
編，《中國國民黨中央改造委員會一年來工作報告》，頁 34；「一年來海外黨務
改進工作概況（初稿）」，1951 年，【中山：鄭彥棻手稿】HW 782.886 8458（5）。

確實掌握各海外黨部，依照第三組收到的資料與其報告書中的內容，這點說法將會有瑕疵。第三組的報告書中，提出某些區域黨部已改採其他名義活動，甚至還有部分地區失去聯繫等；〔註77〕換句話說，第三組其實大致明瞭海外黨部的狀況，才能明確指出還有哪些地區的黨部未連繫上，或需要加強改進。所以，統計數據的差異，最多只能證明第三組對海外黨部的掌握度還有加強的空間，或者恢復工作的海外黨部數又再度增加。

根據上述，第三組報告書中的數據差異，也可能是為保護祕密活動中的海外黨部。這些受保護的黨部大多在東南亞和東亞地區，這些地區二戰後相繼禁止中國國民黨公開活動，特別是馬來亞、香港、緬甸等地，〔註78〕所以除黨內會議可以提及外，其它可能流出黨外的書籍或報告書均一概使用「××」代替。從一份1952年第三組給中央祕書處的函件，可以印證第三組對特殊海外黨部採行保護、保密措施；1952年7月9日的函件中，第三組要求中央祕書處針對第七次全國代表大會的海外名單，凡是提到港澳、星馬、緬、印度等四地區之黨部名稱，請以「××」字代替保密。〔註79〕這一份1952年的報告書，第三組希望中央祕書處知會第一組，避免這些海外黨部黨員受到威脅，表示第三組早已從事相關的保密事宜，這一份函件只是再次提醒中央祕書處協助保密事宜。若考量東南亞國家對國民黨的態度，並輔以其它報告書或研究成果，皆顯示國民黨雖然在某些地區無法公開活動，但黨務工作仍有持續推動，只是各黨部的成果不一。〔註80〕

衡量各種因素後，顯示第三組有掌握大部分海外黨部狀況，所以要求海外各級黨部進行黨務改造並定期回報應不困難。然而，海外黨部改造需考量的因素太多，且許多相關法案遲未擬出，故在1951年，中改會通過「中國國民黨海外黨務實施綱要」後，又陸續通過數個有關海外黨務發展的法案。6月4日，中改會第147次會議通過「中國國民黨海外總支部（直

〔註77〕 中國國民黨中央改造委員會編，《中國國民黨中央改造委員會一年來工作報告》，頁33。

〔註78〕 詳細內容可見本章第一節。參考資料來源：〈中央海外部卅八年度黨務工作報告〉，1950年2月24日，【黨：會議】6.41/78。

〔註79〕 「中央改造委員會第三組致中央祕書處函」，1952年7月9日，【黨：會議】6.41/137。

〔註80〕 有關星馬地區黨部無法公開活動的研究，可詳見：黃辰濤，〈爭取海外力量：中華民國外交、僑務、黨務在新馬的運作（1945～1957）〉，南投：國立暨南國際大學歷史學系碩士論文，2008年。

屬支部）改造委員會組織通則」。〔註81〕6月27日，中改會第161次會議通過「中國國民黨海外支部改造委員會組織通則」。〔註82〕7月4日，中改會第165次會議通過「海外黨部徵求新黨員辦法」。〔註83〕7月9日，中改會第168次會議通過三個法案：「海外各級黨部代表大會組織大綱」、「海外各級黨部代表大會代表選舉辦法大綱」、「海外各級黨部執行委員監察委員選舉辦法大綱」。〔註84〕7月18日，中改會第172次會議通過四個法案：「海外分部組織通則」、「海外分部黨員大會召集辦法」、「中國國民黨海外特殊地區黨務活動綱要」、「中國國民黨海外特殊地區黨部組織通則」。〔註85〕7月30日，中改會第177次會議通過四個法案：「海外總支部執行委員會組織通則」、「海外支部執行委員會組織通則」、「海外總支部監察委員會組織通則」、「海外支部監察委員會組織通則」。〔註86〕8月21日，中改會第194次會議通過「關於海外小組組訓工作之指示」。〔註87〕10月1日，中改會第215次會議通過「海外黨部社會調查工作實施要點」。〔註88〕海外黨務相關法案提案直到十月初才告一段落，顯見海外黨務並未如計畫在九月底前完成。〔註89〕海外黨務改造依循因地制宜的原則下，自然不會在同一時間啟動改造，更何況某些海外黨部黨務活動早已停頓，〔註90〕亟待復原。

〔註81〕〈國民黨中央改造委員會第一四七次會議紀錄〉，1951年6月4日，【黨：會議】6.42/16.7。

〔註82〕〈國民黨中央改造委員會第一六一次會議紀錄〉，1951年6月27日，【黨：會議】6.42/18.1。

〔註83〕〈國民黨中央改造委員會第一六五次會議紀錄〉，1951年7月4日，【黨：會議】6.42/18.5。

〔註84〕〈國民黨中央改造委員會第一六八次會議紀錄〉，1951年7月9日，【黨：會議】6.42/18.8。

〔註85〕〈國民黨中央改造委員會第一七二次會議紀錄〉，1951年7月18日，【黨：會議】6.42/19.2。

〔註86〕〈國民黨中央改造委員會第一七七次會議紀錄〉，1951年7月30日，【黨：會議】6.42/19.7。

〔註87〕〈國民黨中央改造委員會第一九四次會議紀錄〉，1951年8月21日，【黨：會議】6.42/21.4。

〔註88〕〈國民黨中央改造委員會第二一五次會議紀錄〉，1951年10月1日，【黨：會議】6.42/23.5。

〔註89〕〈國民黨中央改造委員會第一一七次會議紀錄〉，1951年4月18日，【黨：會議】6.42/13.7。

〔註90〕筆者所指稱的海外黨務停頓地區，便是指需要使用「中國國民黨海外黨務

改造期間，第三組發行三份刊物，分別為《海外黨務通訊》〔註91〕、《海外》〔註92〕、《海外通訊》〔註93〕，這三份刊物都是當時第三組與僑委會提供給華僑的刊物，依據第三組的計畫《海外黨務通訊》提供給海外黨部黨員，做為黨務訓練與宣傳的工具；《海外通訊》負責供海外各報刊材料；《海外》則是完全公開的讀物，接受國內與海外華僑投稿，由於是公開的讀物，讀者群自然會較多。〔註94〕這三份刊物各有不同的目的，其中《海外黨務通訊》專門提供給海外黨員閱讀，〔註95〕所以內容中有不少關於海外黨務改造的訊息。三份刊物中的《海外黨務通訊》時常報導各海外黨部改造完成的訊息，似乎有意刺激其他尚未完成改造的黨部加緊腳步，而這些訊息最後大多收錄於《中國國民黨在海外》上下兩冊中。

從刊物的性質來分析，《海外黨務通訊》在海外黨務改造時期兼具工作手冊作用，刊頭節錄總裁蔣中正的談話，內容包含黨中央與第三組對海外黨部的指示說明，同時也開放海外黨員抒發意見。〔註96〕刊物中時常報導某海外黨部已完成黨務改造，頗有督促其他海外黨部加緊改造之舉。〔註97〕《海外黨務通訊》做為海外黨務宣傳品，所報導的內容自然不會提及海外黨務停頓的區域，或海外鬥爭中輸給中共的訊息，但從發刊號開始就不斷報導海外黨部改造進度，可見海外黨務改造在海外確實一直有推動，至於改造效果與成效則無法得知。

第三組的報告書與海外相關刊物，普遍收錄海外黨務改造動態。報告書中的統計數據經對比後明顯有出入，經過前文的對比後，最有可能造成數據誤差的原因是第三組要保護海外的祕密黨部，或新增回復運作的海外

實施綱要」中第四條的第三、四項進行改造的黨部，至於有哪些地區可參見本章註 75、76。資料來源：〈國民黨中央改造委員會第一三一次會議紀錄〉，1951 年 5 月 14 日，【黨：會議】6.42/15.1。

〔註91〕《海外黨務通訊》（臺北：中國國民黨中央改造委員會第三組）。1951 年 4 月 10 日發行第一卷第一期。後期有部份期數刊名為《東南》或《東南半月刊》。

〔註92〕《海外》（臺北：海外月刊社）。1951 年開始發行。

〔註93〕《海外通訊》（臺北：海外通訊社）。

〔註94〕鄭彥棻，〈海外改造工作方針和做法〉，《海外黨務通訊》第一卷第十一期，頁 2～3。

〔註95〕鄭彥棻，〈本刊的任務〉，《海外黨務通訊》第一卷第一期（1951.04.10），頁 8。

〔註96〕同註 95。

〔註97〕海外黨部改造完成的訊息，通常刊在《海外黨務通訊》中每一期的黨務動態、或各黨部沿革概要。

黨部；顯示，第三組對海外黨部的掌握度相當高，海外黨部或華僑對國民黨的信心也逐漸回復，進而願意繼續受國民黨中央的指揮進行黨務改造。另外，透過第三組編纂過的資料，述說立場自然多著墨改造的正面性與成就，對於負面的消息則多隱藏。特別是，某些黨部在改造過程中，必須與共產黨進行鬥爭，而這些鬥爭未必每次都由國民黨占上風，但黨部資料中大多放大國民黨鬥爭占上風的部份，雖然資料中有刻意隱匿的情形，但已足以透露海外黨務發展並非一帆風順。至於海外黨務遭遇哪些外力影響，筆者擬於下一個章節再詳談，本章仍暫先續談海外黨務改造的相關事宜。

二、海外黨員歸隊與整肅

　　1949 年後，有許多黨員因為戰亂或個人因素而脫離組織，國民黨希望能將這些黨員重新納入黨機器中，同時藉機清除腐化份子與立場不堅的黨員，遂進行黨員歸隊、整肅的運動。黨員歸隊、整肅的構想來自於抗戰後期，許多的黨內份子有貪腐、變節、瀆職等對黨有害的行為，使黨中央藉由黨員歸隊、整肅清除這些有害黨的份子及信仰不堅的份子。〔註 98〕國內的黨籍檢查較早開始，1950 年 9 月 27 日，中改會第 27 次會議通過「原有黨員整肅辦法」〔註 99〕；29 日，中改會第 30 次會議通過「黨員歸隊實施辦法」〔註 100〕；11 月 20 日，中改會第 51 次會議討論各級黨部小組對整肅幹部檢舉應行注意事項〔註 101〕，以上三個法案作為國內黨員歸隊與整肅的主要準則。然而，海外黨部的狀況與國內不同，所以國內適用的法案未必適用於海外，故海外黨員歸隊與整肅辦法必須透過第三組提出適於海外黨部黨員的新方案。〔註 102〕

　　1950 年中改會成立後，第三組立即著手擬定「改造海外黨務基本三原

〔註 98〕陳曉慧，〈由上而下的革命：中國國民黨改造之研究（1950～1952）〉，頁 75。

〔註 99〕〈國民黨中央改造委員會第二十七次會議紀錄〉，1950 年 9 月 27 日，【黨：會議】6.42/4.7。

〔註 100〕「黨員歸隊實施辦法」，〈國民黨中央改造委員會第三十次會議紀錄〉，1950 年 9 月 29 日，【黨：會議】6.42/4.10。

〔註 101〕「整肅問題第一次小組會議決定事項」，〈國民黨中央改造委員會第五十一次會議紀錄〉，1950 年 11 月 20 日，【黨：會議】6.42/7.1。

〔註 102〕「黨員歸隊實施辦法」第十二條：海外及特種黨部之黨員歸隊辦法另訂之。「整肅問題第一次小組會議決定事項」第六條：海外黨員歸隊辦法催請第三組迅速擬定，資料來源：同註 100 與 101。

則」，原則內容如下：〔註103〕

　　　　生新重於去腐——對海外的同志，吸收新份子重於淘汰原有
的黨員，要在生新中去腐。

　　　　工作的加強重於組織的重建——對海外的黨部，推進各項工
作先於整理原有的組織，要去加強工作中重建組織。

　　　　因地制宜重於整齊劃一——對海外黨務改造的進行，要因應
各地實際情形靈活運用，不強求形式的一致。

依據「改造海外黨務基本三原則」的內容，顯示負責海外黨務的第三組著
重優先回復與海外黨員黨部的聯繫，重建海外黨務系統重於清除海外黨員
中的腐惡份子，使得整肅海外黨員一事必須暫緩執行。

　　整肅海外黨員前，第三組優先推動海外黨員編組活動，讓與黨部失去
聯繫的黨員透過編組活動重新回到海外黨部組織中。緊接著，第三組才執
行中改會通過的「海外黨員登記編組辦法」〔註104〕、「關於海外原有黨員
整肅之指示」〔註105〕，一面招收新黨員，一面整肅舊有黨員。海外黨員
整肅稍晚於國內與海外少貪腐、變節、忠貞性不足的黨員有很大的關係，
第三組主任鄭彥棻認為：「海外黨員的忠貞程度，在國民黨黨內的眼中是
優於國內黨員，除了少數因為人事糾紛外，百分之八十的黨員均保持忠貞
純潔。」〔註106〕另外，海外黨員對國民黨在大陸的失敗並無相關責任，所
以海外黨務在因地制宜原則下，黨部與黨員自然獲得比國內更多的自主性。

　　1949 年後，海外黨員人數成為國民黨不容忽視的一股力量，當時海外
黨員與國內黨員人數的懸殊，自然使國民黨不敢輕忽海外力量，而主動改
變海外黨務方針，所以才會有因地制宜式的改造路線。但原本號稱的 25 萬
多名海外黨員中並非全部均與海外黨部保持聯繫，故中改會通過「海外黨
員登記編組辦法」要求海外黨員至臨近或所屬的黨部報到。

〔註103〕中國國民黨中央委員會第三組編，《四十二年度的海外黨務》，頁 4。

〔註104〕「海外黨員登記編組辦法草案」於中改會第六十四次會議中提出，會後決
　　　　議修正通過，是為：「海外黨員登記編組辦法」。資料來源：「海外黨員登
　　　　記編組辦法」，〈國民黨中央改造委員會第六十四次會議紀錄〉，1950 年 12
　　　　月 20 日，【黨：會議】6.42/8.4。

〔註105〕「關於海外原有黨員整肅之指示」，〈國民黨中央改造委員會第一六五次會
　　　　議紀錄〉，1951 年 7 月 4 日，【黨：會議】6.42/18.5。

〔註106〕「一年來海外黨務改進工作概況（初稿）」，1951 年，【中山：鄭彥棻手稿】
　　　　HW 782.886 8458（5）。

　　海外黨員縱使真如國民黨黨內報告所云，黨員多屬忠貞純潔份子，但黨員整肅本就是黨務改造中必須進行的部份，是遲早都會推動的工作。1951 年 7 月 4 日中改會召開第 165 次會議，會議中通過「關於海外原有黨員整肅之指示」〔註 107〕，企圖規範現有海外黨員。這份針對海外黨員整肅的法案遠比國內寬容許多，「原有黨員整肅辦法」第二條第二項指出如有跨黨變節之行為者必須被整肅，〔註 108〕而依據國內法案擬具的「關於海外原有黨員整肅之指示」〔註 109〕，卻在法案第二條中指出：海外原有黨員整肅之標準，應依照本黨改造綱要第八條及原有黨員整肅辦法第二條之規定，但上開標準原係國內一般情形訂定，情況未盡相同，得酌為變通（如因有雙重國籍，加入友好國家共產黨以外之政黨，經總支部或直屬支部批准者，得不予整肅，……）。〔註 110〕針對海外黨員整肅的法案，與國內黨員整肅法案相形之下寬容許多。

　　國民黨對海外黨員整肅法案的寬容性，與東南亞許多國家禁止國民黨在當地活動，以及排華行動有關。在國民黨無法公開活動的海外區域，黨員必須借由其它身份掩飾黨員身分，並維持自身在僑界中的地位與掌控力，當這些黨員滲入當地組織並取得高階幹部，則意味國民黨在當地僑界仍具有影響力，所以國民黨不但不反對黨員加入非共黨的組織，反而更加鼓勵華僑參與僑居國的政治活動。〔註 111〕

　　通過海外黨員整肅法案的同一天，中改會也同時通過「海外黨部徵求新黨員辦法」〔註 112〕，至此第三組針對海外黨員整理步驟已完全明朗。首先，發動舊黨員歸隊編組運動，待舊黨員與海外黨部聯繫上，多數的海外黨部也上軌道後；緊接著，同時推動招收新黨員與整肅原有黨員運動。就

〔註 107〕同註 105。

〔註 108〕「原有黨員整肅辦法」，〈國民黨中央改造委員會第二十七次會議紀錄〉，1950 年 9 月 27 日，【黨：會議】6.42/4.7。

〔註 109〕「關於海外原有黨員整肅之指示」，〈國民黨中央改造委員會第一六五次會議紀錄〉，1951 年 7 月 4 日，【黨：會議】6.42/18.5。

〔註 110〕「關於海外原有黨員整肅之指示」，〈國民黨中央改造委員會第一六五次會議紀錄〉，1951 年 7 月 4 日，【黨：會議】6.42/18.5。

〔註 111〕黃辰濤，〈爭取海外力量：中華民國外交、僑務、黨務在新馬的運作（1945～1957）〉，頁 123。

〔註 112〕「海外黨部徵求新黨員辦法」，〈國民黨中央改造委員會第一六五次會議紀錄〉，1951 年 7 月 4 日，【黨：會議】6.42/18.5。

這三件工作（海外黨員登記編組、海外黨員整肅、新徵海外黨員）的推動而言，第三組確實照著預定中的步調：在生新中去腐。〔註113〕

　　1950 年的海外黨務改造，無法同時進行黨員歸隊、整肅及新徵黨員三項工作，從國民黨的角度是重視海外黨務，所以在考量僑情狀況下，允許這三件工作暫緩於國內，並分兩次進行。〔註114〕但筆者認為，第三組會分開推行海外黨員整理的相關法案，最大因素還是存在海外黨員數多過國內黨員數的想法，且黨中央對海外黨部的掌控力尚未完全恢復。黨中央對海外黨部掌控力有限，並不單純是黨的問題，還有許多國民黨無法掌控的外力因素。這些外力因素可能是僑居國的政治情勢，也可能是當地黨員立場，但更大的外力因素其實是國民黨失去大陸的同時，也失去吸引華僑的最大利器：僑鄉，而僑鄉則成為中共吸引海外華僑的最大利器。臺灣並不是多數華僑的僑鄉，所以當國民黨在拉攏華僑支持時，僅能透過政治手段維繫與華僑的連結。〔註115〕國民黨缺乏先天優勢的情況下，又必須面對海外黨員數多過島內黨員數的現象，推動海外黨務時更須考量僑居國的政府態度和僑界觀感，自然使這時期的海外黨務工作需要更加圓滑，不僅要考量僑情，更要考量僑居國政府的觀感。

　　改造期間，檢視海外黨員整理運動成功與否，黨員人數的增減將是最佳的反映。若採用 1950 年代初期有問題的舊數據，也就是總數約 25 萬多名海外黨員的數據（同樣未減去失聯或退黨、死亡的黨員）：1953 年時，海外黨員人數已達到 25,6942 人，〔註116〕比起前一年的 25,2631 人〔註117〕還多出 4,311 人。在單純沿用舊數據下，結論應該會是：海外黨員整理運動，對海外黨員影響不大，多數的海外黨員仍選擇留在黨內，且同時還有更多華僑成為新海外黨員，證明第三組在整理舊有黨員與招收新黨員方面大體而言是成功的。但本文第二節已明確指出號稱 25 萬多名海外黨員的數據具

〔註113〕中國國民黨中央委員會第三組編，《四十二年度的海外黨務》，頁 4。

〔註114〕海外黨員歸隊登記編組是為第一階段，第二階段則為招收新黨員、整肅原有黨員。

〔註115〕李道緝，〈構建新「祖國」──鄭彥棻時期（民國 39～47 年）的僑務工作〉，《中央大學人文學報》第 31 期（2007.7），頁 181～207。

〔註116〕中國國民黨中央委員會第三組編，《四十二年度的海外黨務》，頁 20。

〔註117〕中國國民黨中央改造委員會編，《中國國民黨中央改造委員會一年來工作報告》，頁 33

有極大瑕疵，較接近實際數目的資料則來自「海外工作組織檢討」中的數據，該檔案中的 1951 年海外黨員總數共 31,742 人。〔註 118〕海外黨員從 25 萬多銳減至 3 萬多，表示的不僅是海外黨員對國民黨信任與支持度降低，也暗示海外黨員整理運動過程中可能出現瑕疵，才會導致海外黨員人數大幅縮減。

雖然，1950 年代初期國民黨海外黨員人數大幅縮減，但至少在新徵黨員數方面是日漸成長的（詳情可見表 1-2），在「海外工作組織檢討」中指出指出 1950 至 1952 年間（黨務改造期間）各新徵黨員：1,986 名、1,478 名、5,363 名，有年年增加的趨勢，且三年間共增加 8,827 人。〔註 119〕由於在本章第二節的推論中，「海外工作組織檢討」中的數據可信度，明顯高於《中國國民黨中央改造委員會一年來工作報告》和「一年來海外黨務改進工作概況（初稿）」，所以在此選擇信任該份檔案中的歷年（1950～1960）海外新徵黨員數。故從海外新徵黨員相關數據可得出簡易的論述：海外黨務改造完畢後，海外黨員總數固然已無 25 萬多人，但至少新徵黨員數在 1953 年前大體呈現成長的趨勢，僅 1952 年有小幅的衰退，顯見海外黨務改造對海外招收新黨員是有正面的影響。

小　結

1950 年，國民黨進行黨務改造，希望藉由改造徹底擺脫在大陸時期的負面形象。這一波改造可視作國民黨對 1949 年失敗的反省，但黨務改造是一項全面的運動，所以不僅國內黨務須改造，海外黨部、特種黨部也都需要被改造。

從上文中轉述有關 1950 年代初期國民黨海外黨部概況的資料，普遍對海外黨部有正面的印象。這些資料普遍認為國民黨海外黨部一向多為華僑自發性籌組，海外黨部並未如同國內有專職人員負責黨部運作，多為華僑利用日常生活的空閒時間參與黨部運作，所以海外黨部比起國內黨部有更多的自主性，且黨員的忠貞程度普遍也比國內來的高。

海外黨部與黨員的特殊性，使中改會期間負責海外黨務的第三組必須

〔註 118〕「海外組織工作檢討」，1961 年 4 月 10 日，【中山：鄭彥棻手稿】HW 782. 886 8458（5）no.346。
〔註 119〕同註 118。

格外謹慎處理海外黨務改造事宜。海外黨務複雜的原因，不僅與黨部黨員的來源有關，更與黨部所在的僑居國政府有關，多數的東南亞國家不歡迎國民黨在境內活動（如：馬來亞在 1949 年禁止國民黨公開活動，緬甸、泰國亦先後禁止。），所以當第三組推行海外黨務改造時除須考量海外黨部黨員的感受外，更需要避免刺激到僑居國政府，以免背負干涉他國內政的汙名。

　　雖然，因地制宜式的海外黨務模式並非新思想，但因地制宜式的海外黨務模式不僅已融入海外黨務改造方案中，更可視為 1950 年後國民黨對海外黨部管理的不變模式。根據國民黨的報告書，1949 年後與海外黨部失聯的主因是國共內戰，而非海外黨部自行脫離黨中央，所以 1950 年海外黨務改造前，第三組的前身海外部一直努力恢復與海外黨部的聯繫。〔註 120〕恢復聯繫的工作直到中改會第三組成立仍在持續進行，顯見國民黨海外黨務因為國內的長期戰亂，以及海外局勢在二戰後的變化，導致海外黨務已開始出現失序的徵兆。失序的海外黨務將影響國民黨拉攏華僑進行反共復國的計畫。1950 年的黨內報告書顯示海外黨員與僑民人數均多於在臺灣的黨員和軍民人數，對於將反共復國視為最高目標的蔣中正和國民黨，這一批海外力量是不容忽視的，故改善失序的海外黨務成了刻不容緩的工作之一，遂才有所謂的海外黨務復興運動，而復興的第一步就是海外黨務改造。

　　如前文所述海外黨務改造時必須考量的因素太多，負責主持的第三組為求保險起見，延至 1951 年 4 月才提出「中國國民黨海外黨務實施綱要」做為海外黨務改造的最高法源依據。從改造綱要到其他與海外黨務相關的法案，多數法案中都會特別強調因地制宜，從此因地制宜不僅成為海外黨務改造的特點，更影響未來數年海外黨務發展與運作的準則。

　　因地制宜式同樣也被套用在整理原有海外黨員上，國民黨不願因為整理黨員身份導致黨員出走，所以僅先行舉辦黨員編組登記，將海外原有黨員重新納入海外黨部組織中；接著在招收海外新黨員的同時，也同步執行原有黨員進行整肅運動，以期達到生新中去腐的目的。

　　海外黨務行使因地制宜式的改造，主要是考量僑居地政府、華僑、海外黨部狀況下而定的，這一個改造原則的立意是美好的；但從另一個面像

〔註 120〕可詳見：〈中央海外部卅八年度黨務工作報告〉，1950 年 2 月 24 日，【黨：會議】6.41/78。

似乎也暗示第三組無法完全掌控海外黨部，必須採取妥協的方式完成黨務改造。特別是失去僑鄉做為誘因的國民黨，海外黨員人數從號稱的 25 萬多人銳減至 3 萬多人，在這段時期又僅能透過政治理念與華僑做連結，才使得國民黨在海外黨務改造上必須格外注意華僑的感受。而 1950 至 1953 年間的新徵黨員數雖在 1952 年有小幅的衰退，但在 1953 年則有大幅的成長，這或許可以說明第三組採用因地制宜式的改造原則，給予海外華僑更多的政治自主性，同時也加強中央黨部與海外黨部的連結，這模式大體而言是成功的。

第二章　海外黨務與僑務、外交、情報的合作

　　鄭彥棻將自己處理海外黨務的十二年分為三個階段：第一階段主導海外黨務改造（1950～1952 年）；第二階段提出「加強海外工作方案」（1952～1961 年）；第三階段提出「當前華僑處境與海外黨務方針」（1961 年至 1962 年 12 月卸任）。〔註1〕1952 年 10 月 10 日，國民黨七全大會的召開表示黨務改造運動已圓滿結束，同時也意味鄭彥棻所謂的第一階段海外黨務已準備步入第二階段。然而，如前一章所言，海外黨務改造採因地制宜式，所以海外各級黨部改造完成的日期自然也不一，甚至某些黨部直到七全大會結束後仍未完成改造相關事宜，僅是先行推派代表出席七全大會。〔註2〕海外黨務改造在七全大會召開完畢後，仍有部分黨部尚未完成應行之工作，顯見鄭彥棻所謂的第一階段海外黨務與第二階段海外黨務其實無法明確分期，「加強海外工作方案」〔註3〕的提出僅能視海外黨務已準備進行第二階段的工作，但不表示第一階段的工作已完全結束。

〔註1〕鄭彥棻，《往事憶述》，頁 124～125。

〔註2〕例如：印度、檀香山兩個總支部雖已成立改造委員會，但對於應該推進與執行的工作卻多未完成，甚至尚未召開代表大會成立正式黨部，不過七全大會代表中這兩個總支部仍有派員出席參與。資料來源：〈七屆中常會第二十次會議紀錄〉，1953 年 3 月 19 日，【黨：會議】7.3/2；「四十一年度海外黨務之檢討」，1953 年，【中山：鄭彥棻手稿】HW 782.886 8458（5）no.314。

〔註3〕「加強海外工作方案」於國民黨七屆三中全會通過。資料來源：「加強海外工作方案」，〈國民黨七屆三中全會第三次會議會議紀錄〉，《中國國民黨第七屆中央委員會第三次全體會議紀錄》，1953 年 11 月 14 日，【黨：會議】7.2/14。

　　海外黨務改造是 1950 年海外工作的重心，但海外各級黨部在推行改造運動時還需面對當地共黨的威脅，以及僑居地政府對國共兩黨的態度，所以海外黨務改造無法完全代表 1950 至 1952 年間的海外黨務發展狀況。在歷史上，海外黨務、僑務、外交、情報彼此間有複雜的關係，〔註4〕鄭彥棻主導海外黨務時也沿用此四連環設計，藉以維持國民黨在海外僑界中的競爭力，並藉由華僑向外國政府表示在臺灣的中華民國才是正統的中國政府。

　　本研究認為探討 1950 年代的海外黨務、僑務、外交、情報運作時，不應只專注國民黨與華僑間的關係，必須將視野擴大到冷戰格局。冷戰不僅影響美蘇兩大陣營，也牽動國民黨的海外黨務機構，美國希望中華民國政府加強與海外華僑的連結，一方面可避免海外華僑支持中共政權，另一方面則可使其圍堵共產勢力的政策更加全面。所以，中華民國政府的僑生教育與國民黨的海外黨務發展都曾受美國的援助，〔註5〕美國甚至曾透過祕密管道援助親國民黨的海外組織。〔註6〕

　　因此，本章將以「加強海外工作方案」這份法案為中心，述說鄭彥棻主持海外黨務第二階段前後時期的海外黨務狀況，藉此顯示海外黨務改造前後，以及第一與第二階段兩時期海外黨務發展的差異性。最後，筆者也將列舉幾個海外地區黨部做為實例，並透過這些例子檢視黨務、僑務、外交、情報四連環在海外的搭配成果，同時檢視是否有四連環之外的外力援助國民黨海外黨務組織與其相關組織。

第一節　冷戰初期美國的反共氣氛

　　二戰後，美國與蘇聯雙方呈現民主和共產的對立，再度使國際情勢陷入緊張局面。從 1947 年，美國杜魯門主義（Truman Doctrine）和馬歇爾計畫（Marshall Plan），到 1948 年的柏林危機，都一再顯示美國與西歐國家意

〔註4〕李盈慧，《華僑政策與海外民族主義（一九一二～一九四九）》（臺北：國史館，1997 年），頁 70～71。

〔註5〕關於美援僑生教育一事，參見：陳月萍，〈美援僑生教育與反共鬥爭（1950～1965）〉（南投：國立暨南國際大學歷史學系碩士論文，2004 年）。

〔註6〕可參見：「第三組對海外工作情形及目前急需進行諸端之報告」，〈國民黨中央改造委員會第一七七次會議紀錄〉，1951 年 7 月 23 日，【黨：會議】6.42/230.13。（詳細內容本章第二節將會講述）

圖減少共產主義滋生的機會。1949 年，美國為更進一步防範共產主義擴張，成立北大西洋公約組織，達到同盟國間的軍事互助，防堵共產國家侵略。共產國家不久後也成立華沙公約組織與北大西洋公約組織相抗衡。〔註7〕

美國在國際上的反共政策，同樣影響到其國內的反共氣氛。1947 年，美國對三百多萬名政府機關人員進行忠誠調查，清查是否有共產黨間諜滲入政府機關中。這一次的忠誠調查，對杜魯門擔任第二任總統時，於美國境內發生的「紅色恐慌」確實有推波助瀾的效果。〔註8〕美國民眾受國際間美蘇兩國對峙的影響，使得他們對共產黨在美國境內活動狀況更加關心。共和黨參議員麥卡錫（Joseph McCarthy）利用民眾對共產黨的焦慮心態，趁勢發表數波演說抨擊杜魯門政府對共產黨的政策錯誤，其中較著名的演說在 1950 年 2 月，麥卡錫在演說中暗示：國務院中有共產黨人潛伏其中。〔註9〕

1950 年韓戰爆發，中美兩國在朝鮮半島的戰爭，使得美國的政治氣氛更加不利於左派份子活動。而這種氣氛也同時影響到美國僑界，僑界中立場偏左的《美洲華僑日報》自然成為整肅的主要目標之一，最後報社負責成員被以「與敵通商」的罪名起訴，該報的銷量也一落千丈。僑界中其它傾左或不肯表明反共政治態度的僑團，同樣也遭受美國調查部門的刁難，多數的團體都在 1953 年左右被迫停止活動，僅有華僑民主青年團和綠源書店勉強維持到 1950 年代末期。但華僑民主青年團和綠源書店最後都因為移民案件，而先後在 1959 年前宣布解散，美國僑界中的左派組織至此全數瓦解。〔註10〕

麥卡錫主義直到 1954 年才逐漸地平息，在麥卡錫主義盛行的幾年間，許多被舉報與共產黨有關的人，終其一生都還無法翻身。這一波「紅色恐慌」使民眾對共產主義的疑慮更深，甚至連教育圈界的老師和教授都無法倖免，圖書館中的相關書籍也被查禁沒收。〔註11〕

美國的反共氣氛不僅在其國內蔓延，使得美國政界與華人社會均受到

〔註7〕約翰・梅森（John W. Mason）著，何宏儒譯，《冷戰》（臺北：麥田，2001年），頁 27～41；張四德，《美國史》（臺北：大安出版社，1993 年二版），頁 155。

〔註8〕張四德，《美國史》，頁 160。

〔註9〕約翰・梅森（John W. Mason）著，何宏儒譯，《冷戰》，頁 51。

〔註10〕麥禮謙，《從華僑到華人——二十世紀美國華人社會發展史》（香港：三聯書店，1992 年），頁 344～349。

〔註11〕張四德，《美國史》，頁 160。

影響外，這一股反共氣氛同時也蔓延至美國的東南亞政策上。1950 年的韓戰使冷戰的範圍由歐洲擴展到環太平洋地區，美國先後與南韓、菲律賓、澳洲、紐西蘭簽訂軍事合作協定。環太平洋地區中的日本，亦成為美國遠東政策的重要環節，美國決議全力協助日本恢復經濟，以避免日本遭受共產主義的染指，同時也讓日本成為美國在遠東對抗蘇聯與中共的重要據點。〔註12〕對中華民國政府與國民黨而言，韓戰使中美雙方關係更加緊密，美援也重新開啟，在臺灣的中華民國政府則繼續被非共國家視為正統「中國」。〔註13〕韓戰對亞洲局勢產生極大的影響，特別是凍結中共與美國的關係，也使雙方的關係停留在仇視與互不了解的狀態。〔註14〕

　　亞洲地區的冷戰使美國盡一切可能對中共進行防堵，由國民黨主持的中華民國政府，也自然成為美國重要的合作夥伴之一，特別是國民黨海外黨務在海外推行反共運動時，因為美國遠東政策的關係而獲得不少美國方面的援助，但這些援助多在檯面下進行。來自美國的援助，更使 1950 年代的海外黨務增添幾分神祕色彩。

第二節　改造期間的海外國共鬥爭

　　國共雙方在海外的鬥爭，並沒有因為國民黨撤守到臺灣而緩和，雙方在海外僑界的鬥爭反而更加激烈。國共雙方都曉得海外華僑經濟實力雄厚，且海外華僑對中國政治的態度，將牽動世界各國對中國政局的觀感與對華政策。1949 年後，國共雙方在大陸的戰爭結束後，雙方均再度加強與海外華僑的聯繫。國民黨希望拉攏華僑支持反共復國政策，並藉由華僑的協助達成反攻大陸的願景；中共也同樣拉攏華僑支持，希望華僑支持新中國的發展。〔註15〕

　　國共雙方在海外的鬥爭態勢，並不會因為國民黨實行海外黨務改造而暫歇，反而因為冷戰局勢及韓戰的爆發，使得海外國共鬥爭更加全面化。「反共抗俄」是當時國民黨的主要政治目標之一，所以海外與共產黨或共產主

〔註12〕約翰・梅森（John W. Mason）著，何宏儒譯，《冷戰》，頁 60。
〔註13〕同註 12。
〔註14〕同註 12。
〔註15〕有關中共方面的僑務政策，可詳見：陳文壽，《華僑華人僑務：北京視點》（香港：香港社會科學出版社，2007 年）。

義有關係的華人，都會成為海外國民黨黨員的鬥爭目標，表示國民黨在海外與共產黨的鬥爭並不限於與中共有關聯的共產黨員，而是已經提升到冷戰的層級：對抗共產主義。

　　同時，因為冷戰初期美國要貫徹對共產主義的圍堵政策，所以美國方面也格外注意國民黨在海外組織華僑反共的情形。海外華僑多數居住於美洲與東南亞地區，如果這些華僑支持反共政策，將有助於帶動當地的其他華人加入反共行列，一旦海外華人數最多的東南亞地區也加入反共陣營，美國對共產主義的包圍網將會更加完備。國民黨中央與中央委員會第三組（以下簡稱：中央三組。若使用「第三組」則表示指稱中改會第三組）〔註16〕很明瞭美國的心態，因此不論是早期的第三組還是後來的中央三組都常策動華僑歡迎到訪的美國官方人士或媒體，希望華僑向美國宣達支持國民黨主導的中華民國政府，反對由毛澤東與共產黨領導的中共政權，以及在臺灣的中華民國政府才是正統的中國，如1951年美國紐約州州長杜威訪問亞洲，及1953年美國副總統尼克森訪問遠東地區時，中央三組均指示海外黨部策動僑胞歡迎，並向他們表達堅決反共和支持中華民國政府的心態。〔註17〕

　　1950年代初期，國共兩黨在海外僑界的爭奪戰，以亞洲地區最為激烈，其中又以香港地區最為激烈。當時，《海外黨務通訊》中常收錄各地海外黨員與共產黨員鬥爭的消息，第三組在中改會上的報告或致祕書處的函件，也常指出海外國共兩黨的鬥爭從未停歇。而國共雙方鬥爭的內容並不限於黨對黨之間，也包含僑務對僑務，外交對外交等各種意識形態方面的鬥爭。

〔註16〕1952年10月10日，國民黨七全大會召開後，決定在中央委員會下設各處組會掌管各類黨務工作，其中海外黨務方面由第三組掌管。本文為區別改造前後的第三組，故七全大會之後一律稱「中央三組」，做為中央委員會第三組的簡稱；若使用「第三組」則表示指中改會時期的第三組。同理，指稱各組時也依循此模式簡稱。

〔註17〕中央三組去電海外黨部，要求海外黨部策動僑胞熱烈歡迎杜威一事，見檔案：「第三組為美國紐約州州長杜威此次訪問亞洲對海外各地黨部黨報之指示及其工作情形報告書」，〈國民黨中央改造委員會第一七七次會議紀錄〉，1951年7月30日，【黨：會議】6.42/19.7。歡迎尼克森一事則另見：〈中委會第58次工作會議會議紀錄〉，《中國國民黨第七屆中央委員會工作會議第53～58次會議紀錄》，1953年11月20日，【黨：會議】7.4/58。

　　當國共兩黨在海外為爭取華僑支持而鬥爭時，雙方的僑務政策自然也會出現對立的態勢。當時中華民國政府雖已實行憲政，但因戡亂的關係，部分憲政運作暫時遭凍結，因此實際上呈現國民黨以黨領政的局面，許多政府部門政策的擬定都會先呈報中改會，待會議通過後才交由政府部門依法執行政策內容，所以與海外黨務有密切關係的僑務，自然也與第三組有關。

　　而國民黨海外黨務與僑務的雙方地位變化，楊建成認為海外黨務與僑務的關係會依國民黨的狀況改變，每當國民黨面臨重大挑戰時，海外黨務會凌駕於僑務與外交之上，成為國民黨擬訂海外相關政策的中心角色；但當政局進入某種程度的平穩時，海外黨務將趨於低調，改由僑務與外交主導海外政策。〔註18〕循楊建成的論點，1950年代初期國民黨政權尚未在臺灣完全站穩之時，海外自然以黨務為主，僑務、外交、情報暫居其次，更何況第三組不僅要負責海外黨務，更須兼任部分海外僑務事宜。〔註19〕當時第三組常透過海外黨員推動海外僑民運動，影響當地華人社會與政府一同反共，或向外界宣傳支持蔣中正的反共復國政策，以宣揚在臺灣的中華民國政府之正統性，及增加反共復國國策的成功率。

　　1951年7月23日，第三組在中改會第177次會議中報告：「第三組對海外工作情形及目前急需進行諸端之報告」〔註20〕，報告內容顯示海外黨務改造工作已大致上軌道，進度快的黨部甚至已完成改造任務，其它黨部也逐漸開始推行黨務改造工作。同時，海外反共運動則急待展開，第三組曾電飭海外各黨部發動僑民運動與籌組華僑反共抗俄機構，反共抗俄機構在菲律賓、美國、秘魯、墨西哥、新加坡、馬來亞、耶嘉達、仰光等地皆已籌組完成，但仍有不少地區尚未成立或未推動反共抗俄運動。〔註21〕上述這份報告顯示至少在1951年7月時，第三組已與多數海外黨部恢復聯系，除受限於當地法令限制的越北地區和馬來亞地區以外，其他已恢復聯繫的黨部甚至已召開過代表大會，如加拿大、巴拿馬、墨西哥、大溪地、智利、哥倫比亞、哥斯大黎加、佐治城、神戶等地。〔註22〕這說明在多數

〔註18〕楊建成，《中國國民黨海外工作理論與實踐，1924～1991》，頁23。
〔註19〕李雲漢，《中國國民黨史述：第四篇保衛臺灣與建設臺灣》，頁141。
〔註20〕「第三組對海外工作情形及目前急需進行諸端之報告」，〈國民黨中央改造委員會第一七七次會議紀錄〉，1951年7月23日，【黨：會議】6.42/230.13。
〔註21〕同註20。
〔註22〕同註20。

已恢復聯繫的海外黨部，其黨員也開始加入黨務運作之中，表示海外黨務改造工作至此已獲得不錯的成果，且這個成果仍持續擴大當中。

1951 年，不僅國民黨自力恢復海外黨務運作，國民黨在海外的活動也獲得美國方面的協助。1950 年代，美國受冷戰局勢以及國內的反共氣氛影響，使美國朝野人士對國民黨在海外推動反共抗俄運動極為重視，甚至出手協助國民黨推行海外黨務僑務相關事宜。在「第三組對海外工作情形及目前急需進行諸端之報告」中，提到美國朝野人士如何表達對華僑反共抗俄運動的關切，內文如下：〔註23〕

最近美國朝野人士，對於我國海外僑胞之組織及其事業之推進，均極重視，於左述各項，可以概見：

1. 美政府對華僑福利甚注意，最近在臺放映之美新聞宣傳片，亦有對華僑福利之宣傳。

2. 美名記者毛勒，曾訪東南亞各國，到臺後迭次表示華僑力量之重要與彥棻談話時，亦再三強調此點。

3. 美大使館祕書董遠峰（Robert. W. Rinden）近訪僑委會黃副委員長探詢華僑情況，其後來組訪談甚久，充分表示其對僑胞事業之關切。

4. 蒲立德在澳洲，曾向我陳公使岱礎表示，希望組織華僑力量。

美駐暹羅情報人員，因曼谷各華文報，皆傾靠共匪，特創辦民主日報。（本黨同志亦有參加該報編輯工作者）

從第三組的報告內容來看，美國方面相當重視國民黨在海外黨務與僑務的發展。因為冷戰的關係，使美國政府格外關心他國政黨政治的發展，美國不願海外華人立場親共而破壞其圍堵共產主義的策略，所以對國民黨的海外黨務發展與中華民國政府僑務格外重視。〔註24〕美國情報人員甚至直

〔註23〕「第三組對海外工作情形及目前急需進行諸端之報告」，〈國民黨中央改造委員會第一七七次會議紀錄〉，1951 年 7 月 23 日，【黨：會議】6.42/230.13。

〔註24〕如前文所述，東南亞地區的華人數量龐大，假如這一批華人政治立場選擇左傾，中共將可獲得數量龐大的僑匯與僑資；同時，若東南亞華人政治立場左傾，則表示多數的華人認為中共才是正統中國，此舉有可能影響僑居國政府立場出現左傾的現象，而破壞美國在東亞的圍堵計畫。所以，美國認為促使華人同化於當地政府是最佳的措施，但同化並非短時間便可完成的工作，故希望能導引這些華人以中華民國政府為其效忠對象，同時臺灣

接扶植暹羅地區的華文報，創辦立場不親共的《民主日報》，國民黨海外黨員也參與這份報刊的編輯，這也算是冷戰期間美國對外的另類「美援」〔註25〕，不過說起來這應該算美國為落實反共政策，而選擇與國民黨合作，而非直接援助國民黨的海外組織。

同樣在「第三組對海外工作情形及目前急需進行諸端之報告」報告書中，列舉當時中共在海外拉攏華僑支持的行動，內容簡要如下：〔註26〕

1. 閩粵共匪當局公佈「優待華僑子弟回國升學辦法」予以入學及補習機會，以誘騙僑生回國。

2. 全國各地，尤其閩粵各城市，設置「歸國華僑聯誼會」以為宣傳欺騙之工具。

3. 共匪訂有免收匯費，及原幣存款辦法，以吸收僑匯。

4. 凡由海外歸國之華僑，共匪均予入境便利，并發動熱烈歡迎。

5. 共產國際所主持之「東南亞工作小組」人員，已有一部分潛入香港進行各項活動，最近匪俄鑒於南洋各地僑胞傾向國民政府，特由「工作小組」派員潛赴緬甸、暹羅、馬來（亞）、印尼各地，負責離間華僑與政府之感情。

方面也應設法獲得東南亞華人的同情與支持。可參閱：趙綺娜，〈外交部亞太司檔案的內容與利用：從一九五〇年代臺灣對東南亞華僑（華人）政策談起〉，《近代中國史研究通訊》27 期（1999.3），頁 128～136。

〔註25〕稱作另類「美援」的原因，旨在與一般臺灣所稱的美援有所區別。1950 年代美國對臺灣的中華民國政府提供政、經、國防等項目的實質援助，關於這一類的援助通常俗稱為對臺美援。本文所指的「美援」乃是指美國為了強化其東南亞地區對共產主義的圍堵政策，而援助或扶植當地反共的政府及組織，國民黨的組織亦包含在其中。本文中提到的泰國《民主日報》僅是其中一例，當時美國對國民黨海外黨部組織的援助與合作模式，大多以贊助宣傳為主，如資助海外華僑擴大舉辦雙十國慶活動。資料來源可詳見：「第三組對海外工作情形及目前急需進行諸端之報告」，〈國民黨中央改造委員會第一七七次會議紀錄〉，1951 年 7 月 23 日，【黨：會議】6.42/230.13；〈海外對匪鬥爭工作統一指導委員會第四十五次會議紀錄〉，《海外對匪鬥爭指導委員會》，1958 年 7 月 25 日，【近：外】818.9 0007；〈海外對匪鬥爭工作統一指導委員會第四十八次會議紀錄〉，《海外對匪鬥爭指導委員會》，1958 年 9 月 5 日，【近：外】818.9 0008；〈海外對匪鬥爭工作統一指導委員會第五十二次會議紀錄〉，《海外對匪鬥爭指導委員會》，1958 年 11 月 1 日，【近：外】818.9 0008。

〔註26〕「第三組對海外工作情形及目前急需進行諸端之報告」，〈國民黨中央改造委員會第一七七次會議紀錄〉，1951 年 7 月 23 日，【黨：會議】6.42/230.13。

6. 共匪誘騙華僑青年回國參加「軍幹」受訓，緬甸、馬來亞、印尼、暹羅等地，均有僑生被騙回國。

7. 三月六日偽中國人民救濟總會發起組織「中國人民救濟馬來亞難僑委員會」并通過組織「調查團」前往馬來亞實地調查救濟，但為英政府所拒絕。

從第三組提供的報告，顯示中共方面也積極拉攏海外華僑支持，且中共方面善用其擁有的「僑鄉」優勢，利用閩粵兩省做為拉攏回華僑歸國的窗口。而除了中共在海外對國民黨海外黨務僑務造成威脅外，尚有其它第三勢力在香港活動，例如許崇智等人在香港組織華僑通訊處，並發表「敬告海外同志僑胞書」企圖拉攏華僑；類似許崇智例子的人，都是國民黨眼中的失意政客、軍人，而這些人因為無法在兩岸政界中活動，只好選擇在僑界中活動。〔註27〕

由於，國民黨在海外必須與中共和第三勢力競爭，因此第三組向黨中央建議：既然美國方面相當重視華僑的組織與宣傳，中共同時也向海外華僑展開工作，本黨應該要更加積極投入海外工作。〔註28〕第三組為此擬定一系列的計畫，內容多為加強海外黨員訓練與宣傳手段。雖然，第三組肩負全部的海外黨務事宜，但第三組的人員編制與經費對比海外黨部黨員的規模後，其資源確實不足。〔註29〕而中改會為了解決第三組的工作問題，以及貫徹蔣中正要求各組間通力合作的建言，〔註30〕曾多次要求第四組〔註31〕供應第三組宣傳資料，或解決宣傳問題，以避免海內外宣傳內容不一；而第六組〔註32〕則與第三組共同合作，互相分享與蒐集海外相關情報。關於第三組與第四、六兩組的合作，在中改會曾數次被提出，其中在

〔註27〕 「第三組對海外工作情形及目前急需進行諸端之報告」，〈國民黨中央改造委員會第一七七次會議紀錄〉，1951年7月23日，【黨：會議】6.42/230.13。

〔註28〕 同註27。

〔註29〕 鄭彥棻多次在會議報告中表明第三組的資源與人力有限。例如可參考：同註27。

〔註30〕 〈國民黨中央改造委員會第八十二次會議紀錄〉，1951年2月8日，【黨：會議】6.42/10.2。

〔註31〕 中改會第四組掌理宣傳工作之指導，設計黨義理論之闡揚及對文化運動之策劃。資料來源：李雲漢，《中國國民黨史述：第四篇保衛臺灣與建設臺灣》，頁85。

〔註32〕 中改會第六組掌理對社會經濟、政治等動態有關資料之搜集，整理研究與對敵鬥爭之策劃。資料來源：同註31。

1951 年 8 月 3 日中改會第 198 次會議上，對中共發起的捐獻武器運動一事，擬具「對匪幫捐獻武器運動之對策」作為因應方案，會議與方案中均要求第三、四組合作解決宣傳問題，以破解中共的該項運動；另外要求第三、六組對有關中共的情報應保持聯繫。〔註33〕雖然，第三組與第四、六兩組的合作績效如何本研究尚無法說明，但至少證實第三組在處理海外黨務的過程中，有許多方面的事務必須與黨內其它組織通力合作完成，也證實國民黨中央對於海外黨務的關切並非只做表面，而是協調黨內所能負擔的資源完成。

由於第三組當時兼任部分的僑務工作，所以當第三組在海外與共產黨人士鬥爭時，也必須思考如何將反共抗俄思想融入僑務政策中。1951 年 4 月 2 日，中改會第 107 次會議決議由鄭彥棻為主的五人小組，負責研擬適合當黨政路線的僑務政策。〔註34〕4 月 16 日，修正後的「反共抗俄時期僑務政策修正案」，正式於中改會第 116 次會議通過，內容如下：〔註35〕

　　一、鑒於目前若干國家業已承認匪偽政權，我僑民在各該國內之
　　　　處境困難，為維護我在各該國境內僑民之合法權益，並免受
　　　　匪方之誘惑，而被迫往匪使領館登記起見，各該地區僑民得
　　　　盡量取得當地公民權。

　　二、團結僑民反抗國際共產主義之侵略，對受共黨欺矇脅迫人
　　　　士，先導使其不受匪黨之愚弄，徐謀改正其態度，再積極
　　　　加以領導。

　　三、政府應力謀恢復與增強僑民對我政府之信心，一切捐獻應由
　　　　僑民以自動自發之方式為之，避免直接勸募。

　　四、為提高僑民文化水準，增進其智識技能，並加強其對祖國之
　　　　認識起見，應本因時因地制宜原則，編印僑民學校教課書，

〔註33〕「對匪幫捐獻武器運動之對策」，〈國民黨中央改造委員會第一九八次會議紀錄〉，1951 年 8 月 30 日，【黨：會議】6.42/21.8。

〔註34〕中改會推鄭彥棻、張道藩、袁守謙、蕭自誠、沈昌煥五人組成小組，由鄭彥棻擔任召集人，並約同相關機關負責同志，根據「本黨現階段政治主張」及「行政院 40 年度施政計畫綱要」有關僑務部份，切實研議。資料來源：〈國民黨中央改造委員會第一〇七次會議紀錄〉，1951 年 4 月 2 日，【黨：會議】6.42/12.7。

〔註35〕「反共抗俄時期僑務政策修正案」，〈國民黨中央改造委員會第一一六次會議紀錄〉，1951 年 4 月 16 日，【黨：會議】6.42/13.6。

課外補充教材及一般僑民讀物，大量供應海外。

五、當前對外貿易應與僑商密切聯繫，予以便利。

「反共抗俄時期僑務政策修正案」乃是根據中改會第 107 次會議的「反共抗俄時期僑務政策草案」〔註36〕修正後重提，擔任修正小組的召集人鄭彥棻雖有邀集相關業務負責人討論，不過實際的討論過程目前沒有資料可以說明。但仍可從兩份案件中的差異處，觀察外交與僑務部門如何看待原本的草案，草案與修正案的第一、二、四項大致雷同，第三、五項則是修正幅度最大的部份。原本草案中的第三、五項內容為：「三、分區派員赴海外輔導僑民事業，並於必要時，於駐外使領館內指定專員，負責僑務，以期迅赴事機，加強聯繫。五、國家貿易政策及金融機構之海外業務方針，均應與僑民經濟密切配合，凡屬公營事業物資之輸出入，宜先運用僑民財力物力及經濟組織藉以促進國際貿易，繁榮僑民經濟。」〔註37〕第三項的變化幅度最大，詳細原因由於沒有當時研擬小組的開會紀錄，所以無法得知，謹能初步的猜測外交部門沒有餘力支援黨務僑務，所以最後刪去派專員在駐外使領館中負責僑務的政策；而第五項的變化則可能為避免華僑誤解政府的僑務政策以僑資至上，雖然當時的政府確實很需要華僑到臺投資，以促進臺灣經濟，增進政府的反攻實力。

僑務政策中冀望透過宣傳與教育改變親共華僑的思想，將其導回國民黨眼中的「正途」，這種方式相較於其他的海外國共鬥爭，特別是拳腳相向的暴力衝突方式；筆者認為透過教育改變親共華僑的思想較屬於軟性的政策。由於冷戰的影響，再加上國民黨在大陸的挫敗，第三組在海外的鬥爭目標已不再限於中共；鄭彥棻在一場對印尼華僑觀光團的座談會中，指出：「共黨是一個有國際性的侵略組織，所以今天潛伏在美國日本，東南亞各地的中共匪徒，當與當地共黨勾結，由當地共匪協助中共派往的匪黨推動工作，所以較易發展……。如果我們能夠把黨辦得像生龍活虎，到處可以打擊共匪，也就能發揮力量，打擊國際性的共匪。」〔註38〕這一段話，可以解釋第三組在海外鬥爭的目標已提升至全球共產主義，其中又以美國、

〔註36〕「反共抗俄時期僑務政策草案」，〈國民黨中央改造委員會第一〇七次會議紀錄〉，1951 年 4 月 2 日，【黨：會議】6.42/12.7。

〔註37〕「反共抗俄時期僑務政策草案」，〈國民黨中央改造委員會第一〇七次會議紀錄〉，1951 年 4 月 2 日，【黨：會議】6.42/12.7。

〔註38〕鄭彥棻，〈海外改造工作方針和作法〉，《海外黨務通訊》第一卷十一期，頁 2。

日本、東南亞的共產黨人為主，表示在某種意義上第三組的反共立場已與美國陣營一致，也就是國民黨海外黨務在有意的狀況下加入國際冷戰體系之中。黨務與僑務路線兩相比較之下，黨務路線的攻擊與鬥爭性格明顯許多，可見當時的第三組不僅在海外黨務改造上採取主動路線，與共產主義的鬥爭路線也同樣採取主動出擊的態勢。

在海外鬥爭方面，鄭彥棻相當擔憂海外黨員的年齡與鬥爭技術。〔註39〕國民黨海外黨員中擔任執監委的黨員，年齡超過五十歲的占最多數，如果沒有新進黨員加入，則海外黨員將面臨老化問題；另外，關於鬥爭方面，海外黨員一向較不注重鬥爭技術，導致1950年代需要與共黨鬥爭時，鬥爭技術明顯落後一截。〔註40〕關於這方面的問題，第三組企圖透過宣傳招收新黨員，與開辦海外幹部訓練班解決。

第三組在國民黨黨務改造時期，也就是1950年代初期在海外與共黨鬥爭的形態，明顯有幾項優勢，同時也有劣勢。因為冷戰與韓戰，臺灣被納入美國圍堵共產主義的一環，同時美國境內麥卡錫主義的盛行，使美國投入更多資源圍堵共產主義，並從事有利於國民黨海外黨務發展的工作。當時的美國政府擔憂東南亞華人會被中共利用，並從事顛覆東南亞非共或反共的政府；而在無法立即讓華人同化於僑居地的情況下，引導華人效忠在臺灣的中華民國政府，並同時鼓勵中華民國政府設法贏得華人的支持，將是最佳的方案。〔註41〕美國引導東南亞華人效忠在臺灣的中華民國政府的例子中，就以資助海外國慶活動最為顯著。〔註42〕

美國對中華民國政府在海外的協助，事實上也等同對國民黨海外黨務的協助。過去，國民黨海外工作一向採取：黨務、僑務、外交、情報四連環的設計，此四連環設計同樣被第三組沿用，1950年後國際冷戰局面的緊張與韓戰的爆發，使得第三組在辦理海外工作時得到四連環以外的援助：美國，形成這個時期獨有的海外工作模式：黨務、僑務、外交、情報、「美援」。雖然，海外黨務改造時期尚無法判斷美國在海外華人圈的活動，是否與第三組有直接的接觸與合作，但至少可以確定美國為落實海外對共產主

〔註39〕鄭彥棻，〈海外改造工作方針和作法〉，《海外黨務通訊》第一卷十一期，頁2。
〔註40〕鄭彥棻，〈海外改造工作方針和作法〉，《海外黨務通訊》第一卷十一期，頁2。
〔註41〕趙綺娜，〈外交部亞太司檔案的內容與利用：從一九五〇年代臺灣對東南亞華僑（華人）政策談起〉，《近代中國史研究通訊》27期，頁128～136。
〔註42〕由於資料來源多，不便重複列舉，詳見本章註25。

義的圍堵政策，已不限於援助中華民國政府內部的僑教政策，〔註43〕更擴及到中華民國政府的海外僑務政策。而在第三組兼任部分海外僑務工作的前提下，美國對政府海外僑務的支援，也間接證明美國與國民黨海外黨務有一定程度上的合作。

第三節　「加強海外工作方案」的擬定與通過

本節將正式進入鄭彥棻十二年黨務生涯的第二階段。1953 年 11 月 14 日，國民黨七屆三中全會通過的「加強海外工作方案」〔註44〕是鄭彥棻個人多年海外工作經驗的累計，也是鄭彥棻認為最適合當時的方案，且該方案將有助於海外黨務平穩的在海外開展，同時也讓海外方案更加具體化。〔註45〕鄭彥棻在個人回憶錄中述說此事時，提到「加強海外工作方案」在七屆三中全會提出時，得到黨國元老吳鐵城的大力讚揚；吳鐵城有多年的海外工作經驗，再加上鄭彥棻與吳鐵城的關係，就如他自己所言：「亦師亦友。」所以吳鐵城在中全會上對鄭彥棻與「加強海外工作方案」的讚賞，絕對讓鄭彥棻終身難忘。可惜，吳鐵城在「加強海外工作方案」通過後五日便過世，無法見到該方案的成果。〔註46〕

「加強海外工作方案」提出前，第三組受命負責海外黨務改造事宜。1952 年，海外黨務改造後，與中央保持密切聯繫的總支部有 12 個，直屬支部有 83 個，直屬分部 7 個，對比改造前的數據，海外黨務雖沒有完全回復至從前的狀況，但在考量二戰後世界局勢與中國政局的巨變後，這樣的成績已相當難得。〔註47〕若再繼續探查黨務改造至「加強海外工作方案」提

〔註43〕關於美援對僑生教育的詳細內容，可見：陳月萍，〈美援僑生教育與反共鬥爭（1950～1965）〉。

〔註44〕1953 年 11 月 14 日國民黨七屆三中全會第三次會議通過的方案，奠定未來數年的海外工作方向。資料來源：「加強海外工作方案」，〈國民黨七屆三中全會第三次會議會議紀錄〉，《中國國民黨第七屆中央委員會第三次全體會議紀錄》，1953 年 11 月 14 日，【黨：會議】7.2/14。

〔註45〕鄭彥棻，《往事憶述》，頁 124。

〔註46〕「我所崇敬的鐵城先生」，1983 年，【中山：鄭彥棻手稿】HW 782.886 8458（5）no.1233。

〔註47〕改造前原由中央直轄的，總支部 12 個，直屬支部 94 個，直屬分部 5 個。資料來源：中國國民黨中央委員會第三組編，《四十二年度的海外黨務》，頁 9。

出前的海外工作成果，不難發現第三組確實已穩固多數的海外黨部，並在海外宣傳與策動僑民運動上取得不錯的成績。鄭彥棻在接任僑務委員長一職前，曾透過第三組策動海外華僑支持聯合國控訴蘇聯案、反暴行運動、反勒索運動、反對舊金山和會中華民國無法出席一事；海外宣傳方面，則透過海外黨報、巡迴宣傳展覽、廣播等多元化方式，向華僑表明在臺灣的中華民國政府才是正統中國，才是真正延續孫文革命成果的唯一合法政府。〔註48〕1952 年 4 月 16 日，鄭彥棻接任行政院僑務委員會委員長後，更進一步藉僑委會名義先後召開全球僑務會議、全球華僑文教會議、全球華僑經濟檢討會議，透過這些會議國民黨第三組與僑委會訂定許多新僑務路線。〔註49〕1953 年 3 月，更督導中央三組、僑委會、華僑救國聯合總會〔註50〕策動全球華僑簽訂〈華僑反共救國公約〉。

雖然，海外黨務與僑務確實在改造期間取得相當不錯的成果，且海外黨部也確實已達到穩固僑社的目的。但海外局勢瞬息萬變，因此第三組勢必得提出新的海外路線，而提出新工作路線的責任，則改由七全大會後取代第三組的中央三組擔起。

1953 年間，海外華僑的遭遇與黨務環境的變化，雖無法證明與「加強

〔註48〕僑民運動與海外宣傳的方式和成果，確實達到穩固僑社，保持華僑與國民黨及中華民國政府的聯繫。當年海外華僑對黨對政府的忠貞程度，事實上仍是相當高，所以當鄭彥棻訪問海外宣讀蔣中正致海外僑胞書時，臺下總會有許多僑胞淚流滿面，更有許多老僑會邀請鄭彥棻觀看自身收藏的孫文筆稿。二戰後，中共雖然也在海外拉攏華僑，但對許多老僑而言中華民國政府才是他們眼中的正統政府，因此鄭彥棻才會認為多數的華僑仍支持國民黨主政的中華民國政府，且當時仍關心中國政治的華僑，多屬國民黨眼中的忠貞人士。資料來源：鄭彥棻，《往事憶述》；馮成榮，《鄭彥棻傳》；中國國民黨中央委員會第三組編，《中國國民黨在海外：海外黨務發展史料初稿彙編》（上篇）；中改會編，《中國國民黨第七次全國代表大會黨務報告》（下篇）；中國國民黨中央委員會第三組編，《四十二年度的海外黨務》；《海外黨務通訊》第一卷第一至十二期均有類似的內容，由於數量過多在此不便一一羅列。

〔註49〕全球華僑會議通過「當前僑務綱領」，作為日後僑務工作的指南，同時也成立華僑救國聯合總會，該總會至今仍存在。全球華僑文教會議、全球華僑經濟檢討會議也通過不少有關僑教與促進華僑經濟的措施與方向。資料來源：鄭彥棻，《往事憶述》，頁 121～123；馮成榮，《鄭彥棻傳》，頁 114～118。

〔註50〕如註 39，華僑救國聯合總會是全球華僑會議後成立的組織。詳見：鄭彥棻，《往事憶述》，頁 121～122；馮成榮，《鄭彥棻傳》，頁 114～115。

海外工作方案」有直接的關係，不過已能證明舊有海外工作路線，不論在黨務、僑務、外交上都已漸漸失去其影響力，表示舊有海外工作路線所獲得的效益不如預期。例如：1951 年 12 月 27 日在菲律賓發生所謂的「禁僑案」；〔註51〕1953 年留在泰北邊境的國軍進入緬甸，引來當地政府不滿，並企圖關閉當地國民黨黨部與逮捕相關成員；〔註52〕1953 年，泰國北部邊境出現「自由泰國」的親共團體；〔註53〕同年，香港政府對國民黨相關機構的管制日趨嚴格，已設置特別組織偵查，甚至有駐香港黨員被港府拘捕。〔註54〕接連在亞洲地區發生與華僑或黨務有關的事件，且這些事情中央三組和鄭彥棻均無法在短時間內解決，這說明舊的海外黨務路線，以及舊的海外工作路線在面對新的挑戰時呈現力有未逮之情形。這樣的況狀或許造成中央三組和鄭彥棻本人決意推行下一階段海外工作，雖然無法直接或間接證明這些事件與「加強海工作方案」提出有直接性的關聯，但確定的是 1953 年時舊海外工作與黨務路線已不符時局所需，若再無新的海外工作與黨務路線，則將使海外黨務與海外工作更難有所發揮，甚至亦可能波及到政府僑務與外交政策的發展。

　　事實上，「加強海外工作方案」通過該年（1953）的年初，中央三組也曾嘗試過其他方式試圖穩定海外黨務發展，但這些方案所收到的效果同樣

〔註51〕1951 年 12 月 27 日，菲律賓新任國防部長麥格賽賽（Magsaysay）指揮全國憲警拘捕華僑共嫌，被捕的 309 人中，有許多都是無辜受累的華僑，甚至包含許多海外黨部黨員。中華民國政府與國民黨為營救無辜受累的華僑，透過黨報、外交、僑務等手段要求菲政府釋放無辜華僑。最後，僅有十四人證據確鑿被判刑，但已有幾位華僑等不及重見光明便過世，這件事使得一致反共的中菲雙方，關係一度緊張。資料來源：陳烈甫，《菲律賓的歷史與中菲關係的過去與現在》（臺北：正中，1970 年二版），頁 306～309；張存武、王國璋著，《菲華商聯總會之興衰與演變：1954～1998》（臺北市：中央研究院亞太研究計畫，2002）頁 28～30；朱東芹，《衝突與融合──菲華商聯總會與戰後菲華社會的發展》（廈門：廈門大學，2005 年），頁 42～44；〈中委會第 14 次工作會議會議紀錄〉，《中國國民黨第七屆中央委員會工作會議第 9～15 次會議紀錄》，1953 年 1 月 21 日，【黨：會議】7.4/14。

〔註52〕〈中委會第 15 次工作會議會議紀錄〉，《中國國民黨第七屆中央委員會工作會議第 9～15 次會議紀錄》，1953 年 1 月 27 日，【黨：會議】7.4/15。

〔註53〕〈中委會第 34 次工作會議會議紀錄〉，《中國國民黨第七屆中央委員會工作會議第 31～35 次會議紀錄》，1953 年 5 月 30 日，【黨：會議】7.4/34。

〔註54〕〈中委會第 56 次工作會議會議紀錄〉，《中國國民黨第七屆中央委員會工作會議第 53～58 次會議紀錄》，1953 年 10 月 30 日，【黨：會議】7.4/56。

有限，且方案也不夠完備，所以也才會有「加強海外工作方案」的出現。「加強海外工作方案」提出前，1953 年 3 月 5 日，中央三組曾提「海外工作指導小組組織簡則」一案，並獲得中常會第 18 次會議核備通過。〔註55〕這一份方案是當時國民黨海外工作運作的主要依據，在「海外工作指導小組組織簡則」第一條聲明：「為期海外黨務、外交、僑務及情報等工作決策之統一及執行時有密切之聯繫與配合起見，特設立海外工作指導小組隸屬中央委員會。」〔註56〕這是 1950 年以來，海外黨務、外交、僑務、情報正式有法案規範令其合作，雖然這四連環已不是第一次在海外工作上合作，但 1950 年後國民黨內出現法案給予規範，卻是第一次。法案中規定中央委員會第三、四、六組主任（以下均簡稱為：中央四組〔註57〕、中央六組〔註58〕）、外交部部長、僑務委員會委員長、國防部總政治部主任、國防部第二廳廳長、國防部保密局局長、總統府機要資料室主管人員、內政部調查局局長、其他經邀請的有關機關首長，都必須參與此組織，每個月由中央三組召集各單位開會一次，並將會議決定送交中委會執行，海外地區則視情況設立工作指導小組。〔註59〕中央三組相當重視工作指導小組的工作，為使黨中央與海外可以上下貫通政策，更進一步要求在某些海外地區成立工作會報，海外地區工作會報性質類似海外工作指導小組在海外的分部組織。〔註60〕同時，黨務與僑務雙方的關係在改造時期本就密不可分，故在雙方組織的首長均為鄭彥棻的機會下，得以每週召開一次組會會報，兩單位的重要幹部均須出席，就海外組織、宣傳、僑運等事宜，力求一致，以達黨政合作的最大效果。〔註61〕

另外，海外宣傳方面中央三組也會同中央四組、行政院新聞局、中華航業海員黨部、臺灣省政府新聞處、外交部、僑務委員會、教育部、內政部調查局等，共同舉行海外宣傳工作會報。光 1953 年，就已召開多達 16

〔註55〕「海外工作指導小組組織簡則」，〈中常會第 18 次會議會議紀錄〉，1953 年 3 月 5 日，【黨：會議】7.3/2。

〔註56〕「海外工作指導小組組織簡則」，〈中常會第 18 次會議會議紀錄〉，1953 年 3 月 5 日，【黨：會議】7.3/2。

〔註57〕中央四組與中改會時期的第四組工作內容雷同，詳細資料可見本章註 31。

〔註58〕中央六組與中改會時期的第六組工作內容雷同，詳細資料可見本章註 32。

〔註59〕同註 56。

〔註60〕中國國民黨中央委員會第三組編，《四十二年度的海外黨務》，頁 19。

〔註61〕同註 60。

次會議，商討海外宣傳事宜，以求宣傳一致性。〔註62〕

　　1953 年起，因為鄭彥棻已同時身兼中央三組與僑務委員會委員長兩職，黨務與僑務工作的結合日趨密切，在海外兩個單位常互相支援與掩護，但與其他單位的合作則有待加強。〔註63〕顯見，海外工作指導小組所能發揮的功效仍然有限，該小組同樣無法面對海外局勢的變化，且組織內部的合作似乎也不夠密切。筆者認為海外工作指導小組的成立，給人一種舊瓶裝新酒的感覺，海外工作指導小組固然有其特殊性，但當時國民黨海外黨務與海外工作最需要的不是一個新組織，而是明確訂出新海外工作路線與精神的方案；否則縱使有再多的新組織從事海外工作、海外黨務，也同樣會受限於舊的路線與精神而無法達到最大的功效。

　　1953 年 10 月 23 日，中央三組終於在七屆中委會第 54 次工作會議中提出「加強海外工作方案」草案，擬訂做為國民黨新海外工作路線的依據，會後決議由鄭彥棻（召集人）、張道藩、陳雪屏、謝東閔、沈昌煥、張延源、張壽賢、黃天爵八人組織小組，對此案重新審查後再行提會核議。〔註64〕1953 年 11 月 6 日，中委會第 57 次工作會議修正通過「加強海外工作方案」，但仍須提中常會再次核議。〔註65〕1953 年 11 月 14 日，七屆三中全會第三次會議，正式通過第三組與鄭彥棻所提的「加強海外工作方案」，正式開啟新的海外工作路線。〔註66〕「加強海外工作方案」對於當年的海外黨務有兩種意義：（一）檢討過去近三年的缺失與優點；（二）確立新的海外工作路線。

　　根據「加強海外工作方案」的內容，當時海外工作面臨到幾個問題：（1）某些地區新客無法進入；（2）某些國家進行排華活動；（3）共產勢力對東

〔註62〕同註 60。

〔註63〕從「加強海外工作方案」的內文中，有多次暗示海外工作統整性不佳。資料來源：〈中委會第 57 次工作會議會議紀錄〉，《中國國民黨第七屆中央委員會工作會議第 53～58 次會議紀錄》，1953 年 11 月 6 日，【黨：會議】7.4/57。

〔註64〕〈中委會第 54 次工作會議會議紀錄〉，《中國國民黨第七屆中央委員會工作會議第 53～58 次會議紀錄》，1953 年 10 月 23 日，【黨：會議】7.4/54。

〔註65〕〈中委會第 57 次工作會議會議紀錄〉，《中國國民黨第七屆中央委員會工作會議第 53～58 次會議紀錄》，1953 年 11 月 6 日，【黨：會議】7.4/57。

〔註66〕「加強海外工作方案」，〈國民黨七屆三中全會第三次會議會議紀錄〉，《中國國民黨第七屆中央委員會第三次全體會議紀錄》，1953 年 11 月 14 日，【黨：會議】7.2/14。

南亞的侵略；（4）華僑經濟無法與歐美資本家相抗衡；（5）各國對僑教的限制與取締，加上共黨欲滲透僑校；（6）海外黨務幹部年齡偏高，鬥爭技術不足。〔註67〕上述這些可來自海外環境、海外黨務、海外黨員的問題，都是海外工作在海外所面臨的問題。

當時的海外工作不僅在海外面臨上述的問題與壓力，在國內負責擬定與推行的組織也同樣有所缺失，且亟待改進。關於這方面的問題，在「加強海外工作方案」中便羅列多達十點的缺失。內容簡要如下：〔註68〕

一、不夠重視——黨中央與政府對海外工作的重視尚未足夠。此點可由第三組工作人員數與經費在黨中的比例而見；僑委會在行政部門中的人員編制與經費亦嫌過少。

二、不夠統一——海外工作應為全體工作，雖中央已要求加強聯繫，但黨務、僑務、外交三方常各自為政情事。特別是某些外交官員對僑務、黨務置之不問，而某些黨員則誤解「以黨領政」之意義，造成外交與黨務雙方的磨擦。

三、未能把握重點——雖曾在地區方面決定以日本、香港、菲律賓、泰國、越南、印尼、美國等地為中心，卻因無法把握執行重點，導致無法有效運用有限的人力、財力。

四、未能配合無間——海外工作無法單獨進行，雖近年已與有關各方配合工作事宜，但仍未做到配合無間的地步，例如：僑教、僑資、回國觀光等各種措施。

五、不夠深入——主要基礎集中在少數僑領與工商界領袖身上，對整個海外工作而言，基礎仍不夠深入；相較於共匪，則注重基層，放棄上層，組織僑眾，以控制僑領。

六、不夠積極——僑胞對政府與反共的向心日增，但仍懷疑政府過去在大陸的失敗，加上僑眷多居住於大陸，所以對共匪仍多有顧慮。加上某些居留地政治不容許僑胞從事相關愛國活動，故僑胞的反共愛國行動無法轉為全面積極。

七、缺乏工作幹部——海外黨團幹部年齡偏高，鬥爭技術亦不

〔註67〕同註66。
〔註68〕「加強海外工作方案」，〈國民黨七屆三中全會第三次會議會議紀錄〉，《中國國民黨第七屆中央委員會第三次全體會議紀錄》，1953年11月14日，【黨：會議】7.2/14。

佳，亟需青年志士加入與輔弼。但卻因為當地師資缺乏，使得當地自行培養出的幹部數量仍嫌過少。故多方設法培養和訓練海外各種幹部，充實海外人才，為當務之急。

八、缺乏戰鬥組織——多數僑團雖忠貞愛國，也陸續成立反共愛國組織，但有更多的僑團仍是經濟性、地方性、宗教性的組織，缺乏明確的政治與愛國立場。而現有的忠貞愛國僑團，其組織也不夠健全，導致僑社難以發揮戰鬥力量。

九、門戶成見未盡破除——僑胞對鄉土、姓氏觀念頗深，且注重經濟生活多於政治生活。再加上共匪的分化策略，及居留地政府不樂見僑團團結，雖然中央已有努力，但仍無法完全使僑胞破除門戶成見，甚至還無意中加深僑胞的門戶成見。

十、工作技術不足應戰——僑胞太過純樸，工作方法也太過保守。對於海外黨員幹部的訓練還有待加強，否則將難以與無所不用其極的匪方作戰。

中央三組點出的海外工作缺失，在某種程度可視作中央三組對黨中央的怨言與自我檢討，特別是中央三組對中央的怨言，大致可視作兩大類：首先，在人員與經費編制上，遠落後其他黨內與行政組織，但中央卻又聲稱重視海外華僑，黨中央在這方面明顯自相矛盾。第二，各部門在海外工作上常自行其道，特別是外交與黨務、僑務方面最易衝突，這一點很明顯在抱怨外交部對僑務黨務不重視；其它方面如僑教、華僑投資等議題，相關單位的配合度均有待加強。這些怨言還可視作中央三組與僑委會對其他部門的不滿，因為雙方首長均為鄭彥棻，組會間業務不和的問題應多在組會會議中時便已解決。

新政策的確立，往往是因為舊政策已有缺失，或舊制度無法跟上環境的變化所致。「加強海外工作方案」針對上述的缺失，提出六個面向的回應：（一）厘定方針；（二）健全組織；（三）充實幹部；（四）寬籌經費；（五）展開工作；（六）附則。〔註69〕在這六大面向中，詳列許多日後應盡事務，正式確立海外工作的日後路線，也促使海外黨務、僑務、外交、

〔註69〕「加強海外工作方案」，〈國民黨七屆三中全會第三次會議會議紀錄〉，《中國國民黨第七屆中央委員會第三次全體會議紀錄》，1953年11月14日，【黨：會議】7.2/14。

情報四個環節更加密切，至少在行政制度上是如此，實際的成果則仍有待商榷。而這六大面向的內容，筆者僅在下文討論較為重要或與過去不同的部份。

厘定方針中，正式確立日後海外工作將以：日本、香港、菲律賓、越南、泰國、印尼、美國七個地區為執行中心地區，再漸次推進到其他地區；進行海外工作時，則以因地制宜、靈活運用為主。同時海外黨務與外交僑務情報等工作必須統一領導：〔註70〕「在中央時以黨為核心，使僑務政策與外交政策在黨的決策下相結合，並以海外黨務協助僑務政策與外交政策推進，在海外各地則以使領人員為核心與僑務黨務工作人員相聯繫。」以求外交鞏固僑務，僑務發展黨務，黨務為僑務核心，僑務為外交之後盾。〔註71〕這一項新的方針，說明自「加強海外工作方案」通過起，國民黨海外工作不再以黨務作為唯一的中心，而是視情況由黨務、僑務、外交擔任海外工作的實質領導中心；特別是在黨務不宜出面領導的海外工作上，黨務將退居名義上的領導中心。

健全組織方面首先必須增強中央海外工作指導小組組織，並派員至海外重要地區設地方指導小組，以達政策上下貫通，外交僑務黨務的完美契合。當海外黨部僑團遇到須與當地政府交涉時，一概由當地使領館統一領導，循外交途徑解決；無駐外人員的地區，則由中央派員前往領導僑民對外工作。海外黨部方面不應主動出面領導僑團僑社，應由黨員或黨團出面領導，黨部方面應一方面徵求新黨員，一方面切實發揮各黨員所長；處理僑團工作時，不一定要用黨員掌握僑團領導地位，甚至僑團的公開場合應盡量讓黨外忠貞人士出面，黨只需要掌握決策與領導角色即可。組織方面，海外各級黨部應逐步轉為祕密組織，已公開的黨部，則必須隱匿幹部與黨員身分。若中央派有情報人員之地區，則以中央情報人員為中心，與當地有關單位相互配合，工作主在蒐集敵方情報，防止對方分化，並將所得情報提報中央，再交由當地指導小組處理。其它方面，加強宣傳與僑團組織則擔任當地海外工作的助手角色。〔註72〕

〔註70〕同註69。
〔註71〕「加強海外工作方案」，〈國民黨七屆三中全會第三次會議會議紀錄〉，《中國國民黨第七屆中央委員會第三次全體會議紀錄》，1953年11月14日，【黨：會議】7.2/14。
〔註72〕「加強海外工作方案」，〈國民黨七屆三中全會第三次會議會議紀錄〉，《中

　　幹部問題，選擇熟悉海外僑情與黨務的人才擔任海外幹部，不僅中央三組與僑委會需充實幹部，駐外使領館人員也須一并充實。同時，僑報主筆、海內外僑教師資也亟須培養與充實人才，海內外並定期舉辦幹部訓練之相關活動。〔註73〕

　　經費方面，行政院外交經費應包含地下外交所需之經費，而海外各黨部工作所需經費，以就地籌措為原則，中央僅給予適當協助；但海外狀況惡劣之區域，中央將酌情補助，並輔導黨部逐步自力籌措。另外，鼓勵各地黨部僑團籌組聯合公司，發展對臺貿易，政府將予以代理與承銷公營事業之優先機會，所得及盈餘則作為當地黨部僑團之經費；或者設立文化教育基金，協助當地文教事業發展，以推進宣傳工作。〔註74〕

　　展開工作則可再分為六大項目：（1）維護僑胞利益；（2）加強文化宣傳；（3）發展華僑教育；（4）輔導華僑經濟；（5）以青年運動為中心推進僑民運動；（6）以華僑反共救國組織為中心，推進僑胞反共救國聯合戰線。這六項性質較偏向僑務工作，旨在培養華僑對國民黨與中華民國政府的向心力，繼續支援政府的反共抗俄反攻大陸政策，同時培養新一代親國民黨和中華民國政府的海外勢力。〔註75〕這一個工作項目的內容實際上應由僑委會協同其他相關單位完成，但卻出現在海外黨務的法案之中，表示黨務改造完成後，中央三組亦未改變過去第三組兼任部分海外僑務工作的性質，中央三組同樣需兼任部分海外僑務工作。

　　最後一個面向：附則。旨在提醒各單位執行新海外工作時，應分辨緩急與先後，並由海外工作指導小組統籌推進。同時各單位執行工作時，同樣要採取因地制宜式原則，逐步完成海外工作。〔註76〕

　　「加強海外工作方案」的擬定與提出，在突顯黨務、僑務、外交、情

　　　　國國民黨第七屆中央委員會第三次全體會議紀錄》，1953 年 11 月 14 日，
　　　　【黨：會議】7.2/14。
〔註73〕同註72。
〔註74〕「加強海外工作方案」，〈國民黨七屆三中全會第三次會議會議紀錄〉，《中
　　　　國國民黨第七屆中央委員會第三次全體會議紀錄》，1953 年 11 月 14 日，
　　　　【黨：會議】7.2/14。
〔註75〕「加強海外工作方案」，〈國民黨七屆三中全會第三次會議會議紀錄〉，《中
　　　　國國民黨第七屆中央委員會第三次全體會議紀錄》，1953 年 11 月 14 日，
　　　　【黨：會議】7.2/14。
〔註76〕同註75。

報各部門合作仍不夠密切的同時，也顯示出海外局勢對海外黨務、僑務的發展愈趨不利，使得中央三組必須尋找新的海外工作路線。這條新的路線雖仍秉持因地制宜式的主動態勢，但若細看其原由，將可發現外在局勢的變遷，迫使海外黨務必須轉入低調，以防突遭僑居國取締，而使黨部系統瓦解。海外局勢瞬息萬變，今日共同反共的國家，隔日仍可能突然取締境內的國民黨黨部，或因與中華民國政府關係緊張，至使當地海外黨部受牽連，緬甸與香港的例子最為顯著。緬甸因為滇境的李彌殘部隊進入緬北，使得中緬兩國關係緊張，甚至提報聯合國安理會，要求中華民國政府對此事做出交代，同時開始針對境內國民黨黨部的郵件執行檢查，並擬定封閉當地國民黨黨部等相關事宜。〔註77〕香港方面則是設置專職機構，專門偵察當地的國民黨活動，且開始搜捕黨部負責人。〔註78〕所以，這個時期的工作精神雖然仍延續因地制宜的作法，但此時的因地制宜式已不比改造階段的因地制宜，改造階段由於對海外情勢的理解大致足夠，故決定主動採用的因地制宜式的改造路線；改造後，海外局勢變化莫測，常使海外黨務路線落於被動的地位，這一時期的因地制宜雖仍維持一定的主動性，但其實卻包含些許被動因素在內。

　　「加強海外工作方案」內文點出當時海外工作的困境，方案中亦針對各種海外工作可能遭遇的阻力都擬出解決對策，方案內容也相當務實的面對所有問題，證實海外工作已非再以黨務為中心，外交、僑務、黨務都有可能成為海外工作實質的領導中心；當黨務在面對海外問題而無法出面領導時，外交與僑務的角色就更顯重要，黨務則退居幕後成為名義上的領導中心。另外，方案中對於情報工作的內容述說相當有限，僅能確定情報與黨務、僑務、外交仍舊維持密切的合作關係。海外情報主要針對當地共黨活動，蒐集當地共黨活動相關情報，提供給黨政機構參考，讓黨政機構能及早做出因應對策。上述數點，便是「加強海外工作方案」的主要意義，同時亦做為未來數年國民黨海外工作的中心方針。

〔註77〕〈中委會第 15 次工作會議會議紀錄〉，《中國國民黨第七屆中央委員會工作會議第 9～15 次會議紀錄》，1953 年 1 月 27 日，【黨：會議】7.4/15。
〔註78〕〈中委會第 56 次工作會議會議紀錄〉，《中國國民黨第七屆中央委員會工作會議第 53～58 次會議紀錄》，1953 年 10 月 30 日，【黨：會議】7.4/56。

第四節　海外國共鬥爭與冷戰

　　從「海外工作指導小組組織簡則」到「加強海外工作方案」透露出海外局勢的變化，以及黨務、僑務、外交、情報四者的合作關係，但對於四連環的實際合作內容卻無法得知，故本節擬就這方面進行討論。

　　本研究至此，所有的述說內容都以新法案或新方案的提出對海外工作做出粗略的分期，但事實上海外工作常無法給予明確的分期，僅能由法案或新人事案件做出粗略的劃分，劃分前後兩期。承上述，多數的海外工作無法透過新法案或新人事案給予清晰的分界線，特別是本節欲談論的海外國共鬥爭。海外國共鬥爭並不會因為新法案的確立而終止，甚至馬上改變鬥爭與活動模式，藉由法案來替海外工作分期乃是從黨中央的視角，無法完全代表海外也可如此分期，因為各國對華僑的態度往往可以說變就變。

　　本節所指的國共鬥爭，與一般常說的國共鬥爭有些微的不同，特別是「共」的部份。因為冷戰的關係，國民黨海外工作鬥爭的對象已不再限於中共與其外圍團體，而是擴及到逢共必反，也就是反對所有與共產黨，或與共產主義有相關性的一切組織。

　　美國境內的國共鬥爭，如本章第一節所言，因為美國境內麥卡錫主義的盛行，加上美國人民普遍恐共的心態，使當地華人圈中所有的左派組織相繼結束運作。但海外華僑華人人數最多的亞洲地區，是否呈現與美國類似的結果？世界其它地區的華僑華人又如何因應當地的共產主義？這些疑問，可由國民黨在海外與共產黨鬥爭的資料中略知一二，但本節真正欲釐清的不是鬥爭的細節，而是從海外國共鬥爭中，找出海外黨務、僑務、外交、情報四者的合作證據與成效。以下將舉「加強海外工作方案」通過前後，海外發生的案例，這些案例多與當地僑民受不平等待遇有關，或該地黨務正面臨共產黨的威脅和競爭，以下將舉：日本、菲律賓、泰國三地，這三地黨員與僑民正巧在「加強海外工作方案」通過前遭受僑居國不平等待遇，或面臨當地共產黨的威脅與競爭；同時，這三地也都是「加強海外工作方案」中的海外黨務發展重點區域，故下文將一一述說日本、菲律賓、泰國三地的狀況。

一、日本：從昔日敵人到反共盟友

　　日本當地的國民黨黨部由於二戰時被查禁，加上戰後旅日華僑經濟狀

況多不佳，所以導致當地黨務遲遲未步入正軌，這樣的情況直到海外黨務改造後，當地黨部仍處於停滯的階段，為亟須重整之地區。1953 年 6 月 12 日，中委會第 36 次工作會議中央三組將重整日本黨務經費案提出討論，表示日本黨務在 1953 年時仍尚未完全恢復，需要中央派員前往重整。〔註 79〕黨中央曾陸續派駐日大使董顯光、黨中央副祕書長謝東閔、黨員何樹祥前往視察日本黨務，三人共同對日本黨務商討的結果，均認為日本黨務急須重整。〔註 80〕而國民黨日本仙臺直屬支部回傳的報告也有類似的結果，1952 年仙臺黨部接受中央三組派來的人員指導後，黨務運作有獲改善，但1952 至 1957 年間僑社因為共黨嚴重滲透，導致工作難以運行。〔註 81〕

　　而日本方面對於自身國內的共產黨勢力同樣也存有疑慮，雖然日本為民主國家，容許國內可以有共產黨或共產主義存在，但被納入冷戰體系中的日本，同樣也私下從事反共或圍堵共產主義的事務。這方面的證據，可由國民黨內的會議紀錄得知。1953 年 6 月 26 日，中委會第 38 次工作會議，中央六組報告：〔註 82〕

　　　　查日本大使館參事清水董三，於五月中旬來訪，要求本組供
　　給匪情研究資料，俾轉日政府參考，並願將日方研究之「大陸問
　　題」及有關共匪在日活動之情報資料相交換，本組為開闢匪情資
　　料之來源，經考慮後，檢送本組編印之「認識敵人」小冊，及「匪
　　情週報」等數種。茲據清水董三先後來函申謝，認為我方對匪情
　　之分析，極其詳細，瞭如指掌，尤以匪情週報中所載「匪黨指示
　　留日匪徒活動要點」及「匪俄協議侵略亞洲內容」兩項，關係敝

〔註 79〕〈中委會第 36 次工作會議會議紀錄〉，《中國國民黨第七屆中央委員會工作會議第 36～40 次會議紀錄》，1953 年 6 月 12 日，【黨：會議】7.4/36。

〔註 80〕〈中委會第 40 次工作會議會議紀錄〉，《中國國民黨第七屆中央委員會工作會議第 36～40 次會議紀錄》，1953 年 7 月 10 日，【黨：會議】7.4/40；〈中委會第 47 次工作會議會議紀錄〉，《中國國民黨第七屆中央委員會工作會議第 46～52 次會議紀錄》，1953 年 9 月 4 日，【黨：會議】7.4/47；〈中委會第 54 次工作會議會議紀錄〉，《中國國民黨第七屆中央委員會工作會議第53～58 次會議紀錄》，1953 年 10 月 23 日，【黨：會議】7.4/54；中國國民黨中央委員會第三組編，《四十二年度的海外黨務》，頁 16～17。

〔註 81〕中國國民黨中央委員會第三組編，《中國國民黨在海外：各地黨部史料初稿彙編（下篇）》，頁 278。

〔註 82〕〈中委會第 38 次工作會議會議紀錄〉，《中國國民黨第七屆中央委員會工作會議第 36～40 次會議紀錄》，1953 年 6 月 26 日，【黨：會議】7.4/38。

　　國安危，深資警惕，擬報治安當局即早設法阻止，以資保國衛民

　　等語，謹報請　鑒察。

中央六組在中常會上的報告，說明日本方面也擔憂國內的共產黨有意圖顛覆政府的舉動，所以主動與國民黨組織中負責情報的中央六組接觸。這一次的接觸，日本方面派出的人員為官方人士，顯示日本官方擔憂國內共產黨勢力造成問題，因此先一步向國民黨接觸，並提出情報交換的要求，最後交換的結果雙方均有所斬獲。國民黨方面獲得有關日本共產黨的資料，日本方面則獲得有關中共的資料，雙方各取所需，其中國民黨獲得的情報資料將有助於日本方面的黨務發展。事實上，在日人清水董三與中央六組接觸前不久，中央六組已在 1953 年 6 月 19 日，中委會第 37 次工作會議中，提出日本黨員 5 月份社會調查報告時，便就中共人員在東京的活動有初步的述說。〔註83〕

　　除了官方曾遣人拜會國民黨中央外，民間人士亦曾就反共議題提出意見。日本勞工領袖鍋山貞親等人提「自由中國對日工作建議」，建議中華民國政府改善對日工作方案，以促進中日友好合作。1954 年 6 月 11 日，鍋山等人的提議由第六組在中委會第 84 次工作會議中提出討論。〔註84〕鍋山貞親等人在建議中認為中華民國政府應透過宣傳，向日本國民宣傳中華民國與中共的差異，並舉辦展覽、學術研討會與文化交流改善中日關係，以增進日本人民對中華民國政府的認識，並進一步支持在臺灣的中華民國政府。同時，由於日本方面對香港消息的信任度高過臺北消息，所以中華民國政府應善加利用香港籍記者，透過這些記者替中華民國政府做正面性宣傳。除上述的宣傳手段，鍋山貞親等人還建議中華民國政府拉攏「汪派中國人」〔註85〕，利用這些人替中華民國政府進行宣傳活動。〔註86〕

　　最後，國民黨接受鍋山貞親等人的多數建議，中委會第 84 次工作會議中決議委託鍋山貞親在日本籌組中日合作的學術團體，以及發動勞工運動

〔註83〕〈中委會第 37 次工作會議會議紀錄〉，《中國國民黨第七屆中央委員會工作
　　　　會議第 36～40 次會議紀錄》，1953 年 6 月 19 日，【黨：會議】7.4/37。

〔註84〕〈中委會第 84 次工作會議會議紀錄〉，《中國國民黨第七屆中央委員會工作
　　　　會議第 84～89 次會議紀錄》，1954 年 6 月 11 日，【黨：會議】7.4/84。

〔註85〕係指居住在日本的汪精衛政權殘存份子。汪政權過去曾被中華民國政府視
　　　　為偽政府、漢奸。

〔註86〕〈中委會第 84 次工作會議會議紀錄〉，《中國國民黨第七屆中央委員會工作
　　　　會議第 84～89 次會議紀錄》，1954 年 6 月 11 日，【黨：會議】7.4/84。

向聯合國控訴中共暴行。宣傳方面，黨內決議留日的「汪派中國人」可個別運用，同時希望中央四、六兩組加強在日宣傳事宜。〔註87〕

國民黨在日本的活動，在專員赴日訪查後，均認為有重整之必要，但實際的效果僅仙臺支部有報告書回傳，故無法明瞭日本的國民黨海外黨務整體發展之情勢。然而，在日本的國共鬥爭與情報戰，則有超乎想像的運作模式，日本官方與中央六組接觸，要求情報交換；日本民間社團則透過建議書，發表希望國民黨改善宣傳等事宜，這份建議書同樣被中央六組在黨內會議中提出討論。再一次的證明海外國共鬥爭已不再是單純兩個黨的鬥爭，而是包括參與冷戰的相關國家。同時，國民黨為改善中華民國在日本社會中的形象，甚至不惜與「汪派中國人」進行合作，可惜本研究至今尚未尋獲相關資料來說明「汪派中國人」與國民黨的合作成果。

從中央三組與中央六組各自在黨內會議上的報告，突顯日本地區黨務、僑務、外交、情報仍無法完全共同合作，特別是黨務與情報合作上。中央三組主要關注日本黨務的重整問題，中央六組則關心日本的反共情報資訊，兩組都相當關注各自在日本的工作組織與工作內容，但在黨內有關日本的報告書中幾乎沒有見到當地黨務與情報體系共同合作的訊息；更諷刺的消息是中央三組與中央六組都屬中央黨務組織，雙方在從事性質不同的海外工作時，難道沒有思考過合作的問題嗎？

少數幾件由中央三、六兩組共同於中委會工作會議的提案，內容為日本留學生會會長孫德咸在反共運動中遭到中共黨員毆傷。〔註88〕這一起海外黨員遭毆傷的案件乃是孫德咸等人在1953年10月1日時，至東京的中共十一國慶大會中散發反共傳單所致，結果孫德咸遭多名中共黨員毆擊。〔註89〕1953年10月23日，中委會第54次工作會議，中央三、六兩組才就此事提出報告，不僅向上呈報的時間稍晚了些，連有另一名黨員李海天亦遭毆傷的訊息，還是透過黨中央副祕書長謝東閔的補充才得知。〔註90〕從

〔註87〕同註86。

〔註88〕〈中委會第54次工作會議會議紀錄〉，《中國國民黨第七屆中央委員會工作會議第53～58次會議紀錄》，1953年10月23日，【黨：會議】7.4/54。

〔註89〕〈中委會第54次工作會議會議紀錄〉，《中國國民黨第七屆中央委員會工作會議第53～58次會議紀錄》，1953年10月23日，【黨：會議】7.4/54。

〔註90〕從1953年10月1日事發後，至10月23日召開中委會第54次工作會議前，中委會第51、52、53次工作會議都未見到相關訊息，事發20多日後中央三、六兩組才提出會報。資料來源：〈中委會第54次工作會議會議紀錄〉，

報告內容判斷，1953 年日本留學生會會長遭毆傷一事應該是黨員的自發行動，不過也彰顯日本地區海外黨務確實有待加強，因為這種少數人發起的行動，不僅缺乏周詳的計畫，更容易遭受中共黨員的強力反擊，最後可能造成的反效果還多過正面效果。而就留日學生會會長遭毆傷一案，則突顯出日本黨務的資訊傳遞不夠即時，當地黨部能給予的支持亦不多，顯見日本黨務確實如報告中所言：有待加強。在一個黨務有待加強的地區，其發起的反共運動必定效果有限，且在運動籌劃與執行的過程中，黨務與情報必定也無法有良好的合作成果出現。

二、菲律賓：禁僑案的影響

1952 年 12 月 27 日，菲律賓總統季里諾（Elpidio Quirion）令國防部長麥格賽賽（Ramon Magsaysay）指揮憲警，拘捕菲華社會中的共黨嫌疑份子。這一項搜捕行動持續大約一週，便已在菲國境內馬尼拉、宿務、怡朗、邦牙絲蘭、丹轆、拉根那、三八禮士、黎牙實比、淡描戈等地，拘捕包含不少富商和社群領袖在內的菲華共 309 人，然後拘禁於首都的墨非（Murphy）軍營。〔註91〕

這一次的事件稱為「禁僑案」。禁僑案是當時菲國反共下的產物，菲國國防部長麥格賽賽擔任部長前，在國內執行剿滅「虎克黨」〔註92〕的行動。

《中國國民黨第七屆中央委員會工作會議第 53～58 次會議紀錄》，1953 年 10 月 23 日，【黨：會議】7.4/54。

〔註91〕陳烈甫，《菲律賓的歷史與中菲關係的過去與現在》，頁 305～306；張存武、王國璋著，《菲華商聯總會之興衰與演變：1954～1998》，頁 28～30。

〔註92〕「虎克黨」原為菲律賓境內的農民抗日義勇軍，菲文全名稱為 Huklang Magpalayang Bayan，簡稱 Hukbalahap 或 Huks，中文譯為虎克或虎克黨。虎克黨本身並不是一個政黨，僅是共產黨的武裝部隊，所以譯為虎克為佳，只是虎克或虎克黨的稱謂在民間已成約定俗成，一般還是以虎克黨稱之。虎克黨在抗日結束後並未如同其它菲國境內游擊隊解散，而是改組為人民解放軍（People Liberation Army），並且在菲國境內造成騷亂，菲國共黨領袖對於虎克勢力的擴張感到相當滿意，甚至大膽地在馬尼拉商業中心區的伊士戈達大街（Escolta）上的一間大廈，設立中央政治局，並計畫 1952 年形式成熟時奪取菲律賓的政權，將菲律賓改為共產主義國家。1953 年麥格賽賽出任國防部長後，一舉破獲菲國共黨之中央政治局，搜出不少有關菲華的資料，這一批資料與 12 月 27 日的「禁僑案」有相當大的關聯。參考自：張存武、王國璋著，《菲華商聯總會之興衰與演變：1954～1998》，頁 29；陳烈甫，《虎克騷亂與社會改革》（臺北：正中書局，1971 年）。

在清剿虎克黨的過程中，曾搜出許多證物，使政府發現華裔共產黨的存在及其與菲共的關連性。故造成麥格賽賽在急於建功的情形下，並未細查情報真實性，便大舉搜捕菲華社會，最後因為國內外輿論的譴責，才使這一次搜捕活動暫時中止。〔註93〕

駐菲律賓總支部於1953年1月3日向中央三組呈報此次事件，駐菲總支部認為這一次的拘捕行動在菲華社會間造成恐慌，同時也使許多駐菲黨部遭受牽連，據報：「其中宿務支部指導員吳守箴及美骨支部常務執監委七人等均被扣，其他各支部所屬黨員有三數十人亦均被捕。」〔註94〕中央三組獲知後，趁著駐菲公使周書楷回臺之際與其商量此事，並去函駐菲大使陳質平，希望陳大使能透過外交手段向菲國政府反映，說明多數遭拘捕的菲華人士多為反共份子，同時協助保釋當地黨員幹部在外候迅；中央三組同時亦轉電外交部，要求外交部告知此案的詳情與內幕，並速擬具對策解救無辜受累的僑民、黨員；中央三組對駐菲黨部則要求安撫僑民與黨員，並靜候黨中央與政府的指示。〔註95〕中央三組在處理禁僑案的過程中，黨務與外交已開始進行連結，雖然黨內會議紀錄未見僑委會的部份，但以當時僑委會委員長亦是鄭彥棻的狀況下，組會間勢必已為此事做出初步決議，畢竟與菲政府交涉時應以官方的外交部與僑委會為最佳，不適合以黨的立場與菲政府交涉。中央三組接獲禁僑案訊息後，在其主動關心下黨務、外交、僑務部門便開始相互連結，且建立以黨務機構作為領導與決策的機制，黨政機構迅速建立聯繫並共同商討對策的作為，這方面確實履行四連環設計中的其中三環，情報工作的連結則暫時未出現。

禁僑案中遭拘捕的華僑，不僅有多名國民黨黨員，更多數的菲華多為殷實商人，或堅決反共的菲華人士，所以這一波的拘捕行動，使菲華社會充斥著恐懼與不安。〔註96〕禁僑案對中華民國政府而言，自然不希望無辜僑民受累；對國民黨而言，忠貞海外幹部被以共嫌的名義拘捕，顯然是極

〔註93〕從禁僑案後續的發展結果，明顯的這次的行動過於急躁，對於事前情報的判斷也多所錯誤，才會導致多數菲華無端受累。參引自：陳烈甫，《菲律賓的歷史與中菲關係的過去與現在》，頁306～307。

〔註94〕〈中委會第14次工作會議會議紀錄〉，《中國國民黨第七屆中央委員會工作會議第9～15次會議紀錄》，1953年1月21日，【黨：會議】7.4/14。

〔註95〕同註94。

〔註96〕張存武、王國璋著，《菲華商聯總會之興衰與演變：1954～1998》，頁29。

大的誤會。雖然，禁僑案牽涉到中華民國海外僑民與國民黨海外黨員，但該事件純屬菲律賓政府的內政，如果外交部、僑委會與中央三組向菲國政府直接發表抗議聲明，勢必會引起菲國官方與輿論界的反彈，且會被視為干涉內政之舉。〔註97〕故最後這件事仍必須透過當地菲華人士自己出面解決。最後，岷里拉中華商會、華僑福利會、反共抗俄後援會及國民黨駐菲總支部等主要華人團體舉辦聯席會議，共商解決辦法，並配合駐菲公使周書楷，以及延聘律師，希望就法律與其他管道進行疏解。〔註98〕

　　禁僑案中遭拘捕的309名華僑（以下對這些人簡稱：禁僑），經過中華民國外交單位的努力下，菲政府在審訊後陸續釋放138人，1953年5月底約有一半的禁僑確定無罪釋放。其餘仍被拘留的152名禁僑，則轉入菲國司法審訊程序，雖然中華民國外交單位仍持續進行交涉，但卻被菲國當局以國家安全為理由，拒絕保釋。〔註99〕由於菲國始終找不到確切的證據，1954年1月23日，已貴為的總統麥格賽賽下令將確認無罪的34人先行釋放。接著又有兩批共99人准予交保在外，這99人能夠獲得交保在外，與僑團和中國駐菲大使陳質平的努力疏解相當有關。最後，1955年12月28日，僅有14名案情較重的禁僑，遭到遣配出境。看似結束的案件，事實上還尚未落幕，99名獲保釋在外的禁僑，還需經常向有關單位報到，接受監視，遣配委員會還可以隨時傳訊。這個案子最後直到1961年，才由賈西亞（Carlos P. Garcia）總統下令將這99名禁僑無罪結案。〔註100〕

　　從菲律賓禁僑案的事發過程，海外黨部與中華民國駐菲外交單位應是最先取得消息的部門，接著雙方均向國內的上級單位呈報禁僑案事件。事發一星期後，1953年1月3日中央三組才接獲駐菲總支部傳回的消息，卻

〔註97〕關於干涉內政的說法，《菲華商聯總會之興衰與演變：1954～1998》中提到：絕大多數的菲華當時無疑仍具有中國僑民身分，但菲律賓作為一個反共國家，內政上絕對有權搜捕外國共嫌。本註內容引自：張存武、王國璋著，《菲華商聯總會之興衰與演變：1954～1998》，頁29。
〔註98〕陳烈甫，《菲律賓的歷史與中菲關係的過去與現在》，頁307～308；張存武、王國璋著，《菲華商聯總會之興衰與演變：1954～1998》，頁29。
〔註99〕〈施政報告〉，《中國國民黨第七屆三中全會第三次會議紀錄》，1953年11月14日，【黨：會議】7.2/14。
〔註100〕參引自：陳烈甫，《菲律賓的歷史與中菲關係的過去與現在》，頁308～309；張存武、王國璋著，《菲華商聯總會之興衰與演變：1954～1998》，頁29。

直到 1 月 21 日中委會第 14 次工作會議才提出討論，先前的中委會第 12、13 次工作會議均未提出。駐菲總支部為何遲了一星期才拍電予中央三組，中央三組為何也遲近二十日才向黨內會議報告，本研究限於資料有限，在此也無法說明，僅能大膽推測海外黨部與黨中央間的通報系統不健全，及當時通訊技術尚不發達所致。但為何接獲電報後，中央三組沒有在中委會第 12 及 13 次工作會議中報告，這一點就令筆者完全想不通。

禁僑案事件中，中央三組接獲駐菲總支部的報告後，立即發函給駐菲大使陳質平，請陳質平大使協助無辜禁僑，並轉電外交部要求對此說明。照理而言，中央三組與駐菲大使並無上下從屬關係，但中央三組卻直接發函要求駐菲大使給予無辜菲華協助，而未透過外交部對駐菲大使發函。這一切的處理經過，表示中央三組與外交部門的資訊並未即時分享，縱使當時的政局仍是以黨領政，且中央三組跳過外交部直接對駐菲大使發函，也是事出急迫，但對外交部門不夠尊重卻是事實，程序上也不夠尊重行政部門的運作方式。

禁僑案發生時，海外工作指導小組仍尚未成立，該小組成立是 1953年 3 月以後的事情，禁僑案則發生在 1952 年年底至 1953 年年初。再回頭觀察中央三組與外交部對禁僑案的處理方式，雙方彼此間並未第一時間分享各自獲得的情資；中央三組的情資來自駐菲律賓黨部，外交部則來自駐菲律賓使領館。兩單位不僅情資來源沒有即刻分享，處理過程中，中央三組更直接發函予駐菲大使陳質平，雖是事出緊急，且該命令中也僅要求陳大使協助無辜禁僑，但這樣的行為究竟還是違反行政法律程序。

禁僑案發生後沒多久，海外工作指導小組在 1953 年 3 月正式成立，該小組的成立與禁僑案的關係有多深，礙於資料不足難以分析，但要說完全沒有關係則不太可能。特別是「海外工作指導小組組織簡則」中第一條便聲明：「為期海外黨務、外交、僑務及情報等工作決策之統一及執行時有密切之聯繫與配合起見，特設立海外工作指導小組隸屬中央委員會。」〔註 101〕從禁僑後的後續處理過程及結果來看，說海外工作指導小組是因禁僑案而生，似乎也沒有相衝突，只是禁僑案是否為該小組成立的重要原因，則有須再進一步查證方可說明，在此受限資料則不便再行述說。不過禁僑案後，

〔註 101〕〈中常會第 18 次會議會議紀錄〉，1953 年 3 月 5 日，中國國民黨黨史會藏會議檔，《會議紀錄檔》，檔號：7.3/2。

證明當時的國民黨確實需要一個組織統一領導各項海外工作，海外工作指導小組的成立便是為此而生，從中央三組作為該小組召集人來看，間接說明當時海外黨務是國民黨整體海外工作的重心。

海外工作指導小組成立時，禁僑案雖然尚未完全結束，但此事已經進入司法程序，該小組能給予的協助實際上不多，所以禁僑案的落幕主要還是菲律賓華僑華人社團自力救濟下的成果，中華民國外交部門與國民黨中央三組僅扮演輔助角色而已。

不過，隔年（1954 年）國民黨駐菲律賓總支部所屬怡朗支部，在與怡朗中山中學合作下破獲當地的中共 ABC 政工小組組織，這一次得以瓦解中共的政工組織，乃是黨部、駐菲使館與菲國軍警通力合作的成果。〔註 102〕但日後在菲律賓就難再出現類似的成果，因為菲國在境內大舉掃蕩共黨組織後，使得當地共黨元氣大傷，早已無力再多作鬥爭與顛覆菲律賓政府的計畫，所以菲律賓的國民黨海外黨務也同時失去主要鬥爭對象。

三、泰國：頹勢難挽

1947 年 11 月 9 日，鑾披汶（Plaek Pibulsonggram）領導的陸軍部隊發動政變，而取得暹羅政府的控制大權。當地華僑、中國華民國政府和國民黨均向鑾披汶表達支持的訊息，同時鑾披汶也向華僑保證不會有任何排華行動。1948 年 4 月 8 日，鑾披汶發動軍事政變，迫使總理阿派旺（Khuang Abhaiwongse）下臺，鑾披汶正式繼任總理，成立新內閣。〔註 103〕

鑾披汶執政時期〔註 104〕出現國旗爭議，暹羅華僑對於平日應升掛暹

〔註 102〕1954 年，菲律賓總支部怡朗支部發現潛伏在怡朗中山中學的三名女共諜，三名女共諜所屬的組織名稱為 ABC 政工小組，在黨部與菲國軍警合作下 ABC 政工小組最後完全瓦解，負責人劉漢卿與其他組織成員均遭逮捕。資料來源：〈中委會第 96 次工作會議會議紀錄〉，《中國國民黨第七屆中央委員會工作會議第 90～99 次會議紀錄》，1954 年 9 月 3 日，【黨：會議】7.4/96。

〔註 103〕巴素（Victor Purcell）著，郭湘章譯，《東南亞之華僑》（上）（臺北：正中書局，1966 年初版），頁 268～269；李明峻編譯，《東南亞大事紀（1900～2004）》（臺北：中研院人社中心亞太區域研究專題中心，2006 年），頁 202。

〔註 104〕若以鑾披汶擔任總理作為掌權的依據，1938 年 12 月 16 日鑾披汶首次接任總理，成歷史上稱呼的：第一次鑾披汶內閣（1938.12.16～1942.3.7）。第二次鑾披汶內閣（1942.3.7～1944.8.1）直接接續第一次，顯示鑾披汶的政

旗，僅能於特殊場合下可在暹旗旁升掛中華民國國旗，感到不滿，最後中暹政府對這件事大致取得共識，同意平日升掛暹旗的規定。但這一波抗議行動，還是波及到暹羅境內的華僑學校，造成鑾披汶重新執政以來，首次的排華行動，不過所謂的排華也僅針對不遵守掛旗規定的僑校，且當中暹雙方政府取得共識後，多數的僑校便也回復正常運作。〔註105〕

　　1948 年 7 月 27 日，暹羅政府正式下令禁止國內外籍人士從事政治活動。〔註106〕但事實上，國共雙方仍彼此祕密在暹羅從事活動，甚至發生衝突，當時多數華僑同情共產黨，並趁機宣傳共產主義。然而，當暹羅的民族主義對華僑社會造成影響時，華僑們又會暫時的傾向國民黨那邊。〔註107〕簡而言之，當時多數的暹羅華僑立場多傾左，但當面臨排華問題時，卻又會傾向國民黨的立場。這與國民黨泰國黨務的報告書內容相當相似，1949年國民黨自大陸撤退後，泰國（1949 年 5 月 11 日暹羅正式改國名為泰國）黨務亦趨消沉，僅剩餘少數黨部仍存在，光曼谷支部下轄的 14 個分部，也大多星散；〔註108〕當時，泰國的共黨分子相當活躍，故泰國總支部乃於 1949年 9 月 10 日，出版《自由報週刊》與共黨進行鬥爭，但最後僅發行到 1952年 3 月；〔註109〕另外，美方情報人員有鑑於泰國境內華文報皆親共，則創辦《民主日報》與左派勢力抗衡。〔註110〕

　　泰國僑校一直都是華僑政治活動的焦點，在共產黨的催化下，僑報言論也明顯轉向共黨觀點。甚至新加坡知名僑領胡文虎所控制的報紙也採取

權仍然穩固，第二次鑾披汶內閣總辭後不久，鑾披汶就被拔除國軍最高總司令職務，更於 1945 年 10 月 10 日被以戰犯名義逮捕。1947 年 11 月 8日暹羅政變後，鑾披汶復職擔任國軍最高總司令，鑾披汶雖未組閣但卻握有實權。1948 年 3 月 1 日，鑾披汶透過軍事政變，正式成立第三次鑾披汶內閣（1948.3.1～1949.6.25）。1945 至 1947 年，鑾披汶至少有將近兩年失去掌控暹羅的實權，直至 1947 年才又重新掌握實權。

〔註105〕有關暹羅僑校懸掛國旗一事，可參見：巴素（Victor Purcell）著，郭湘章譯，《東南亞之華僑》（上），頁 269～270。

〔註106〕李明峻編譯，《東南亞大事紀（1900～2004）》，頁 202。

〔註107〕巴素（Victor Purcell）著，郭湘章譯，《東南亞之華僑》，頁 271～272。

〔註108〕國民黨中央委員會第三組編，《中國國民黨在海外：各地黨部史料初稿彙編》（下篇），頁 255～256。

〔註109〕同註108。

〔註110〕「第三組對海外工作情形及目前急需進行諸端之報告」，〈國民黨中央改造委員會第一七七次會議紀錄〉，1951 年 7 月 23 日，【黨：會議】6.42/230.13。

親北京的路線，以符合當時新加坡政府的政策，但當 1951 年胡文虎在廣州的虎標萬金油工廠被沒收後，他又改變了立場。〔註 111〕然而，對泰國政府而言華僑左傾或右傾都不是其主要關心的事務，而是華僑將國共鬥爭帶到泰國境內，等於間接的藐視泰國政府當局，所以雙方組織均被施予突擊檢查、逮捕、封閉的措施，雖然鑾披汶執政的泰國政府反共立場鮮明，但並未因此給予國民黨較大的寬容。

1950 年，國共雙方均因華僑在泰國受到壓迫，而對泰國政府作出程度不一的反應措施，希望因此獲得泰國華僑的支持，鑾披汶雖在這一件同時遭受國共雙方政府的攻擊，但因為共產黨給予鑾披汶的威脅較大，使得執政者鑾披汶對國共雙方的觀點開始出現差異，再加上美國和泰國的關係日漸密切，泰國甚至已成為美國遠東政策的一環。〔註 112〕因此，鑾披汶開始改變對付境內國共兩黨的策略，以面對國內共產黨分子聲勢日強的趨向。1952 年 12 月 3 日，泰國政府通過「反共法」，宣佈共產黨在泰國為非法組織，這個法案給予當地國民黨組織有利的發展環境。在泰國「反共法」通過前，泰國華僑社會的政治傾向可由一次曼谷的火災後募款得知，根據報刊的統計，親共的捐款者達百分之三十，親國民黨者僅占百分之七，其餘則採中立立場。顯見二戰後，泰國華僑社會親共的勢力明顯大於擁護國民黨的勢力。〔註 113〕

所以，當泰國政府通過「反共法」時，當地國民黨終於有扭轉情勢的機會，故從中策動協助泰國軍警拘捕華僑中的共黨分子。〔註 114〕顯示泰國當地的國民黨有一定規模的情報體系，才得以在「反共法」通過後，立即提供訊息給與泰國軍警抓捕共產黨員。國民黨更進一步藉機剷除中華總商會中的共黨成員，且在共黨報刊被查禁的情況下，取得獨攬華僑新聞的

〔註 111〕巴素（Victor Purcell）著，郭湘章譯，《東南亞之華僑》（上），頁 273～274。
〔註 112〕來源同註 111，頁 274～275。
〔註 113〕巴素（Victor Purcell）著，郭湘章譯，《東南亞之華僑》（上），頁 276。
〔註 114〕在這一波拘捕泰國共產黨員的行動中，泰國軍警逮捕數百名嫌疑人，而遭拘捕的共產黨員都是華僑，多數也與中共保持聯繫。遭逮捕的華僑來自各行各業，包括火聾工人、火鉅工人、魚蝨工人、乾洗店職員、書店老闆、新聞記者等。被搜查的僑校則有十二間，遭查封的中泰報館有三家，同時亦有多間書局遭到搜查。資料詳見：〈中委會第 14 次工作會議會議紀錄〉，《中國國民黨第七屆中央委員會工作會議第 9～15 次會議紀錄》，1953 年 1 月 21 日，【黨：會議】7.4/14。

有利局面。〔註 115〕泰國親國民黨的華僑雖不多（根據 1956 年的報告，泰國華僑黨員僅占當地華僑總額的 0.1%）〔註 116〕，但還有基本的黨員數和組織規模，這一點可由鄭彥棻訪泰時的照片證明（見圖 2-1），不過泰國黨部長期居於弱勢的局面，所以國民黨能給予泰國軍警的協助應該不會太多。

圖 2-1：僑委會委員長鄭彥棻 1952 年 2 月 25 日訪問泰國僑胞時，
在國民黨駐暹羅總支部與華僑同志合影。

資料來源：〈主持僑務時期〉，1952～1972 年，【中山：鄭彥棻影集】PP 782.886 8458
（6） v.6-2。

泰國國民黨給予泰國軍警的協助有多少，從泰國傳回國內的黨務報告書便可略知一二。在 1953 年 1 月 21 日，中委會第 14 次工作會議上，中央三組報告泰國黨部回傳的訊息，更一併說明泰國現階段遭軍警查獲的共黨組織與成員；中央三組在報告時提到：「查泰國自實施「防共法案」後，對

〔註 115〕巴素（Victor Purcell）著，郭湘章譯，《東南亞之華僑》（上），頁 277。
〔註 116〕「當前亞洲黨務」，1956 年，【中山：鄭彥棻手稿】HW 782.886 8458（5）
no.331。

當地匪共及其活動機構均予逮捕及查封，本黨駐暹總支部各同志亦把握此一時機，從中策動協助，頗多表現。」〔註117〕但在會議的附件：「有關泰國政府搜捕當地共匪資料」一文，內文中僅提到泰國軍警如何查禁泰國境內共黨組織，以及遭查禁的共黨組織和黨員名稱，對於泰國黨部在此事上的表現均未提及。〔註118〕

中央三組在1953年1月21日，中委會第14次工作會議上的報告，有誇大泰國黨部成果之嫌。因為，在「有關泰國政府搜捕當地共匪資料」中並未提到泰國黨部如何協助泰國軍警，再加上泰國黨員人數本就不多，且又無法公開活動，泰國黨員怎能在這件事上有「頗多表現」呢？這一次的報告又再度出現海外黨務重表面的缺失。不過，國民黨對華僑社會的影響力，的確因為共產黨組織遭查禁，而得以增強許多。

本研究會斷定國民黨在泰國的活動力不強，這與國民黨內部資料中有關泰國部份極少，及戰後泰國的政治環境有關，同時也與泰國境內華僑政治立場左傾者較多有關。「反共法」的頒布確實給予國民黨發展的機會，但國民黨的發展卻仍然相當有限，甚至可以說國民黨重新獲得僑界中的重要地位，不是因為黨務發展有成，而是共產黨無法再繼續正常發展所致。否則，若國民黨在泰國的黨務發展順利，也不必在1958年時整理黨務。〔註119〕

從泰國國民黨黨部的例子，可以說明幾件事。首先，國共兩黨在海外的鬥爭，並不會因為當地不准外國政治團體活動而終結，反而雙雙轉為祕密性質的鬥爭。第二，在僑界親共人士，多過擁護國民黨的地區，使國民黨的黨務發展成果相當有限，在某些時候甚至要與美國的力量合作，如《民主日報》的創辦一事。〔註120〕第三，國民黨在黨務發展有限的情形下，其

〔註117〕〈中委會第14次工作會議會議紀錄〉，《中國國民黨第七屆中央委員會工作會議第9～15次會議紀錄》，1953年1月21日，【黨：會議】7.4/14。

〔註118〕〈中委會第14次工作會議會議紀錄〉，《中國國民黨第七屆中央委員會工作會議第9～15次會議紀錄》，1953年1月21日，【黨：會議】7.4/14。

〔註119〕有關泰國黨務在1958年的重整消息與提案內容，可見：〈海外對匪鬥爭工作統一指導委員會第四十九次會議紀錄〉，《海外對匪鬥爭指導委員會》，1958年9月19日，【近：外】816.9 0008。

〔註120〕有關泰國《民主日報》創辦與美國的關係，可參見：「第三組對海外工作情形及目前急需進行諸端之報告」〈國民黨中央改造委員會第一七七次會議紀錄〉，1951年7月23日，【黨：會議】6.42/230.13。

所能動員的黨務、僑務、外交、情報力量更是相當有限，特別是當泰國政府頒布「反共法」後，國民黨在泰國的黨部能給予泰國軍警的情報貢獻似乎也相當有限。上述幾點因素，使得海外黨務、僑務、外交、情報在泰國的連結成果同樣不算良好，這當然與國民黨在當地的發展有限脫不了關係。

泰國雖然也走反共親美路線，但是國民黨在當地僑界的發展，卻明顯不如同樣也走反共親美的菲律賓。若撇開泰國黨員鬥爭能力不談，泰國僑界親共數量多過擁護國民黨，確實讓國民黨在泰國的發展成果有限，甚至「反共法」頒布後，國民黨黨部發展成果也相當有限，更加上泰國並未如菲律賓容許國民黨組織公開活動。泰國的例子顯示，海外黨務、僑務、外交、情報在不利黨務發展的地區，將更難以有良好的合作成果。

小　結

海外黨務長期以來與僑務、外交、情報組織在海外相互合作，這樣的合作方式直到 1950 年代及海外黨務改造完成後都未改變。

不過 1950 年代初期，在國際冷戰局勢的背景下，美國不僅在國內有反共活動，在對外的反共政策上，也將東南亞華人納入其中。因此，當時美國會援助中華民國政府的僑務，以及國民黨海外黨務，這一切都與美國不願見到東南亞華人遭中共利用有關。

根據檔案中的內容，筆者將當時國民黨海外工作運作模式分為主次兩個大環節，其中主環節包括：黨務、僑務、外交，副環節包括：情報、「美援」。表示當時的海外工作以黨務、僑務、外交為主，情報與「美援」的重要性則不多，但也不容忽視。因為「美援」涉入國民黨的海外工作中，意味著海外工作在 1950 年代也被納入冷戰體系之中，不管是有意還是無意。

除「美援」的協助外，海外黨務發展也並非全無進展。1953 年，中央三組提出的「加強海外工作方案」獲得七屆三中全會通過，成為往後數年海外黨務的發展準則依據。「加強海外工作方案」的通過除說明海外黨務改造取得良好的績效外，也正式說明海外黨務已走出重整的年代，準備進入全面開展的時期。但在這一個方案中，中央三組提到海外黨務、僑務、外交、情報各相關組織間過去的合作情況不佳，同時也面臨海外詭譎多變的情勢，故必須要擬定一個適合的方案解決這些問題，「加強海外工作方案」確實在內容中盡力就這些可能遭遇的問題擬出解決之道。然而，事實上在

「加強海外工作方案」通過前海外局勢已開始出現變化，使這時的海外黨務變成主動出擊與被動回應參半。

「加強海外工作方案」為解決可能遭遇的問題，此方案最後同意海外工作已非再以黨務為中心不可，外交、僑務、黨務都有可能成為海外工作實質的領導中心；當黨務在面對海外問題而無法出面領導時，外交與僑務的角色就更顯重要，黨務則退居幕後成為名義上的領導中心。

「加強海外工作方案」通過前後的海外國共鬥爭，最適合用來檢視海外黨務、僑務、外交、情報四個組織的統合性。日本、菲律賓、泰國均是當時海外黨務發展的重點地區，但三地呈現的國共鬥爭結果卻截然不同。菲律賓地區黨務因為菲國政府反共且容許國民黨公開活動，當地海外黨務組織自然較為健全，並再以黨務為核心下與僑務、外交、情報部門合作，合作成果也較另外兩地成功。日本地區黨務則是自二戰以來便萎靡不振，雖然在 1950 年代初期的日本黨務仍未有顯著的成果，但在與日本官方互相分享情報後，獲得不少有關於日本中共黨員的情報，對於在進行國共鬥爭是有所助益的，不過從黨員被毆傷的報告中卻可見到日本地區海外工作模式還有極大的改善空間。泰國地區黨務長期的積弱，以及泰國政府禁止國民黨公開活動的情勢下，縱使泰國政府大力掃蕩境內共產黨員，也無助於泰國地區的黨務發展，當然更不必說當地的黨務、僑務、外交、情報等組織間的連結成果如何。

從日本、菲律賓、泰國的案例，說明 1950 年代初期至中期以前海外工作並無法完全落實黨務、僑務、外交、情報合作的理想。雖然，因為國際冷戰局勢的關係，使得「美援」成為海外工作的新助力，讓這時海外黨務發展看似光明；但「美援」的力量也非無上限，且海外黨務在其他同樣反共的亞洲國家中未必會發展的較為順遂，除了菲律賓以外，日本跟泰國的國民黨海外黨務發展都不甚理想。表示冷戰與反共環境對國民黨海外黨務的發展不全然是正面的影響。

第三章　海外統指會下的海外黨務

　　從 1953 年 3 月「海外工作指導小組組織簡則」的通過，到 11 月 14 日七屆三中全會正式通過「加強海外工作方案」，正式宣告海外黨務由改造進入新的發展階段。1953 年後，海外黨務已不再是單純的與僑務做連結，同時還必須與外交、情報連結，「海外工作指導小組組織簡則」的通過便是希望海外黨務、僑務、外交、情報四個體系能分進合擊，然而從前一章的例子中，這四個體系顯然難以共同合作解決海外黨員與僑民之事務，表示「海外工作指導小組組織簡則」與「加強海外工作方案」中的這一項目標沒有被完全實現。

　　在民族主義興盛的東南亞地區，各國政府欲如何對待境內華僑華人，都屬於各國內政事務，國民黨與中華民國政府能給予海外華僑華人的實質協助相當有限，偏偏東南亞地區又是多數華僑的聚居地，黨政雙方都不能消極以對。1953 年通過的「加強海外工作方案」曾就海外問題給予指示，所以檢視法案通過後的東南亞黨務僑務概況，將可評估這個於 1953 年通過的方案成效如何。

　　距離「加強海外工作方案」近三年的時間後，也就是 1956 年 10 月 22日，國民黨邀請海內外黨員共同召開亞洲地區工作會議，會中曾就「加強海外工作方案」做出檢討，但檢討成果似乎相當有限。〔註 1〕另一方面，中華民國政府國家安全局（以下簡稱：國安局）在蔣中正的命令下，擬訂於

〔註 1〕亞洲工作會議的檢討結果，筆者認為並無太大的新意，多數提出檢討的問題早就存在，可見海外黨務在某些層次上是停滯不前的。資料來源：〈中常會第 316 次會議會議紀錄〉，1956 年 11 月 21 日，【黨：會議】7.3/29。

中常會下設立「海外工作統一指導委員會」，冀望達到海外黨務、僑務、外交、情報的連結。〔註2〕過去，有海外工作指導小組負責將海外黨務、僑務、外交、情報扣在一塊，但成效似乎仍有限。1956 年出現的新組織：海外對匪鬥爭工作統一指導委員會（以下簡稱：海外統指會），頗有取代海外工作指導小組的意味，最後也的確取代原有海外工作指導小組的海外業務。海外統指會的業務相當多，海外黨務僅是該會的重要工作之一，至於這段期間的海外黨務發展成果目前仍難以斷定。海外統指會雖然以改進整體海外工作為目標，但其業務多仍集中在日本、港澳、泰國、印尼等亞洲各國，美洲、歐洲、澳洲、非洲相形之下則較偏少，故亞洲地區海外工作的成績幾乎等同海外統指會的整體成績。同時，由情報體系的國安局提出統整海外工作相關組織，能否與中央三組主導的海外黨務密切配合，以及如何配合都是值得探討的議題，特別是中央三組是否還仍保持過去主導海外黨務與海外工作的首席地位。

　　下文將談到，1950 年代中葉，港澳、印尼、越南黨務的相繼挫敗，暗示國民黨原有的海外路線必須再次變更，以應付新的海外情勢，但當時甫剛通過「加強海外工作方案」沒多久，立刻擬定新方案修正海外路線不見得是最好的措施，反而可能會使海外華僑與黨員對政策有朝令夕改的觀感，故籌組新的海外工作組織：海外統指會，或許是當時最佳的方案之一。直到 1961 年 11 月 13 日，國民黨八屆四中全會正式通過「當前華僑處境與海外黨務方針」〔註3〕，才正式有最新階段的海外工作指南，以應付不斷變化的國際情勢。此方案可視作中央三組主任鄭彥棻辭卸主任職務前，中央三組與他最後一次有關海外黨務的大型提案，同時也帶出過去十二年間海外黨務的興衰與困境。

〔註 2〕資料來源：同註 1。

〔註 3〕本研究採用的版本為：「當前華僑處境與海外黨務方針」，1962 年，國立中山大學圖書館特藏，《鄭彥棻先生手稿檔案》，檔號：HW 782.886 8458（5）no.351。《鄭彥棻先生手稿檔案》中「當前華僑處境與海外黨務方針」的內容與黨史會所藏版本內容相同，黨史會館藏資訊：「當前華僑處境與海外黨務方針」，1961 年 11 月，【黨：會議】8.2/66。採用《鄭彥棻先生手稿檔案》版本乃是因為本研究當初先抄錄這份檔案，在內容與黨史會版的相同下，決定採用原先抄錄的版本，故以下將採用《鄭彥棻先生手稿檔案》版，註腳內容亦是如此。

第一節　「加強海外工作方案」推行時的東南亞黨務僑務概況

依據中央三組主任鄭彥棻先生個人的回憶錄,「加強海外工作方案」在海外黨務改造建立的基礎下,全力推動與鞏固海外工作,使海外黨務由穩定步向開展。〔註4〕依據鄭彥棻先生的說法,1953年後國民黨海外工作進入全面發展的階段,但距離「加強海外工作方案」不到一年的時間,海外局勢再度出現變化。受到日內瓦會議〔註5〕和越南停戰〔註6〕的影響,中央三組擔憂海外華僑的反共意識鬆動,因此在 1954 年 9 月 15 日,七屆中常會第 142 次會議中,第三組針對日內瓦會議暨越南停戰後的東南亞華僑情形擬定報告一份,是為:「最近東南亞僑情報告」。〔註7〕此份報告書距離「加強海外工作方案」的通過,才剛滿十個月又幾天,更逢國際情勢出現新局面,若用這份報告書檢視「加強海外工作方案」的成果,的確對該方案較不公平,畢竟在擬定之初多數人應無法預測越南問題會如何結束,但卻足以作為檢視海外黨務在 1954 年時是持續的爬升,還是發展停滯,抑或是日趨衰退。關於 1954 年的海外黨務發展,從海外新徵黨員人數來

〔註4〕鄭彥棻,《往事憶述》,頁 124。

〔註5〕1954 年 4 月 27 日,為了解決印度支那的問題,美國、英國、法國、蘇聯、中共、北越政權、越南寮、寮國和柬埔寨在瑞士日內瓦集會,希望透過這次會議解決印度支那問題,特別是越南問題。最後,法國與越盟雙方簽訂「越南停止敵對協議」作為正式停火協定。同時,英國、法國、蘇聯、中共、北越、寮國、柬埔寨等國聯合簽訂日內瓦協議(美國與南越保大政府未簽訂),規定南北越政府以北緯 17 度為界,北方由「越盟」控制,南越則由越南保大政府控制;寮國、柬埔寨中立化,一切外國勢力從兩國中撤出。這樣的結果,對於國民黨而言等於國際間承認共產黨控制的北越政權,也就是越盟建立的「越南人民共和國」,同時周恩來在會議上出盡風頭,使得中共的國際地位獲得提升並取得滲透東南亞的機會。簡而言之,就國民黨的觀點,日內瓦協議在某種程度上可視做美國為主的西方陣營對共產主義的讓步,此舉將可能動搖國民黨在海外推行的反共抗俄復國運動,更可能使海外華僑在選擇認同中共,或與國民黨疏遠。引述自:陳鴻瑜,《越南近現代史》(臺北:國立編譯館,2009 年 6 月),頁 200~212;李明峻編譯,《東南亞大事紀(1900~2004)》,頁 244~247;潘朝英,賴丹尼,《越南危機》(臺北:微信新聞報,1966 年 10 月),頁 31~52。

〔註6〕法國與越盟雙方在 1954 年 7 月 20 日,共同簽定「越南停止敵對協議」,作為雙方停火與撤軍的協議。

〔註7〕「最近東南亞僑情報告」,〈中常會第 142 次會議會議紀錄〉,《第七屆中央常務委員會第 126 至 142 次會議紀錄》,1954 年 9 月 15 日,【黨:會議】7.3/11。

看有走下坡的趨勢，至於整體海外黨務概況是否如此，則可由中央三組提出的「最近東南亞僑情報告」略之一二。

「最近東南亞僑情報告」有關於僑情方面的報告，提到：越南三邦〔註8〕、泰國、緬甸、印尼、星馬及北婆羅洲、菲律賓、港澳。本研究認為「最近東南亞僑情報告」中對於僑情的描述並不多，若直接引述可能會有表達不清的後果，故以下將分段講述報告中以及現實中各地區僑情與黨務概況。

1. 越南三邦

因為日內瓦會議和停戰影響，導致許多華僑對自身的前途感到徬徨憂慮，同時也使某些華僑政治立場開始轉向親共；但當地的僑務也非毫無正面成果，至少在越北撤僑方面，因為法國與越南當局的協助，以及國內黨政軍合作下，還取得不錯的績效。〔註9〕越北難胞撤僑一事是自國民黨撤退來臺後，少數幾次可以進行實質護僑的行動，且這一波撤僑行動既不會有干涉內政的疑慮，撤僑的經過與成果也將影響海外僑界對國民黨與中華民國政府的信心，若黨與政府連基本的撤僑都處理不佳，反攻大陸之言勢必也無法取信於僑界。所以，當行政院接到外交部與僑委會的報告後，同樣也認為若不及早對越北難僑做出適當的護僑行動，將會有損東南亞僑界對政府的信心，以及其對黨與政府的支持，故7月6日與各相關部門會商後，便迅速派遣兩艘輪船前往支援撤僑行動，後續也增派飛機一架以及輪船一艘加入撤僑行動。〔註10〕越北撤僑行動成效的高低本研究礙於資料有限和偏離研究主題過遠而無法判定，但可確定黨與政府均為此次行動竭盡所能，提供船隻、飛機、糧食等人道救援所需物資，可惜臺灣地小人稠，且難僑到臺後可能衍生諸多生活問題，所以僅將這些難僑撤離至高棉、寮國

〔註8〕 過去越南、柬埔寨、寮國所在地區統稱為「印度支那」（Indochina），全都在法國的控制之下。但至二戰以後，中國政府便改以為越南三邦取代印度支那一詞，意指越南、柬埔寨、寮國，最後印度支那一詞也因三國各自獨立，變成為一個停止使用的政治名詞。參自：巴素（Victor Purcell）著，郭湘章譯，《東南亞之華僑》（上），頁283。

〔註9〕 「最近東南亞僑情報告」，〈中常會第142次會議會議紀錄〉，《第七屆中央常務委員會第126至142次會議紀錄》，1954年9月15日，【黨：會議】7.3/11。

〔註10〕 「行政院俞院長鴻鈞同志臺四十三（外）五〇二九號函」，〈中常會第136次會議會議紀錄〉，《第七屆中央常務委員會第126至142次會議紀錄》，1954年8月30日，【黨：會議】7.3/11。

或越南地區，並交由當地使領館負責安置難胞。〔註11〕

2. 泰　國

泰國與中國邊境有所謂「自由泰國」的親共組織，此一組織是中共扶助的親共團體，曾讓泰國政府備感壓力。〔註12〕1952 年 12 月 3 日，泰國政府通過「反共法」後，正式宣布共產黨在泰國為非法組織，「反共法」的通過早於越南停戰，所以越南停戰對當地僑民造成的影響不大，僅在僑民心中造成一些陰影。〔註13〕根據前一章內容所言，泰國華僑社會親共的勢力明顯大於擁護國民黨的勢力，〔註14〕故「反共法」的通過確實給予當地國民黨組織帶來許多機會與發展空間，例如忠貞僑領在中華總商會選舉中獲得勝利，同時泰國黨部也有機會重新改選。〔註15〕

3. 緬　甸

自從獨立後，便採取親共路線，再加上 1953 年留在泰北邊境的國軍進入緬甸，引來緬甸政府不滿，更企圖關閉當地國民黨黨部與逮捕相關成員。〔註16〕1954 年，周恩來訪問緬甸後，自然使當地共產黨員聲勢更加提高，同時緬甸政府也擬將陳甘亨、王輝（緬總支部書記長）、盧偉林、吳□書、何景同等五人逮捕並驅逐出境，這對於當地的黨務與僑務發展無疑是相當大的打擊。〔註17〕

4. 印　尼

印尼政府自獨立後便採取親共路線，且又陸續頒行許多排華法案與措施，因此當地的海外黨務發展自然不甚順遂，同時僑務方面的工作同樣也

〔註11〕同註 10。
〔註12〕〈中委會第 34 次工作會議會議紀錄〉，《中國國民黨第七屆中央委員會工作會議第 31～35 次會議紀錄》，1953 年 5 月 30 日，【黨：會議】7.4/34。
〔註13〕「最近東南亞僑情報告」，〈中常會第 142 次會議會議紀錄〉，《第七屆中央常務委員會第 126 至 142 次會議紀錄》，1954 年 9 月 15 日，【黨：會議】7.3/11。
〔註14〕巴素（Victor Purcell）著，郭湘章譯，《東南亞之華僑》（上），頁 276。
〔註15〕資料來源：同註 9；巴素（Victor Purcell）著，郭湘章譯，《東南亞之華僑》（上），頁 277。
〔註16〕〈中委會第 15 次工作會議會議紀錄〉，《中國國民黨第七屆中央委員會工作會議第 9～15 次會議紀錄》，1953 年 1 月 27 日，【黨：會議】7.4/15。
〔註17〕「最近東南亞僑情報告」，〈中常會第 142 次會議會議紀錄〉，《第七屆中央常務委員會第 126 至 142 次會議紀錄》，1954 年 9 月 15 日，【黨：會議】7.3/11。

窒礙難行。在黨務與僑務均發展不順的情況下，使得有些僑校開始轉向共產陣營，〔註 18〕顯示當地的黨務僑務發展持續弱化中，但卻也是當時黨政部門均無力扭轉的狀況。

5. 星馬及北婆羅洲

由於「最近東南亞僑情報告」事實上僅談星馬地區的僑情與黨情概況，故下述內容同樣先不談北婆羅洲的情勢。星馬政府一向反對國外政治團體在其境內活動，所以海外黨務採取祕密的方式活動，在星馬地區多數關心中國政治的華僑，多選擇傾向國民黨與中華民國政府，且當地的黨務活動也日漸改善，故當地的僑運情勢大致上未受到日內瓦會議和越南停戰的直接影響。〔註 19〕

6. 菲律賓

如前一章所述，菲律賓政府的反共態勢相當明顯，且與中華民國政府關係尚屬良好，所以當地的黨務與僑務發展頗具規模。然而，零售商菲化案〔註 20〕，使得當地僑民的生活大受影響，但中央三組與僑委會、外交部能給予僑民的實質協助亦相當有限，使得不少僑民對政府深表不滿。雖然，菲律賓政府的堅決反共態勢，使得日內瓦會議與越南停戰未對境內華僑造成直接的影響，但黨與政府部門若無法妥善處理菲化案，當地黨務與僑運也將會逐漸走下坡。〔註 21〕

7. 港　澳

港澳地區從抗戰以來一直都是國共兩黨在海外的主要角力場所之一，

〔註 18〕同註 17。

〔註 19〕同註 17。

〔註 20〕1954 年打著「菲人第一」口號而當選菲律賓總統的麥格賽賽，上任後開始推行經濟菲化措施，麥格賽賽當時考量若急速推行商業菲化案，可能影響菲律賓的經濟發展，所以先挑選零售商進行菲化措施。但菲律賓國會對零售的定義不明，且多數有進行零售行為的商店店主多為華人，導致這項措施給予當地華人社會相當大的衝擊。最後，零售商菲化案仍就獲得通過，且華人社會與中華民國政府等其他組織的協助亦徒勞無功，不過也給予菲華社會新的體認：「預防勝於治療」，故在日後多數的菲化案件都未對菲華社會造成太大的影響。詳見：張存武、王國璋著，《菲華商聯總會之興衰與演變：1954～1998》，頁 53～56。

〔註 21〕「最近東南亞僑情報告」，〈中常會第 142 次會議會議紀錄〉，《第七屆中央常務委員會第 126 至 142 次會議紀錄》，1954 年 9 月 15 日，【黨：會議】7.3/11。

兩岸分治後更是明顯。港澳地處大陸東南沿海，同時也是國共雙方政府蒐集彼此情報的場所，所以當地僑民的政治態度，亦將左右國共雙方在港澳的發展成果。港澳僑生投考兩岸招生的人數，最能夠說明港澳地區僑民對國共雙方的態度，根據「最近東南亞僑情報告」：「共匪本年暑期在港澳盡力騙取青年回國升學，據他們公佈回大陸投考的港澳學生只有八百零一人（實際出境的只有三、四百人），而參加我方考試者一千三百餘人，充分証明港澳僑胞的向心，日益堅強。」〔註 22〕招考數據清楚的顯示，國民黨在港澳地區的影響力仍略大於中共，但港澳僑胞同樣也相當憂慮中共將解放臺灣從口號提升到實際行動。〔註 23〕不過上述有關港澳學生的升學數據，僅是國民黨單方面的說法，究竟實情如何，仍有待進一步研究。

「最近東南亞僑情報告」中對於上述的情形有以下的結論：「就一般情勢來說，我東南亞僑胞反共救國運動卻有由向上發展而告停頓，或漸趨下游的危機，在若干地區并已有走向下坡的事實，不過各地的情形不同，并不是普遍一致的逆轉，其原因也很複雜，并不是完全由於日內瓦會議和越南停戰的影響，所以如果說在越南停戰後東南亞華僑的心理有很明顯的轉變，這是并不完全正確的。」〔註 24〕由這一段敘述中，中央三組承認在東南亞某些地區的黨務僑務有走下坡的趨勢，但卻未詳細說明原因所在，僅說明日內瓦會議與越南停戰不是全部的原因。事實上，在東南亞地區的華僑已有越來越多選擇認同僑居地政府，這或許才是造成黨務僑務工作日漸轉弱的主因，可是中央三組似乎在黨內報告時往往不願承認，仍將過去的支持者視為同一陣營，但實際上這些舊有的支持者早已流失大半以上，這一點在第一章討論海外黨員人數時便已出現端倪。〔註 25〕最顯著的變化就是海外新徵黨員人數從 1953 年起就開始有減少的趨勢，詳見本文第一章的圖表 1-3、1-4。

另外，「最近東南亞僑情報告」最末處，提出數點方針改善東南亞僑情發展。1954 年 10 月 6 日，七屆中常會第 146 次會議針對這些改善方針作出

〔註 22〕同註 21。

〔註 23〕同註 21。

〔註 24〕「最近東南亞僑情報告」，〈中常會第 142 次會議會議紀錄〉，《第七屆中央常務委員會第 126 至 142 次會議紀錄》，1954 年 9 月 15 日，【黨：會議】7.3/11。

〔註 25〕詳見本論文第一章第二節中的第一部分：改造前後的海外黨務與華僑社會。

審查。審查結果如同過去中央三組所提的案件，中常會大致上沒有要求太大的變更，整份審查意見充滿和諧之氣。提出「最近東南亞僑情報告」報告的中央三組，都已承認工作成果有走下坡的趨勢，但卻未受到中常會與審查小組的指正，這樣的結案方式實在令本研究難以想像。

姑且不論「最近東南亞僑情報告」一案的最後結局，報告中已明確指出在東南亞部分地區的黨務發展有日漸轉弱的趨勢。這間接說明「加強海外工作方案」無法立即達到新一階段的海外黨務路線和目標，且亦無法面對政局尚未完全安定的東南亞地區。從「最近東南亞僑情報告」中僅有越南三邦與泰國兩地，曾提到日內瓦會議與越南停戰可能對這兩地區帶來新的影響，而從檔案內容來看，事實上影響最大的地區還是僅有越南三邦而已；該份檔案中也透露出，海外黨務在其他國家的興衰主要還是與該國的對華政策，以及對待境內華僑華人的政策較為相關。所以，印證「加強海外工作方案」在設計之初，可能低估東南亞地區國家未來政局變化，導致在推行的頭十個多月中，不但沒立即提升或開展海外黨務與海外工作，更有部分地區的海外黨務開始日漸轉弱，而最直接的變化就是海外新徵黨員人數逐年減少。

東南亞局勢的遽變和「加強海外工作方案」無法立即發揮推展黨務的效用，可能都是當時主導海外黨務發展的中央三組始料未及的結果，但真正受到戰火影響的海外地區還是僅有越南三邦，其他亞洲各國與美洲、歐洲、澳洲、非洲等地的海外黨務，事實上均沒有因為日內瓦會議和越南停戰，而發生中央三組無力解決的問題。故中央三組確實沒有必要為日內瓦會議或東南亞黨務的衰退，立即推翻通過還不滿一年的海外政策，至少這個方案在東南亞，甚至是亞洲以外的地區，尚未傳出不適的問題。

東南亞地區海外黨務日趨轉弱，最主要的原因不是國民黨在海外的行動力減弱，更多的原因是有越來越多的東南亞華僑華人選擇認同當地的政府。其中，在馬來亞的例子最為顯著，1950 至 1955 年是馬來亞華人政治認同的過渡期，許多當地華人開始轉變他們的政治認同，特別是在 1949 年成立的馬華公會，更可視作當地華人政治上逐漸轉向認同當地的指標。馬來亞華人不僅開始有政治認同的轉變，同時分裂的中國政局，以及境內遭禁的國共兩黨組織，和中共不斷呼籲華人入籍並認同當地政府的多重影響下，使得馬來亞華人認同當地政府與政治已變成時勢所趨。〔註 26〕上述的

〔註26〕上述內容可詳見：崔貴強，《新馬華人國家認同的轉向1945～1959》（修訂卷）。

情形自然會壓縮到國民黨在當地的海外黨務發展。而馬來亞以外的地區，因為紛紛實行排華法案，或者採行新的國籍法政策，〔註 27〕迫使當地華僑華人必須為自己的政治認同做出選擇，再加上面對東南亞地區的排華事件時，中華民國政府一向無力直接介入，而中共當局又不斷呼籲海外華僑應入籍當地，自然使仍關心中國政治的華僑華人數量大減，國民黨海外黨務同樣也因此受影響而日趨轉弱。

　　海外黨員人數最多的東南亞地區，在 1953 及 1954 年的海外黨務發展有弱化的趨勢，對於國民黨而言是個嚴重的警訊。因為，海外黨務的弱化可能擴及影響到海外僑務、外交、情報體系，所以國民黨必須針對東南亞的黨務發展作出因應措施；同時東北亞的日本情況也不容忽視，日本戰後轉為民主國家，境內的共產黨不僅可以自由公開活動，同時戰後國民黨在日本黨務的重建與發展過程始終不順遂。

　　雖然，中央三組在「最近東南亞僑情報告」一案承認東南亞某些地區黨務有轉弱之趨勢，但同年年底（1954 年）的《四十三年海外黨務》〔註 28〕則未提及這些現象。「最近東南亞僑情報告」和《四十三年海外黨務》同為中央三組提出與編撰的資料，在《四十三年海外黨務》中對於 1954 年工作檢討僅說：「綜觀本年海外黨務，各方面都比去年進步。其發展趨勢，已由聯絡到輔導，由宣傳到訓練，由被動到主動及由普遍到深入。但繩以「加強海外工作方案」的標準，則未完成者尚多。」〔註 29〕上述這一段檢討內容，對於 1954 年海外黨務的負面訊息，幾乎被完全掩蓋，謹透露「加強海外工作方案」的標準，尚未完全落實。明顯的，中央三組對於海外黨務的發展有兩種答案，對黨中央同志較願意承認海外黨務在東南亞地區的小挫

〔註 27〕所謂的排華法案，多為東南亞各國推行經濟當地人化，例如：經濟菲化、經濟印尼化、經濟越化等；除經濟方面的排華法案，某些國家也會對境內的華僑學校、華僑移民人口數做出相關限制。國籍法方面則是指許多東南亞國家都採行出生地主義的國籍法，例如：泰國、越南、印尼、菲律賓、緬甸、寮國、馬來亞等國，新的國籍法案加上各國境內的排華政策，會促使許多華僑華人為了保住原有地位與生計，轉而尋求獲取僑居地政府的國籍。而上述這些法案多於 1950 年前後便提出，所以對國民黨海外黨務發展自然造成不小的衝擊。

〔註 28〕中國國民黨中央委員會第三組編，《四十三年度的海外黨務》（臺北：編者自印，1954 年 12 月）。

〔註 29〕中國國民黨中央委員會第三組編，《四十三年度的海外黨務》，頁 72。

敗，至於發放至海外的歷年海外黨務書籍則有避重就輕之嫌，似乎擔心過於真實的內容將影響海外黨員對黨與政府的信心。同樣的道理，中央三組無法真實的呈現海外黨務現狀予海外黨員，其在國民黨中常會上的報告是否也有掩蓋事實或美化海外黨務成果之嫌？這問題雖礙於資料有限無法直接證明，但從中央三組同一年中兩種有關海外黨務發展的報告與書籍，出現對海外黨務發展成果不一致的描述，已足以證明中央三組似乎未對黨中央與海外黨員說出真正的實情。中央三組無法據實以報，這樣的情形勢必會造成上行下效，在《中國國民黨在海外：各地黨部史料初稿彙編》〔註30〕內諸多海外黨部傳回的資訊中，總是盡可能的呈現當地黨務發展的正面訊息，或是只重表面性的敘述，不免令人懷疑海外黨務是否太過注重表面？這樣的訊息是否會造成中央三組誤判海外情勢，現階段同樣因資料問題而無法得知，但已足以說明海外黨部未必會完全執行中央三組傳達的命令，同時海外黨部傳回給中央三組的資訊也未必全然正確，特別是關於負面的消息；所以，若海外黨部與中央三組都同時認為海外黨務出現困難或衰退的訊息，這方面的訊息可信度將高過於正面訊息，只是海外黨部是否有誇大或隱匿事實的行為則需再進一步判定。

　　整體來說，「加強海外工作方案」通過後，亞洲地區的海外黨務似乎沒有如預期中的順利開展，反因為國際情勢與亞洲各國對待境內華僑華人的態度，使得國民黨在 1953 及 1954 兩年時，部分地區的海外黨務發展有下滑之趨勢，而國民黨應如何在不改變剛通過的海外政策路線下，改善此種劣勢以避免逐漸弱化的海外黨務影響到僑務、外交、情報等相關海外組織，這個問題絕對是當時主導海外黨務的中央三組最迫切的問題。同時，海外黨部傳回的資訊太過表面化，中央三組應該如何解決，或切實掌握海外黨務動態，都成為中央三組新階段的挑戰與任務。

第二節　召開亞洲地區工作會議

　　自從 1953 年 11 月 14 日，「加強海外工作方案」正式通過並付諸實行後，海外黨務發展如同前一節所言，在東南亞部分地區有轉弱的趨勢。同

〔註30〕國民黨中央委員會第三組編，《中國國民黨在海外：各地黨部史料初稿彙編》（下篇）。

時，國民黨在海外與共產黨的鬥爭態勢仍未和緩，且海外華僑對於反攻目標遲遲不能實現，再加上僑居地政府頻頻發動排華的相關措施，導致仍願主動關心中國政治發展的華僑日漸減少，多數的華僑已開始選擇認同僑居地政府。〔註31〕華僑參與僑居地政府政治活動，對華僑與國民黨而言並不是絕對的負面消息，因為這些華僑可以透過政治資源保障自身的利益，更可促進僑居國政府與中華民國政府保持友好且共同反共的關係，再加上國民黨也容許自身海外黨員加入海外非共產黨或非親共產主義的政黨組織，〔註32〕但這些已參與僑居地政治的華僑是否亦能長時間維持與國民黨的關係，則又必須視情況而定之。

前一章已指出「加強海外工作方案」提出前後，亞洲地區有許多國家出現排華的措施與行為，且黨務、僑務、外交、情報四連環也未如預期中的配合無間，導致不少華僑對國民黨與中華民國政府感到失望。海外黨員多數聚居在亞洲地區，中央三組若想改善海外黨務與海外工作現況，勢必要修正或微調當時的海外工作路線。黨中央與中央三組並非不曉得海外黨務在東南亞地區有日漸轉弱的趨勢，如前所述東南亞長久以來都是海外黨務的重心地區，若無法改善海外黨務重地的發展現況，國民黨和中華民國政府可能會漸次失去海外僑界的支持，最嚴重的後果將是失去：臺灣的中華民國政府為合法正統的中國政府。為此，國民黨在 1956 年的七屆七中全會第五次會議上更要求中央三組研議：「黨應加強海外各地洪門組織之聯繫。」〔註33〕當國民黨尚未建立中華民國前，海外洪門組織多與當年的革命黨員有密切的來往關係，甚至贊助孫文從事革命大業，故洪門組織與國民黨在海外的淵源由來已久。〔註34〕至於七屆七中全會後海外洪門組織是

〔註31〕崔貴強，《新馬華人國家認同的轉向 1945～1959》（修訂卷）；莊國土，〈論東南亞華族及其族群認同的演變〉，《時代變局與海外華人的族國認同》（臺北：海外華人研究學會，2005 年 3 月），頁 11～50。

〔註32〕〈國民黨中央改造委員會第一六五次會議紀錄〉，1951 年 7 月 4 日，【黨：會議】6.42/18.5。

〔註33〕〈國民黨七屆七中全會第五次會議會議紀錄〉，《中國國民黨第七屆中央委員會第七次全體會議紀錄》，1956 年 5 月 7 日，【黨：會議】7.2/35。

〔註34〕當國民黨還在革命黨時期時，曾獲得許多海外洪門組織的支持與協助，例如：孫文獲得美國洪門組織的支持。北伐時期，蔣中正獲得上海洪門組織（青幫）的支持，得以順利進行「清黨」。上述兩個例子，都可以說明國民黨在發展過程中與洪門組織保持密切關係。

否還與國民黨有來往，圖 3-1 或許可以說明：

圖 3-1：中央三組鄭主任彥棻於四十八年十月十七日在中央黨部接見菲洪
門回國觀光團。前排中央者為鄭彥棻。

資料來源：〈主持僑務時期〉，1952～1972 年，國立中山大學圖書館特藏，《鄭彥棻
先生影集》，檔案號：PP 782.886 8458（6）v.6-2。

圖 3-1 說明 1959 年時海外仍有洪門組織與國民黨保持聯繫，但至於有多少
洪門組織仍與國民黨保持正常聯繫，以及當時洪門組織在僑界的影響力之
大小，能給予國民黨的協助有多少，本研究在此就不再進一步說明。

當 1953 年「加強海外工作方案」頒布實施後，國民黨繼續致力於海外
黨務與海外工作的發展，並於 1954 召開「東南亞華僑青年問題座談會」，
尋求達成目標的有效途徑；1955 年則由僑委會召開「華僑文教會議」，希望
配合以文教為中心的海外黨務工作路線，希望透過這兩場會議持續強化海
外工作，及進一步維持黨在海外的影響力與控制力。〔註35〕

1956 年，中央三組有鑑於海外地區局勢的變化，使海外黨務發展時遭

〔註35〕參自：中國國民黨中央委員會第三組編，《四十五年海外黨務》（上篇）（臺
北：編者自印，1956 年 12 月），頁 5～6。

遇不少阻力，同時在海外與共產黨的鬥爭也日趨激烈，而這類現象在亞洲
地區又特別嚴重。亞洲地區一向為國民黨海外黨部、黨員占最多數之地區，
中央三組認為亞洲地區的局勢對海外黨務的發展日漸不利，因此有必要為
此召開特別會議解決這些問題，使海外黨務可以應付新的亞洲局勢與共產
黨員的鬥爭。〔註36〕

　　1956年10月1日，七屆中常會第305次會議上通過中央三組於第290
次會議的提議，通過中央三組要求召開「本黨亞洲地區工作會議」的提案；
〔註37〕亞洲地區工作會議的正式會議議程，則於10月22日的中常會第309
次會議中正式通過。亞洲地區工作會議對國民黨海外黨務的重要性，可由
表3-1得知，表3-1如下：〔註38〕

表 3-1：亞洲地區海外黨部組織及黨員數占全體海外黨部組織及黨員
　　　　數之比率表

項　　目	直屬組織單位數	各直屬單位下轄組織數	實際黨員人數
全體海外組織	100	2778	63800
亞洲地區海外組織	58	2475	49212
亞洲地區所占比率	58%	88%	77%

資料來源：「當前亞洲黨務」，1956年，【中山：鄭彥棻手稿】HW 782.886 8458（5）
　　　　　no.331。

表3-1的數據說明當時亞洲地區海外黨部的重要性，在直屬組織單位、各直
屬單位下轄組織數均占海外全體黨部的一半以上，實際黨員人數更高達
77%之多，可見得亞洲地區確實為海外黨務發展重心所在，故召開亞洲地區
工作會議檢討黨務與海外工作發展，並擬出新方法應付瞬息萬變的亞洲局
勢，絕對是當時最重要和最迫切的問題。

　　參加亞洲地區工作會議的代表相當多，這些代表主來自於：菲律賓、
泰國、越南、高棉、星馬、北婆羅洲、印尼、帝汶、緬甸、印度、港澳、

〔註36〕同註35。
〔註37〕〈中常會第305次會議會議紀錄〉，《第七屆中央常務委員會第305至312
　　　　次會議紀錄》，1956年10月1日，【黨：會議】7.3/28。
〔註38〕資料來源：「當前亞洲黨務」，1956年，【中山：鄭彥棻手稿】HW 782.886 8458
　　　　（5）no.331。

日本、韓國、古巴、法國。〔註39〕10 月 22 日，亞洲地區工作會議開幕當天，國民黨也召開七屆中常會第 309 次會議，如前所述第 309 次會議正式通過亞洲地區工作會議議程，除此之外，也還附上各地回國參加亞洲地區工作會議的代表人數，各地代表人數可詳見表 3-2：

表 3-2：1956 年海外各地參加亞洲地區工作會議人數統計表

海外各地參加亞洲地區工作會議人數統計表					
地　區	已報出席人數	列席人數	已到人數	預定續到人數	已到加預定續到（人數）	備　考
菲律賓	56	－	55	1	56	
泰國	11	1	12	－	12	
越南	19	2	4	－	4	越南政府對出入境限制特嚴，未到人員能否趕到尚無把握。
高棉	15	－	11	1	12	
星馬	11	7	16	－	16	
北婆羅洲	1	－	－	1	1	
印尼	20	4	21	1	22	
帝汶	3	－	－	1	1	
緬甸	3	－	2	－	2	
印度	1	1	2	－	2	
港澳	26	28	29	25	54	
日本	25	12	35	1	36	
韓國	20	11	31	－	31	
古巴	1	－	1	－	1	
法國	－	3	3	－	3	
國內有關同志	26	35	61	－	61	
合計	238	104	283	31	314	

資料來源：〈中常會第 309 次會議會議紀錄〉，《第七屆中央常務委員會第 305 至 312 次會議紀錄》，1956 年 10 月 22 日，【黨：會議】7.3/28。

〔註39〕〈中常會第 309 次會議會議紀錄〉，《第七屆中央常務委員會第 305 至 312 次會議紀錄》，1956 年 10 月 22 日，【黨：會議】7.3/28。

從參加名單中已到出席人數一項，海外代表以菲律賓 55 人最多，接著依序是日本 35 人，韓國 31 人，港澳 29 人，印尼 21 人，星馬 16 人，泰國 12 人，高棉 11 人，越南 4 人，法國 3 人，緬甸與印度均 2 人，古巴 1 人，北婆羅洲和帝汶尚無人報到。非亞洲地區的法國、古巴為何也要參加亞洲地區工作會議，在相關的檔案與文件中並未說明，本研究僅能猜測這兩地的黨員代表可能參與 1956 年革命實踐研究院分院的海外黨務訓練班，趁著來臺受訓時順便參加亞洲地區工作會議。〔註40〕

　　另外兩份同樣由中央三組提供的報告：《四十五年海外黨務》及七屆中常會第 316 次會議的附件，這兩份資料中的內容一樣。這兩份資料對亞洲地區工作會議的各地出席人數與圖表 3-2 有所出入，有關上述兩份資料的內容詳見表 3-3：

表 3-3：1956 年亞洲地區工作會議各地區出席與列席人數表

地　區　＼　人　數	出席人數	列席人數	合　計
菲律賓	56	－	56
日本	23	11	34
韓國	20	11	31
印尼	18	4	22
港澳	14	28	42
越南	12	－	12
泰國	11	2	13
高棉	11	－	11
星馬	10	6	16
緬甸	2	－	2
帝汶	2	－	2
印度	1	1	2
國內及亞洲以外地區	23	42	65
總計	203	105	308

〔註40〕依據《四十五年海外黨務》（上篇）的內容，亞洲地區工作會議籌備前，曾召集回臺參加革命實踐研究院的海外黨員一同參加籌備會議。詳見：中國國民黨中央委員會第三組編，《四十五年度的海外黨務》（上篇），頁 5～6。

資料來源：中國國民黨中央委員會第三組編，《四十五年度的海外黨務》（上篇）（臺
北：編者自印，1956 年 12 月），頁 12；〈中常會第 316 次會議會議紀錄〉，
《第七屆中央常務委員會第 313 至 320 次會議紀錄》，1956 年 11 月 21
日，【黨：會議】7.3/29。

表 3-3 指出亞洲地區工作會議共 203 人出席，105 人列席，合計 308 人參
與。雖然，表 3-2 與表 3-3 的數據同樣都是中央三組提供，但數據卻有所
出入，類似這樣的情況已不是第一次出現，本文第一章討論海外黨務改造
前後的黨員人數時也出現類似的問題。單純就兩份圖表的資料來源判斷，
表 3-3 的數據正確性應較高，表 3-2 的數據來源是 1956 年 10 月 22 日，
也就是開會當天，可能所有與會人士尚未到齊等因，導致人數與表 3-3 有
出入；表 3-3 則是會後資料，所以表 3-3 的可信性度略高於表 3-2。

　　從表 3-3 出現的亞洲地區，如考量國民黨在各地區的發展情勢後，對各
地出席人數出現的落差就較不令人意外。同理，從各地區代表出席人數及
列席人數後，均可透露亞洲各地海外黨務的發展規模，以及黨中央對各地
重視程度的不一。亞洲各地區代表出席人數加上列席人數有多過 10 人的地
區有（由高至低排序）：菲律賓、港澳、日本、韓國、印尼、星馬、泰國、
越南、高棉九個地區。上述九個地區可視作 1950 至 1956 年間，海外黨務
最重視的地區，菲律賓一向與中華民國政府採取反共政策，且容許境內國
民黨公開活動，雖仍有實行排華措施，但大體而言國民黨在這個地區遭受
的阻力並不大；港澳、泰國地區均鄰近大陸，對於國民黨而言既是海外反
共前哨站，也是潛入大陸後方的重要管道，相對來說也是中共滲透東南亞
的重要管道。越南與高棉兩地均因國內共產黨活動，而使國家陷入分裂狀
態，這樣的環境同樣有利於國共雙方潛入彼此的陣營中。〔註 41〕在當時許
多當地政府有意查禁國民黨組織，但卻無法徹底剷除國民黨在此地區的活
動，其中又以港澳地區最為顯著；〔註 42〕日本、韓國同為西太平洋冷戰體

〔註41〕當時國民黨與中華民國政府的大陸敵後工作，主採取迂迴地三國方式進
　　　　行，透過港澳、中南半島鄰接大陸地區，都屬於重要的迂迴區，經由港澳
　　　　與中南半島進入大陸的工作人員，多著重於華南和西南方的情報工作。至
　　　　於當時的華北和東北，則透過日、韓兩國的管道進入。參見：楊瑞春，《國
　　　　特風雲──中國國民黨大陸工作祕檔（1950～1990）》（臺北：稻田，2009
　　　　年 12 月），頁 437。
〔註42〕1949 年，國民黨在香港被歸類為非法團體，因此屢遭香港當局政府政治部
　　　　的取締與查緝，例如 1953 年政治部曾逮捕國民黨黨員數名，但卻仍無法完

系中的一環，特別是日本，在前一章的內容中提到日本透過官方與非官方
管道和國民黨連繫，交換關於日本共產黨的活動情報；〔註43〕至於星馬與
印尼地區雖都不允許國民黨公開活動，印尼政府甚至採取親共路線，但由
於國民黨在這兩地的海外組織發展已久，且當地的華僑數量也都有一定數
量，故海外黨務仍保持一定的規模，只是規模與活力不如以往。另外，這
九個地區中，日本、港澳、菲律賓、泰國、越南、印尼六地同時也是「加
強海外工作方案」中指出的重點發展區。〔註44〕上述不允許國民黨在其境
內活動的國家，國民黨在當地的海外黨務組織為求繼續運作與發展，黨務
組織多半轉為祕密，從下列的表3-4可見港澳、印尼、星馬最先禁止國民黨
海外黨部在當地活動，但這些地區的黨部組織並未因此就此消失，而是轉
為祕密形式繼續從事黨務工作。表3-4：

表3-4：歷年海外組織由公開轉為祕密概況表（1950～1960）

時　　期	組　　織			黨員人數	由公開轉為祕密組織之地區
	總支部	直屬支部	小組		
第一階段（1950～1952）	2	14	－	4,994	港澳總支部、印度總支部、星馬地區十四個直屬支部
第二階段（1953～1957）	4	34	1,874	21,984	緬甸總支部、泰國總支部、高棉直屬支部、印尼地區十九個直屬支部
第三階段（1958～1960）	6	35	2,117	37,318	越南總支部、古巴總支部、寮國直屬支部

資料來源：「海外組織工作檢討」，1961年4月10日，【中山：鄭彥棻手稿】HW
782.886 8458（5）　no.346。

1956年10月22日上午亞洲地區工作會議正式開幕，至10月27日下

全將國民黨在香港社會的影響完全剷除，更無法完全消滅國民黨在香港地
區的黨務相關組織。有關1953年國民黨黨員被捕一事，可見：〈中委會第
56次工作會議會議紀錄〉，《中國國民黨第七屆中央委員會工作會議第53
～58次會議紀錄》，1953年10月30日，【黨：會議】7.4/56。
〔註43〕見本論文第二章第四節中有關日本黨務的內容。
〔註44〕〈國民黨七屆三中全會第三次會議會議紀錄〉，《中國國民黨第七屆中央委
員會第三次全體會議紀錄》，1953年11月14日，【黨：會議】7.2/14。

午正式閉幕，與會人士包含 15 個地區的黨務負責同志與僑團、僑校、僑報重要幹部，以及國內熟諳黨務僑務的代表數名。〔註 45〕會議中首先由國內黨員或從政人員進行報告，向海外回國代表報告黨務動態，接著行政部門報告在外交、政治、經濟、文教、社會等有關臺灣建設的事務，以及多年來的僑務成果。接著，檢討原有各種黨務法規方案，希望修訂出適應當前政治環境，及便利黨務工作推進的新方法。最後，針對海外黨務組織與活動型態，以及反共鬥爭和招收新黨員方面進行討論，希望擬定出適合各黨部的活動方式，並幫各黨部解決面臨的困境。〔註 46〕

亞洲地區工作會議雖仍首重海外黨務發展議題，但黨務、僑務在許多方面是難以完全切割，可見此時中央三組仍兼任部分海外僑務，也可能與兩個組織主管都為鄭彥棻有關，所以這個會議同時也有檢討海外黨務、僑務的配合度，以及這兩者與外交、情報的連結強度。故中央三組主任鄭彥棻在會議開幕的演講中，不謹談海外黨務發展問題，更將黨務與僑務配合的相關措施一并報告，這當然與鄭彥棻同時主管海外黨務、僑務業務有關，更與 1950 年代初期海外黨務兼任部分僑務工作有關。

鄭彥棻指出亞洲地區海外黨務面臨幾個問題：「（一）中立主義的流行——名為中立實際左傾，使匪占有利條件；（二）民族主義的抬頭——新興國家政客以打擊華僑地位為政治資本如國籍、僑校和職業等問題相繼而生，使本黨的發展受到打擊與限制；（三）共匪統戰攻勢的發動——匪利用中立主義與狹隘民族主義加于僑胞的困苦，破壞僑胞團結，使本黨遭受阻力；（四）共匪貿易攻勢和銀彈政策的實施——以貸款救濟等收買信心，而

〔註45〕〈中常會第 305 次會議會議紀錄〉，《第七屆中央常務委員會第 305 至 312 次會議紀錄》，1956 年 10 月 1 日，【黨：會議】7.3/28。另依據《四十五年度的海外黨務》中的資料：參加會議的同志 308 人，其中屬於各級黨部評議人員 10 人，常務委員 45 人，委員 88 人，書記長、祕書 10 人，各種委員會及各科科長 21 人，其他工作同志 23 人，黨報及僑報董事長及社長 10 人，總編輯 2 人，僑團理事長或主席 10 人，董事或理事 9 人，僑校董事長及校長 14 人，教務主任或訓導主任 6 人，教員 7 人，共 246 人，其餘 62 人則屬國內有關海外業務負責同志。引述自：中國國民黨中央委員會第三組編，《四十五年度的海外黨務》（上篇），頁 98。

〔註46〕〈中常會第 305 次會議會議紀錄〉，《第七屆中央常務委員會第 305 至 312 次會議紀錄》，1956 年 10 月 1 日，【黨：會議】7.3/28；〈中常會第 309 次會議會議紀錄〉，《第七屆中央常務委員會第 305 至 312 次會議紀錄》，1956 年 10 月 22 日，【黨：會議】7.3/28。

本黨以主義改革為口號，忠貞愛國相勉勵，在活動中敵不過匪的經濟；（五）華僑心理的轉變——因匪的誘騙或當地排華的打擊等，對復國信念發生動搖，對本黨工作起相消作用。」〔註47〕因為上述的海外背景，造成海外黨務組織易被滲透，同時許多組織間連結情況亦不佳，或是黨務組織與外交僑務互動不良，導致國民黨在海外與中共的鬥爭常無法發揮最大作用。再來，代表黨中央對黨員掌控力以及黨員對黨認同的最直接方式——黨籍總檢查，在海外黨務一向發展最順遂的菲律賓地區也僅有 50%參加，發展歷史悠久的印尼與星馬地區則各只有 25%與 5%；而海外黨員數與華僑人數對比後，亞洲地區約占 0.39%，在菲律賓占 6%，泰國占 0.1%，港澳占 0.28%，星馬占 0.07%，顯見海外黨員數僅占全體華僑的極少部份；另外，海外黨員年齡方面則多數偏高，且女性黨員人數過少，平均約一千位黨員才有一位女性黨員，也是海外黨員結構的幾個警訊之一。〔註48〕雖然，海外女性黨員人數過少，但這個問題從海外新徵黨員過程中已逐步獲得改善，只是仍舊有非常大的改進空間，詳見表 3-5：

表 3-5：歷年海外新徵黨員之性別人數表（1950～1960）：

年　份		合計	男	女	女性新黨員所占百分比（%）	新徵女性黨員累積數
總　計		32,580	30,422	2,158	7	－
第一階段	1950	1,986	1,811	175	9	175
	1951	1,478	1,418	60	4	235
	1952	5,363	5,172	191	4	426
第二階段	1953	4,914	4,717	197	4	623
	1954	4,018	3,909	109	3	732
	1955	3,842	3,675	167	4	899
	1956	3,146	2,921	225	7	1,124
	1957	2,214	1,964	250	11	1,374

〔註47〕「當前亞洲黨務」，1956 年，【中山：鄭彥棻手稿】HW 782.886 8458（5）no.331。

〔註48〕「當前亞洲黨務」，1956 年，【中山：鄭彥棻手稿】HW 782.886 8458（5）no.331。

	1958	2,516	2,117	339	13	1,713
第三階段	1959	1,490	1,270	220	13	1,933
	1960	1,613	1,388	225	14	2,158

資料來源：「海外組織工作檢討」，1961 年 4 月 10 日，【中山：鄭彥棻手稿】HW
782.886 8458（5） no.346。

上述這些都是鄭彥棻對當時海外黨務在組織與人數上的相關報告，另外在與中共的鬥爭中，老問題依舊存在：鬥爭技術不佳與經費來源有限。〔註49〕

　　事實上，上述這些問題從海外黨務改造時期就普遍存在，甚至是推出「加強海外工作方案」後也還存在，可見這方面的問題中央三組一直沒辦法徹底解決。但中央三組協同僑務共同推動海外幹部回國受訓、回國從事軍中服務、回國升學、扶植海外僑教等相關工作的進步還是值得肯定。在海外幹部回國受訓項目中，三十五歲以下的黨員就占 66.6%，其中又以文教人員及學生占多數，男女性別比例則接近 10：1；回國軍中服務人數從1954 年的 237 人，到 1956 年時已提升至 496 人；國內僑教方面則持續改善僑生的生活問題，海外僑教則持續供給海外課程教材，並提供師資培育措施。〔註50〕可見 1956 年，海外黨員不論是質還是量都獲得顯著的提升，黨員年齡也有達到逐步年輕化的趨勢；但上述所指的年輕化，僅是海外回國受訓幹部的平均年齡，至於當時海外黨部委員的平均年齡變化，則可見表 3-6：

表 3-6：海外黨部委員平均年齡表（1953～1960）

年　　別	1953	1954	1955	1956	1957	1958	1959	1960
平均年齡	61	59	54	51	51	51	49	49

資料來源：「海外組織工作檢討」，1961 年 4 月 10 日，【中山：鄭彥棻手稿】HW
782.886 8458（5）no.346。

從表 3-6 的內容，可見國民黨海外黨部幹部的平均年齡確實逐步的年輕化，可見在培養海外年輕幹部方面是成功的。

　　不過，海外黨部幹部的年輕化是一回事，在整體海外黨員總數已無法

〔註49〕同註 48。

〔註50〕「當前亞洲黨務」，1956 年，【中山：鄭彥棻手稿】HW 782.886 8458（5）
　　　　no.331。

否認登記在案的海外黨員總數，已無法與抗戰後至 1950 年前相比，這當然
與冷戰和中國內戰有關，所以此時的國民黨在海外還有多大的影響力，是
值得一再深思的議題。如依照鄭彥棻的演講內容，海外黨務從 1950 至 1956
年間整體而言呈現進步的狀態，1954 年東南亞僑務的小幅退縮似乎已獲得
解決，海外黨務和相關的僑務則持續穩健的提升工作成果。但亞洲地區局
勢在 1950 年代總是瞬息萬變，使海外黨務與僑務的許多舊制度與舊方法再
次面臨變與不變的問題，且更須正視 1953 年起海外新徵黨員人數便開始有
減少的趨勢。

　　筆者認為檢視舊有海外黨務制度是亞洲地區工作會議的主要目的之
一，其中又以檢討 1953 年通過的「加強海外工作方案」最為重要。經過近
三年的時間，多數的代表們均認為原本的海外工作路線雖有正面的成果，
但在某些部分已不合時宜，有必要重新考量海外情勢，並修正出適合當前
海外情勢的黨務路線。〔註 51〕從會議中的檢討結果，明顯許多過去存在的
海外黨務問題仍未獲得妥善的解決，不論是組織連結方面、情報蒐集與分享、
活動資金、活動方式、與共鬥爭方式，又再一次的被提出來檢討，〔註 52〕而
這些問題對主導海外黨務的中央三組而言，早已不是新議題；當然中央三組
也不是從未試著解決，只是不管提出什麼計畫案與政策路線，在海外總會有
幾處無法完全執行。海外黨務情勢的複雜度高於國內甚多，且 1950 年代的國
際情勢又多變，特別在亞洲地區先後受到韓戰與東南亞各國獨立運動的影
響，在這些外部因素影響下，使得中央三組在亞洲工作會議之前提出的海
外黨務與海外工作路線，絕不可能完全適合所有的海外地區與黨部。

　　這一次針對「加強海外工作方案」的檢討中，又以期望加強或改進組
織的議題最多。其中針對 1953 年成立的海外工作指導小組部分，多認為該
小組海外黨務、僑務、外交、情報的聯結有待加強或成果有限，希望該小
組能擴展與加強其原有工作內容。〔註 53〕另外，在海外統一領導機構方面，

〔註 51〕〈中常會第 316 次會議紀錄〉，《中國國民黨第七屆中央常務委員會第 313
　　　　～320 次會議紀錄》，1956 年 11 月 21 日，【黨：會議】7.3/29。
〔註 52〕「「加強海外工作方案」及現行海外黨務法規的檢討總結」，〈中常會第 316
　　　　次會議紀錄〉，《中國國民黨第七屆中央常務委員會第 313～320 次會議紀
　　　　錄》，1956 年 11 月 21 日，【黨：會議】7.3/29。
〔註 53〕「「加強海外工作方案」及現行海外黨務法規的檢討總結」，〈中常會第 316
　　　　次會議紀錄〉，《中國國民黨第七屆中央常務委員會第 313～320 次會議紀
　　　　錄》，1956 年 11 月 21 日，【黨：會議】7.3/29。

工作成效不彰，有必要擴大工作範圍納入更多相關組織，以達統一之效力。〔註54〕

　　除針對「加強海外工作方案」的檢討，亞洲工作會議上也通過四件法案：「海外各級黨部活動指導綱要」、「海外對匪戰鬥工作統一領導實施綱要」、「培養海外黨的新生力量方案」、「當前海外對匪戰鬥工作要領」，以符合當時的海外情勢與海外工作需要。〔註55〕另外，也接受與會人士的建言，其中有提案40件意見書6件，議題多圍繞：組織、活動型態、對匪鬥爭、僑教、宣傳、接濟黨員僑民等相關議題。〔註56〕

　　作為檢討近三年來海外黨務僑務的亞洲地區工作會議，其最終的影響尚難評斷，但在短期方面確實帶給海外黨務新的衝擊，特別是在海外組織整合方面。會議中有不少給黨中央與中央三組的建議，內容多離不開增強海外黨部與外圍組織的連結，檢討成果偏重海外黨務組織，顯見在海內外與會人士中，海外黨務是最需要再改進的一項，特別是黨務、僑務、外交、情報四機構的連結更是有待加強。

　　從亞洲地區工作會議檢討成果，再回頭對照鄭彥棻的開幕演講內容，鄭彥棻同樣對於海外黨務組織有諸多想法。鄭彥棻認為海外黨務有兩點特色，內容如下：〔註57〕

　　　　就綿延性說——是靠具有深厚的黨性和黨德的同志，來一脈相傳
　　　　　　　　　　　下去。
　　　　就包容性說——所有愛國和公益的僑團都因與本黨宗旨相同之
　　　　　　　　　　　故，漸漸與本黨融合起來。

鄭認為上述兩點應作為日後強化與發展海外黨務的參考準則。就綿延性來說，海外黨務組織應注重黨員的人格，培養俱備深厚黨性和黨德的年輕黨員，同時強化舊黨員的黨性與黨德，並使新舊黨員協力合作改善海外黨組織的各種弊端；包容性方面，就黨的立場為僑運工作，就僑委會的立場為

〔註54〕同註53。
〔註55〕同註53。
〔註56〕「本黨亞洲地區工作會議各項決議案處理意見」，〈中委會第212次工作會議會議紀錄〉，《中國國民黨第七屆中央委員會工作會議第209～213次會議紀錄》，1957年1月3日，【黨：會議】7.4/212。
〔註57〕「當前亞洲黨務」，1956年，【中山：鄭彥棻手稿】HW 782.886 8458（5）no.331。

輔導僑團，目的均是希望達到統合黨部外圍的僑團組織，促使僑團與黨部在海外相輔相成，以獲得最佳的工作成績。〔註 58〕基本上，鄭個人較注重海外黨部組織的強化，但會議代表們除重視這方面的強化外，更要求黨務、僑務、外交、情報四機關協力合作，特別是前三個機關；若黨務、僑務、外交三機關能有良好的合作方式，海外華僑在面對僑居地政府的排華措施時或許將不會感到太孤獨，也不會促使僑民對政府與黨感到失望。〔註 59〕

再回過頭討論，亞洲地區工作會議確定版的議事流程直到 1956 年 10 月 22 日七屆中常會第 309 次會議才獲得決議推谷正綱、陳雪屏擔任大會主席，其餘備查。〔註 60〕但亞洲地區工作會議的開幕式早已在 10 月 22 日上午結束，下午的七屆中常會才附帶通過，是否表示這一場會開得太趕，或者會議的目標始終不夠明確，若真是上述任兩原因之一，則亞洲地區工作會議上中央黨員與官員的發言也可能是倉促趕出的演講稿，如此則僅餘下海外代表的建言或許才是最真切的部份。

而海外代表建言中如同前文所述，海外代表們相當注重黨務機構與其他機構的連結，國內代表同樣也就類似的議題給予意見，其中當時國安局局長鄭介民〔註 61〕曾就海外黨務與情報工作應加強聯繫一事提案，筆者認

〔註58〕「當前亞洲黨務」，1956 年，【中山：鄭彥棻手稿】HW 782.886 8458（5）no.331。

〔註59〕同註 58。

〔註60〕〈中常會第 309 次會議會議紀錄〉，《第七屆中央常務委員會第 305 至 312 次會議紀錄》，1956 年 10 月 22 日，【黨：會議】7.3/28。

〔註61〕鄭介民（1899～1959），原籍廣東省海南島文昌縣霞水村。十六歲時參加海南民軍守領陳繼虞之革命組織，因為身分暴露，遂遠走南洋，同時將舊名「庭炳」改為介民，最後定居在吉隆坡開設咖啡店。僑居吉隆坡期間白天經營咖啡店，晚間就讀高中夜間部，待高中學業完成後，晚間則改為替《益群日報》從事編輯工作與寫稿。1924 年，鄭介民回國報考黃埔軍校第一屆新生入學考試，並通過入學測驗。在國民革命軍第一次東征期間，因為表現優異獲升中校，且更在 1926 年通過俄國中山大學留學考試，留俄期間使鄭氏對共產主義與其鬥爭策略有詳盡瞭解，同時習得情報工作的組織及技術、後勤工作等，對於他日後的軍情生涯有很大的幫助。1929 年時，鄭氏在情報方面的優異表現協助國軍戰勝桂系軍閥，更在 1931 年時獲蔣中正接見，命其籌設情報機關。1932 年加入三民主義力行社，1933 年擔任軍統華北區負責人，並主導刺殺張敬堯一事，同年年底赴歐考察德國軍政。抗戰爆發後，先後擔任軍委會中掌管情報業務之主管，1938 年，擔任軍統秘書長，身兼軍委會第一部第二組組長、第六部第三組組長，均為掌理軍事情報的相關部門。1946 年，繼戴笠任軍統局局長，後軍統改為國防部保密局

為這一份提案與 1957 年海外統指會的成立有密切關係。海外統指會成立對海外黨務而言是新的衝擊，還是新的轉機，又對原本從事海外工作的各機關造成何種影響，這方面的內容筆者將留待下一節再行述說。整體而言，亞洲地區工作會議召開的過程略顯急促，使得國內黨員在會議中的發言似乎與過往雷同，假如這些發言符合當年的海外黨務情勢，則可得知多年來海外黨員人數與素質方面均有進步，但在組織與鬥爭技術方面仍然如過去一樣有待加強；至於其它對於黨務與僑務的建言，以及建言是否被落實，筆者同樣留待下一節再行述說，因為許多建言無法馬上被落實或執行，而需要黨內會議的通過方可執行，且海外統指會於隔年 1957 年 2 月便開始召開第 1 次會議並正式運作，海外黨務僑務相關案件自然也轉入海外統指會，故有關海外各地的事例在此暫不談論。

第三節　海外對匪鬥爭工作統一指導委員會的成立與工作概況

1956 年，時任國安局局長的鄭介民在參與亞洲地區工作會議時，曾就應加強海外黨務與情報工作聯繫一事提出議案，〔註 62〕從事後的發展來看，這件議案的確獲得採納，並且被付諸實行。且鄭介民針對海外黨務與情報連結的提議，最終還獲得蔣中正本人的支持，蔣在函件中表示：「海外工作單位各自為政，不但浪費經費，亦且權責不分，應由安全局負責整理。」〔註 63〕中常會接獲指示後，隨即擬定「統一海外地區工作意見」，計畫欲在中常會下設立「海外工作統一指導委員會」做為統一海外工作的機構，蔣中正對於中常會的提議沒有太多的異議，謹批示：「可如擬，惟指委會祕書處應由中央第三組兼辦為宜，組織應力求簡單，但其祕書長不得已時可以專任，惟須在第三組內辦公。」〔註 64〕最後，1956 年 11 月

後，鄭氏仍續任局長一職繼續掌管情報業務。政府撤臺後，鄭氏在 1954 年擔任首任國家安全局局長，1959 年因心臟病病逝後，被追晉陸軍一級上將銜。資料來源：樂炳南，《鄭介民將軍生平》（臺北：時英，2010 年 4 月）。
〔註62〕〈中委會第 212 次工作會議會議紀錄〉，《中國國民黨第七屆中央委員會工作會議第 209～213 次會議紀錄》，1957 年 1 月 3 日，【黨：會議】7.4/212。
〔註63〕〈中常會第 316 次會議紀錄〉，《中國國民黨第七屆中央常務委員會第 313 ～320 次會議紀錄》，1956 年 11 月 21 日，【黨：會議】7.3/29。
〔註64〕同註 63。

21 日中常會第 316 次會議通過「海外對匪鬥爭工作統一領導辦法草案」，並以國安局提出的藍本為主，正式成立海外統指會；主委一職原擬由蔣經國擔任，但蔣經國以工作繁冗不克兼顧主委一職婉拒，遂改由周至柔擔任主任委員，中央三組主任鄭彥棻擔任祕書長一職。〔註65〕

　　真正促成海外統指會成立的最大原因絕非是鄭介民的提案，鄭的提案僅為眾多原因之一，最大的因素還是海外工作為應付海外局勢的變化，及符合當時國民黨所謂的革命工作。〔註66〕海外局勢的變化主要有排華、僑居國政府選擇承認中共或親共路線，革命工作則可簡單的視作：達成反共復國。冷戰局勢的影響下，蔣中正的反攻計畫始終受制於美方，特別是《中美共同防禦條約》簽訂後，更使蔣的反攻計畫幾乎已不可能實現，但蔣並不會因此輕易放棄反攻計畫。冷戰的另一面，1950 年代美國政府特別擔憂東南亞地區的華人會被中共利用，所以認為促使華人同化於當地政府是最佳的措施，但同化並非短時間便可完成的工作，故美國希望能導引這些華人以中華民國政府為其效忠對象，同時臺灣方面也應設法獲得東南亞華人的同情與支持。〔註67〕在這些眾多的前提之下，國民黨與中華民國政府必須一面拉攏海外華僑華人同情與支持所謂的「自由中國」，另一面則私下繼續籌畫反共復國之計畫；故本研究認為反共復國與拉攏華僑華人支持，以及從事海外工作的單位長久以來各自為政，是促成海外統指會成立的兩大主因。

　　海外統指會的複雜性絕對高過 1953 年成立的海外工作指導小組，該會以統合：海外黨務、外交、僑務、情報、心戰、政戰、文化、宣傳、金融、

〔註65〕參見黨中央祕書長張厲生致總裁蔣中正的函件，發文摘要如下：「海外對匪鬥爭工作統一領導辦法，已於第 316 次中常會決議修正通過。該辦法規定以黨政軍有關單位主管為該會委員，蔣經國懇切表示因工作繁冗不克兼顧主委一職，職意可遴派周志柔為主委。理合檢呈該會委員名單一紙，併請鈞核。」資料來源：邵銘煌、薛化元主編，《蔣中正總裁批簽檔案目錄》（臺北：政大歷史系、中國國民黨黨史館，2005 年），頁 299；〈海外對匪鬥爭工作統一指導委員會第一次會議紀錄〉，《第七屆中央常務委員會第 338 至 343 次會議紀錄》，1957 年 2 月 22 日，【黨：會議】7.3/366.2。

〔註66〕中國國民黨中央委員會第三組編，《四十六年度的海外黨務》（上篇）（臺北：編者自印，1957 年 12 月），頁 2。

〔註67〕趙綺娜，〈外交部亞太司檔案的內容與利用：從一九五〇年代臺灣對東南亞華僑（華人）政策談起〉，《近代中國史研究通訊》27 期（1999.3），頁 128～136。

貿易等各種力量，發動海外對共黨的鬥爭工作為主要目的。〔註68〕海外統指會的主要任務有五項：「（一）海外對匪鬥爭工作之研討與策劃事項。（二）海外各地區業務之督導。（三）海外有關機關重要工作同志之考核訓練與調整事項。（四）海外工作經費之籌措運用與審核事項。（五）其他海外對匪鬥爭有關重要事項。」〔註69〕而初期擔任海外統指會委員的黨政要員有：黨中央祕書長張厲生、國防部長周至柔、救國團主任蔣經國、參謀總長彭孟緝、黨中央第二組主任兼國安局局長鄭介民、黨中央第三組主任兼僑委會委員長鄭彥棻、黨中央第四組主任馬星野、黨中央第六組主任陳建中、外交部長葉公超、黨中央財務委員會主委兼財政部部長徐柏園、經濟部長江杓，另外還有經常以列席者身分共同參與會議的新聞局局長沈錡〔註70〕。從海外統指會的委員名單中，與過去海外工作指導小組最大的差異在於財金方面的專員開始加入海外工作行列，顯見海外工作已不再如過往僅著重黨務、僑務、外交、情報四大業務；同時，過去海外工作相關會議由中央三組擔任召集人角色的情形也不復見，現已改由軍方人員為主任委員及召集人（首任為國防部長周至柔），可見海外工作的主導權已開始有變化。

　　中央三組過去主導海外工作事務的形象，在海外統指會成立後開始出現變化，中央三組雖仍在該會中負責重要的祕書業務，但該會的主管卻由軍方人員出任。軍方人員主導海外統指會意味著黨政高層有意提升海外工作的戰鬥性，過去的海外工作雖也牽涉情報，然其重要性始終不如黨務、僑務、外交顯著，且這些部門彼此間又常無法密切合作，導致工作成果相

〔註68〕中國國民黨中央委員會第三組編，《四十六年度的海外黨務》（上篇），頁2。
〔註69〕中國國民黨中央委員會第三組編，《四十六年度的海外黨務》（上篇），頁6。
〔註70〕新聞局主要負責國際宣傳，當時國內的宣傳主要交由黨中央第四組和省新聞處辦理，所以當時的新聞局局長沈錡自然被要求參與海外統指會相關會議與工作。海外統指會第5次會議才通過邀新聞局局長沈錡列席的議案，沈錡也於海外統指會第7次會議始開始以列席者身分參與會議。沈錡在擔任新聞局局長的期間，多次出訪東南亞拜會各國代表與華僑，甚至有時代表政府從事祕密活動，例如送十萬美金給馬來西亞首相東姑拉曼，以及新加坡的首席部長林有福從事競選。資料來源：沈錡，《我的一生：沈錡回憶錄》（二）（臺北：聯經，2000年），頁2、49～52；〈海外對匪鬥爭工作統一指導委員會第五次會議紀錄〉，《中國國民黨第七屆中央委員會工作會議第344～350次會議紀錄》，1957年3月30日，【黨：會議】7.3/373.2.；〈海外對匪鬥爭工作統一指導委員會第七次會議紀錄〉，《中國國民黨第七屆中央委員會工作會議第351～358次會議紀錄》，1957年4月13日，【黨：會議】7.3/377.3.

當有限。過去幾年中央三組的海外工作有建樹亦有挫敗，多數的挫敗多因外力造成，例如東南亞國家對華僑與黨務發展的打壓和禁止，而這些挫敗僅同時突顯各機關部門間的合作有待加強，這方面的案例已在第二章時提過，在此就不再重述。簡而言之，過去的組織體制與法規對於協同各機關從事海外工作上，成效不佳，而在這樣的情形下勢必會有新組織與新改革出現，以解決舊組織體制與法規不合時宜的現象。

另外，改由軍方人員主持海外統指會，應與當時的反共復國計畫有相關性，或情報機關需要更多元的管道將情報人員送入大陸地區，以替日後的反攻大計鋪路，故蔣中正採用鄭介民的建議建立海外統指會，並由軍方人員擔任主任委員，正式連結海外工作與大陸地區工作，冀望藉由動員海外組織力量，並協同其他相關單位策進大陸反共工作。〔註71〕

統合上述內容，海外統指會的成立主要有兩大因素。首先，亞洲地區工作會議出現要求檢討原有海外黨務、僑務、外交、情報各機關的連結問題，〔註72〕使黨中央有意整頓舊有的海外工作指導小組組織；其次，黨政高層對於反攻的渴望，以及憂慮中共在海外茁壯將增加反攻的困難度，所以想藉由海外組織力量協助大陸地區的敵後工作事宜，故成立海外統指會將海外工作與大陸地區工作相連結。而海外統指會比起舊有的海外工作指導小組，有更多的黨政部門被納入其中，特別是財金方面的專員，使得海外統指會的海外工作型態，已不再限於傳統的黨務、僑務、外交、情報四者為主，而是邁向更多元化的海外工作型態。簡而言之，只要是有利於反共復國、反共的海外工作，幾乎都在海外統指會的工作範圍之中。

海外統指會改由軍情人士主導，對於中央三組而言意味無法再一手掌握所有海外黨務，甚至是海外工作事宜。1950 年代初期，由於政府部門緊縮，僑委會一度有遭裁併的提議，所以當時的中改會第三組必須同時兼任部分僑務工作，〔註73〕而這種模式也延續到後來的中央三組上，故主導海外黨務工作的中央三組也同時能掌控僑務部門，更何況 1952 至 1958 年間中央三組主任與僑委會委員長均由鄭彥棻擔任，使黨務僑務在這個時期多

〔註71〕「海外組織工作檢討」，1961 年 4 月 10 日，【中山：鄭彥棻手稿】HW 782.886 8458（5）no.346。

〔註72〕〈中常會第 316 次會議紀錄〉，《中國國民黨第七屆中央常務委員會第 313～320 次會議紀錄》，1956 年 11 月 21 日，【黨：會議】7.3/29。

〔註73〕李雲漢，《中國國民黨史述：第四篇保衛臺灣與建設臺灣》，頁 141。

難以清楚界定，甚至在鄭彥棻未同時兼任二職時亦是如此（如：擔任僑委會委員長前，鄭彥棻就已是第三組主任，而當時的第三組必須兼辦部分僑務工作）；僑務機構除須負責分內業務，常常還須配合黨部的政策，以協助黨部推行各種宣傳與教育理念，所以表面上黨務與僑務是不同的體系，但實質上黨務僑務是無法明確切割清楚的，特別在鄭彥棻任內這樣的情況更是明顯。〔註74〕承上述所言，中央三組在海外統指會成立前一手包辦海外黨務僑務工作，甚至在多數情況還包辦整體海外工作，也就是連外交部門也在中央三組的指揮範圍內，雖然外交部門多數時候仍以外交優先，僑務黨務其次的心態在辦外交，不過至少多數從事海外工作的組織都必須依循中央三組的海外工作路線，這樣的現象在中央三組主導的海外工作指導小組中最為明顯。但隨著海外統指會的成立，過去中央三組主導海外工作的角色已不復見，中央三組改負責海外統指會祕書長業務，最重要的主任委員由具備軍情背景的黨員出任，這對中央三組而言可視作其海外工作的權力被分割或降低。

中央三組對海外工作的領導權雖被降一級，但海外統指會主任委員多屬軍方人士，擔任主任委員的人自然對於海外黨務與海外工作的認知有限，所以中央三組在海外統指會領導的期間其實仍具備一定的地位。至於中央三組實質上的地位與工作比重有多高，則必須要透過案例來剖析，才能進一步得出結果。筆者不斷強調中央三組實質地位的原因，在於中央三組實質地位的強弱將可間接反映海外黨務的發展情勢，或者國內黨政高層對海外黨務僑務的關切度；必須附帶一提的是，海外黨務僅為整體海外工作的一環，黨政高層減少對海外黨務的關切，不一定會影響到黨政高層對整體海外工作的關注程度，但卻有可能是將海外工作的重心轉移到其他方面，而不再著重海外黨務方面。在上述的前提下，假如中央三組在海外統指會成立後仍如過往可以直接指揮海外黨部發揮影響力，並藉由海外黨部帶動當地僑民，表示中央三組的實質權力並未被分享與剝奪，則海外黨務仍是整體海外工作的重心之一；但若中央三組在海外統指會成立後，不但

〔註74〕在國民黨的中央工作會議、中常會、中全會、全國代表大會各會議紀錄中，中央三組的提案時常包含僑務部份，故對中央三組而言黨務與僑務似乎是密不可分，甚至在多數時候僑務部門成為海外掩護黨務發展與推行的機構，所以談當年的海外黨務絕對有必要兼談僑務概況，否則將無法得知黨務政策的落實，以及僑民黨員對新政策與黨中央的反應。

無法直接指揮海外黨部，或僅能藉由海外黨部從事有限的運動，甚至必須依賴僑務、外交部門出面領導僑民運動，則表示中央三組的實質權力已開始弱化，或海外黨務不再是整體海外工作的絕對重心。

　　中央三組的權力是否被分化或弱化，可由海外統指會的工作內容探討。海外統指會目的在接替過去海外工作指導小組之職責，遂過去由海外工作指導小組負責的業務與管轄的海外工作會報與工作小組，一律轉移至海外統指會並結束原有組織與業務。〔註75〕另外，海外統指會主任委員為軍方人士，且該會的主要目的之一就是與匪鬥爭，再加上各國對國民黨和中華民國政府的態度不一，使該會認為有必要隱匿身分從事活動，所以決定採用化名從事活動；海外統指會對內對外一律均化名為「周海通」，包含上下級組織間的行文，函件最後的署名部分甚至使用統一的「周海通」專用印鑑。〔註76〕海外各地組織同樣為隱匿身分從事活動，某些地區的海外組織與海外統指會進行業務往來時同樣也使用化名，特別是東亞地區的海外組織；在東亞地區的海外組織擔憂受當地政府的查禁，及引來共產黨員的騷擾，故這些組織不僅對上級的海外統指會使用化名，對下級統屬組織亦採用化名進行業務上的往來，當然也如同海外統指會刻有專用印鑑。例

〔註75〕有關於海外工作指導小組與海外統指會的業務交接過程，可見以下引述的內容：「海外工作指導小組以中央依據『海外對匪鬥爭工作統一領導辦法』之規定另成立『海外對匪鬥爭工作統一指導委員會』負責統一領導海外對匪鬥爭工作，該小組經於一月廿六日召開第十五次會議，就年來工作情況暨各地區指導組織概況詳加檢討，並決定：『1. 本小組一俟『海外對匪鬥爭工作指導委員會』成立後即行結束。2. 各地工作會報及工作小組移請統一指導委員會接管，俟該會正式成立即通知各地召集人其須按照統一領導辦法之規定予以調整者請由該會決定辦理。3. 本小組重要文件各冊記錄等由第三組負責移交統一指導委員會接收上項紀錄業經報奉中央常會第三三五次會決定：『准予備案交海外對匪鬥爭工作統一指導委員會』紀錄在案，除小組有關重要文件名冊紀錄等經交接外，擬即通知各地工作會報及工作小組召集人在各地區依海外對匪鬥爭工作統一領導辦法建立工作小組前往各該組織應暫仍依原定辦法繼續工作，並受本會之指導監督。」引述自：〈海外對匪鬥爭工作統一指導委員會第一次會議紀錄〉，《中國國民黨第七屆中央委員會工作會議第338～343次會議紀錄》，1957年2月20日，【黨：會議】7.3/366.2。

〔註76〕由於海外統指會採用「周海通」作為組織化名，所以有關海外統指會的檔案，除必須使用全名檢索外，還需要使用「周海通」為關鍵字搜尋檔案，特別是中研院近史所檔案館所藏外交部檔案。從海外統指會與黨政各機關的來往函件，許多函件的署名都是使用統一的印鑑，故若不知「周海通」的隱情，可能會誤判成為人而非組織。資料來源：同註75。

如在港澳地區組織便使用「江品今」作為其組織對內對外的代號；〔註77〕日本地區使用「盛岳星」為組織化名；〔註78〕泰國地區使用「周震宇」為組織對外與對上級化名，對內部與下級組織則使用「陳興隆」；〔註79〕越南地區使用「俞紹周」為小組化名；〔註80〕菲律賓地區使用「趙志行」為組織化名。〔註81〕其它地區組織雖無上述的化名，但其主要負責人通常也都使用化名，以避免遭當地政府或共黨掌握行蹤與行動，例如負責回傳印尼地區訊息的黨員化名為「吳杰祥」，〔註82〕韓國地區組織則化名為「韓光大」。〔註83〕

〔註77〕〈海外對匪鬥爭工作統一指導委員會第十九次會議紀錄〉，《中國國民黨第七屆中央委員會工作會議第376～383次會議紀錄》，1957年8月2日，【黨：會議】7.3/406.2。

〔註78〕〈海外對匪鬥爭工作統一指導委員會第二十一次會議紀錄〉，《中國國民黨第七屆中央委員會工作會議第384～389次會議紀錄》，1957年8月23日，【黨：會議】7.3/412.2。

〔註79〕同註78。

〔註80〕〈海外對匪鬥爭工作統一指導委員會第二十四次會議紀錄〉，《周海通紀錄對匪鬥爭案》，1957年10月4日，【近：外】818.11 0009。

〔註81〕〈海外對匪鬥爭工作統一指導委員會第二十五次會議紀錄〉，《周海通紀錄對匪鬥爭案》，1957年11月8日，【近：外】818.11 0009。

〔註82〕印尼地區資訊回報署名人為「吳杰祥」，該署名首次出現在海外統指會第三十七次會議紀錄中報告印尼狀況，由於海外統指會會議紀錄中未曾有印尼地區組織使用化名的紀錄，故筆者判斷「吳杰祥」為該地負責人署名；而確定「吳杰祥」為負責人之化名，則從海外統指會第四十次會議紀錄中得知，該紀錄清楚紀錄「吳杰祥」為某位黨員的化名。上述資料來源：〈海外對匪鬥爭工作統一指導委員會第三十七次會議紀錄〉，《周海通宣傳資料》，1958年4月4日，【近：外】818.12 0029；〈海外對匪鬥爭工作統一指導委員會第四十次會議紀錄〉，《周海通紀錄對匪鬥爭案》，1958年5月16日，【近：外】818.11 0010。

〔註83〕負責回傳韓國地區資訊的署名人全都為「韓光大」，在考量海外黨部也會定期改選的因素下，「韓光大」照理而言難長期擔任負責人，所以表示韓國地區負責人或組織也有採用化名的情形。至於「韓光大」是代表人還是組織，在海外統指會的會議紀錄中並未見到相關記載，說明「韓光大」代表韓國地區組織，但在1960年代後的檔案中代表韓國黨部的代號不再是「韓光大」，而是每隔一段時間就改為「韓××」這類的代號，故筆者推測「韓光大」為韓國地區組織化名。上述資料可參見：〈海外對匪鬥爭工作統一指導委員會第二十五次會議紀錄〉，《周海通紀錄對匪鬥爭案》，1957年11月8日，【近：外】818.11 0009；〈海外對匪鬥爭工作統一指導委員會第四十次會議紀錄〉，《周海通宣傳資料》，1958年5月16日，【近：外】818.12 0029。註81與82都使用〈海外對匪鬥爭工作統一指導委員會第四十次會議紀錄〉，從內容判斷，註81應為正式會議前或會議中發放的預備文件，註82所使用的第四十次會議紀錄才是正式會議紀錄。

　　海外統指會上下級組織間採用化名活動的行為，就海外黨務發展而言，顯示海外黨務活動日趨困難，原因可能有當地政府不允許國民黨公開活動，或者當地國共兩黨鬥爭情形相當激烈；若就整體海外工作而言，使用化名將有利黨務掩護情報活動的作用，同時也表示國民黨對於海外黨務發展雖漸趨於祕密，但仍然保持一定的主動性；而就國際局勢而言，港澳、泰國、日本、菲律賓、越南五地均是美國在東亞防堵共產勢力擴張的合作夥伴，其中港澳、泰國、越南更鄰近大陸地區，更有利中華民國政府派遣情報人員進入大陸活動，故這五地海外組織使用化名均有其緣由與目的，特別是港澳、泰國、越南三地。

　　採用化名進行活動是海外統指會的特色之一。前文已提過海外統指會由黨政機關重要首長組成，其所負責的海外工作內容比先前的海外工作指導小組更加多元，但事實上主要業務仍脫不了黨務與僑務；多數委員報告海外工作或事件時，其資訊來源多為海外黨員或僑民提供，且海外統指會處理海外工作問題時多仍需藉助海外黨部黨員，表示海外統指會最主要的工作對象仍舊是海外黨員與僑民；同時，海外黨員與僑民亦可反過來掩護政府的軍情活動，以利在海外從事與中共的鬥爭活動。海外統指會名義上指導全球各地的海外工作，但實質上仍以東南亞或東亞地區的海外工作為主，從海外統指會第 9 次會議中提擬的「當前海外對匪鬥爭工作急要經費概算」中，僅港澳、星馬、印尼、日本、泰國、越南、高棉、韓國、緬甸、寮國、北婆羅洲有編列預算，菲律賓地區則自行籌措，美洲、歐洲、非洲、澳洲待有需要時再行編列，從海外統指會編列預算的方式，便明確指出其業務將以亞洲地區的海外工作為主，至少在初期是如此。〔註84〕

　　重回到筆者關切的海外黨務發展，海外統指會成立後海外黨務發展呈現何種模式與成果，以及中央三組對海外黨務發展的主導性是否有加強或減弱，筆者認為檢視海外統指會成立前後的海外黨員與僑民事件，仍是最簡單也最直接的評斷方式。讓海外黨員與僑民事件去替海外黨務的歷史發聲，以檢視海外統指會的運作及解決過程，在這些過程當中不但將可輕易見到中央三組在過程中扮演的角色，還可看出本研究的最終目的：海外黨

〔註84〕「當前海外對匪鬥爭工作急要經費概算」，〈海外對匪鬥爭工作統一指導委員會第九次會議紀錄〉，《中國國民黨第七屆中央委員會工作會議第 351～358 次會議紀錄》，1957 年 5 月 3 日，【黨：會議】7.3/382.2。

務發展。

　　然而，透過海外案例檢視海外統指會與中央三組前，有一份在 *China News*〔註85〕的報導必須先行提出述說。1957 年 9 月 30 日，*China News* 刊登一篇「Write Reports Back Home」，這篇文章針對當時黨政各部門派往海外的工作人員有許多嚴厲的批評，尤其是批評各單位的海外工作人員彼此之間合作性不足，時常有浪費經費資源情形，不同單位間工作亦有矛盾的情況發生，導致無法達到海外工作目標；但這些海外工作人員在撰寫工作報告時，為取悅國內的主管人員，往往只書寫正面的工作成果，間接造成海外工作人員常常僅注重表面建設取悅上級長官，而未盡力從事實質建設，如此自由中國的海外工作將難以有良好的成果。〔註 86〕這一篇文章指出國民黨海外工作最嚴重的幾個弊端，且文章刊登的時候海外統指會已經成立有一段時日，但海外工作人員並未因海外統指會成立就改善過去各組織間聯繫不佳的情形，反而一如過往各組織間獨立行事互不統屬，使許多資源經費無法獲得妥善的利用，甚至還未如實呈報海外工作狀況給國內上級主管。傳回國內的工作報告無法據實稟報，導致海外統指會相關檔案真實性也受質疑，但這種情況在海外回傳報告中似乎已成常態，導致多數檔案都僅會述說海外黨務發展良好的一面，對於負面消息則常有掩蓋的情形出現。

　　反過來想，如同 *China News* 中的報導海外工作人員為取悅上級長官，不僅會製作假報告，同時在執行海外工作時也僅從事表面性質的建設，但至少比沒有任何建樹來的好，否則海外黨務可能就會更早衰退。然而，海外工作人員僅從事表面性質的建設是個人問題？還是環境問題？筆者翻閱 *China News* 與海外統指會的檔案後，均未對此做出深入分析，這一點令筆者感到相當疑惑，特別是海外統指會如何看待這類事件。另一點感到疑惑的為：何為表面性質的工作？這一點檔案中始終沒有說明。

　　若依上述內容，海外工作人員僅完成表面性質工作，而促使海外工作人員至少完成表面性質的工作之因，筆者推測與海外統指會中參與單位眾

〔註85〕　China News 中文譯為《中國新聞》。據第 10 卷第 10 期的內容，該刊物於 1947 年 7 月創於南京，後在臺繼續出版業務，報刊詳細資料如下：《中國新聞》（臺北：中國新聞週刊社）。現臺灣僅有近史所與政大圖書館有館藏。

〔註86〕　〈海外對匪鬥爭工作統一指導委員會第二十四次會議紀錄〉，《周海通紀錄對匪鬥爭案》，1957 年 10 月 4 日，【近：外】818.11 0009。

多相關。當時，如果有海外工作人員意圖假造報告回傳，將容易被同會不同單位的海外工作人員發現，所以相較之下海外統指會的檔案大致仍可信，只是這些報告可能如同海外工作一般有著完好的外表，實際內容則未知。更何況，在 *China News* 中的報導並未明確指出製造假報告的情形有多氾濫，故若僅用這一篇報導就否定才召開 24 次會議的海外統指會將有失公允，且海外統指會若真一直無法改善或毫無成果，為何直到 1966 年該會仍有持續存在的紀錄。〔註87〕

根據上述的推論，筆者認為海外統指會檔案確實可能存在假報告，但這種情形若真的是常態，海外統指會應該早就被其他組織給取代。所以與其不斷質疑海外統指會的檔案真實性，倒不如在應用檔案時多加注意，並配合其他相關史料對照與考證即可。

暫且拋開海外統指會檔案可信度的問題，重回到海外統指會的工作重心。海外統指會工作重心一直放在海外與中共的鬥爭，海外與中共的鬥爭實際上可視為國共兩黨在海外的鬥爭，雙方在鬥爭過程都會將僑務、外交、情報等其它相關部門扯入，因此國共兩黨在海外的鬥爭模式相當多面性，且還會因地而異。國共海外鬥爭的多面性，使本文必須再次強調探討國民黨海外黨務發展時，絕對無法與僑務、外交等相關部門完全切割；若執意將海外黨務獨立出來論述，則本文將只能呈現平面的歷史，而無法呈現多面性的立體化歷史，且談論過程將會顯得過於空洞與乏味。所以，下文將延續前兩章的方式，透過實際案例呈現當時海外黨務的運作過程，藉以分析海外黨務在海外統指會期間的運作情況。

海外統指會成立前，海外黨務在歷經改造與發展後在各方面至少建立起一定的基礎，使中央三組與其他相關部門可透過許多方式從事海外工作。日本黨員李電英曾在亞洲地區工作會議中提出：「為建立海外文化工作基地，首要為加強僑校之教育內容，可否在每年運日青菜（原案：以香蕉、

〔註87〕 *China News* 中的 "Write Reports Back Home"，在 1957 年 10 月 4 日海外統指會第 24 次會議中由中央四組提出討論。另外，根據中研院近史所檔案館館藏的海外統指會檔案，最晚收到 1966 年 4 月，由於已超過本研究的時間斷限，故僅提出該檔案名與檔案號資料。上述資料來源：〈海外對匪鬥爭工作統一指導委員會第二十四次會議紀錄〉，《周海通紀錄對匪鬥爭案》，1957 年 10 月 4 日，【近：外】818.11 0009；《海外對中共鬥爭工作統一指導委員會》，1965 月 12 月 01 至 1966 年 4 月 1 日，【近：外】817.1 0080。

鳳梨為限）中，每簍增加「僑校獻捐」辦法，充實僑校經費案。」〔註88〕
希望政府能以反共抗俄基金名義，從對日青菓貿易中每簍附徵「反共獻金」
美金五角做為資助日本黨部、僑社、僑校等相關海外工作機構。〔註89〕中
央三組與六組也欲如法炮製，遂在1957年1月24日的中央工作會議第213
次會議中表示：「查海外對匪鬥爭活動費用，年來以事實需要，支出數額劇
增，如港澳等地每年國慶，即需款項甚鉅，因本黨及政府拙於經費支應，
輒感困難，如依照香蕉輸日提取費用辦法，對於輸港毛豬似亦可規定在原
承辦商所得盈利項下，按月抽成捐助反共費用百分之五，此項捐款，交由
海外對敵工作指導委員會駐港特派員支配運用，以增強對匪鬥爭工作之物
質力量。」〔註90〕結果，中央三組與六組的提案卻直接遭到行政院外匯貿
易審議委員會主任委員徐柏園的否決，徐柏園以：「毛豬輸港偏重政治意
義，目的在打擊共匪壟斷港九市場，經年餘不斷輸出，已見效果，若每月
餘盈利項下提取宣傳費用，似失原意等語。」〔註91〕否決該項提案。但日
本方面的提案最後在海外統指會第5次會議獲得通過，且由政府以捐贈名
義，在免結匯優待下贈送三萬五千簍香蕉，交由日本大使館統籌處理獲利
資金如何分配。〔註92〕港澳與日本的模式雖然有不同的結果，但也說明當
年海外黨務的發展模式不僅充滿彈性，同時再次證明海外黨務與僑務無法
完全切割，若要鞏固舊黨員拉攏新黨員，就必須要有良好的黨務組織維繫
黨部運作，與僑校教育新血替黨部注入新活動力，所以許多海外工作的經
費來源其實都與中央三組所轄的海外黨務有密切的關聯。然而，港澳方面
的請求遭到徐柏園的否決，或許如同徐自己所言：「毛豬輸港偏重政治意義」
有關；另一方面請款理由未如日本僑校緊迫，以及日本黨務相較下更需支
援有關（日本黨部經過多次的整頓仍未獲得良好的成果）。〔註93〕在日本與

〔註88〕「本黨亞洲地區工作會議各項決議案處理意見」，〈中委會第212次工作會
　　　　議會議紀錄〉，《中國國民黨第七屆中央委員會工作會議第209～213次會議
　　　　紀錄》，1957年1月3日，【黨：會議】7.4/212。
〔註89〕同註88。
〔註90〕〈中委會第213次工作會議會議紀錄〉，《中國國民黨第七屆中央委員會工
　　　　作會議第209～213次會議紀錄》，1957年1月24日，【黨：會議】7.4/213。
〔註91〕〈中委會第213次工作會議會議紀錄〉，《中國國民黨第七屆中央委員會工
　　　　作會議第209～213次會議紀錄》，1957年1月24日，【黨：會議】7.4/213。
〔註92〕同註91。
〔註93〕當年日本地區有許多僑校董事會多為親共人士把持，國民黨擔憂僑校學生

港澳的案例中，中央三組已開始透過貿易拉攏海外華僑，並進一步透過貿易盈餘資助當地僑校、黨部發展，此種方式相較於單純吸引華僑來臺投資有著更不同的意義。

不論是輸港毛豬一案，或是香蕉輸日貿易，都展現出國民黨對海外黨務僑務發展的企圖心。然而，並非所有的海外黨務發展都如此順遂與單純，海外黨務主要關切的對象還是黨員與黨部，再進一步透過黨員與黨部展開與共黨的鬥爭；許多有關僑民權益的事件，海外黨部僅能做到通報黨中央或聯繫當地僑領代為出面解決，通常最後還是需要由僑委會與外交部出現與當地政府交涉。上述的情形，在 1952 年菲律賓發生禁僑案與 1956 年越南國籍法問題〔註94〕發生時最為顯著。

1957 年，海外統指會成立後，過去海外工作各機關互不統屬的情況是否獲得改善，以及這個時期海外統指會如何因應海外與中共的鬥爭，中央三組在這些事件中扮演何種角色，都成為檢視海外黨務在海外統指會時期發展的重要依據。

在海外黨務採因地制宜發展模式下，每個地區的案例都有其特殊性，本文無法一一提出，僅能擇要或挑選過去學界較少注意的地區，一般較常見的星馬與美國則在本文中暫不提出討論。另一個現實考量，則是星馬與美國較少出現在海外統指會的會議議案中；星馬與美國的檔案較少之因，

會因此立場親共，所以積極的從事校董會改選活動，期望藉此將校董會中親共人士趕出，改由親國民黨人士接手校董會，以利培養新的忠貞學生黨員。至於日本黨部方面，以東京直屬支部為例，自從 1954 年改選後，黨務始終未能正常推展，組織極度鬆散，最後中央決定由駐日大使沈覲鼎擔任駐日黨務指導員，負責日本黨務整理工作。詳細資料可參考：「本黨亞洲地區工作會議各項決議案處理意見」，〈中委會第 212 次工作會議會議紀錄〉，《中國國民黨第七屆中央委員會工作會議第 209～213 次會議紀錄》，1957 年 1 月 3 日，【黨：會議】7.4/212；〈中委會第 213 次工作會議會議紀錄〉，《中國國民黨第七屆中央委員會工作會議第 209～213 次會議紀錄》，1957 年 1 月 24 日，【黨：會議】7.4/213；〈中常會第 305 次會議會議紀錄〉，《第七屆中央常務委員會第 305～312 次會議紀錄》，1956 年 10 月 1 日，【黨：會議】7.3/28。

〔註94〕1956 年，越南政府的新國籍法政策，引來當地華僑的反彈，中越雙方也為此事鬧的不可開交，雙方外交關係甚至瀕臨決裂。最後中華民國政府決定以外交為最高考量，僑務與海外黨務則成為次要考量，依此思考模式下處理越南國籍法案事件。細部內容可見：趙綺娜，《從越南國籍法案之交涉看我國對越南華僑政策（1956～1957）》（臺北：中研院亞太研究中心，2001 年）。

從海外統指會重視情報與反共復國工作來看，筆者猜測這兩國都不是大陸的鄰國，且與中共的接觸管道有限，無法運送大量情報人員潛入大陸，所以自然不是海外統指會的重點區域，相關檔案數自然也偏少。檢視 1957 年至 1960 年間海外統指會會議紀錄後，以港澳、日本、泰國、印尼、菲律賓、越南的議案最多，其中又以印尼、港澳、日本三地的國共鬥爭情形最為嚴重。所以，下文將接著討論海外統指會成立後，幾個重要的海外工作地點，如何在海外統指會下改組原有的海外工作組織；以及海外統指會成立近兩年來（1957.02～1958.12），海外各地工作小組工作概況；最後，將透過具體案例觀看海外統指會在 1960 年前，如何面對印尼革命軍問題，以及作為當時海外國共鬥爭主戰場的港澳地區，這兩地在 1950 年代的新徵海外黨員數分占一二名（印尼與港澳各占 1950 至 1960 年亞洲地區海外新徵黨員數的 12%與 45%，其中亞洲地區又占全體海外新徵黨員數的 88%），〔註95〕故海外統指會在這兩地的工作成果絕對有其指標性的意義。冀望下文能藉由上述案例，展示海外統指會的具體工作成果，以及本研究在本章最關注的議題：海外黨務在海外統指會中所扮演的角色。

一、重整海外工作組織

1957 年 2 月 20 日，海外統指會召開第 1 次會議，會中決定海外統指會先行接收原有海外工作指導小組之海外組織，日後再依海外統指會的辦法進行改組外；並通過「海外各地區對匪鬥爭工作小組設置通則」與「各地特派員督導員設置通則」法案兩件。〔註96〕

海外統指會成立前海外各地的工作組織健全度不一，且各單位間的合作制度亦不佳，所以海外統指會成立後有意重整原有的海外工作組織，特

〔註95〕1950 至 1960 年，亞洲新徵黨員人數就占國民黨全體海外新徵黨員人數的 88%，而在亞洲新徵黨員總數中，港澳占 45%，印尼占 12%，菲律賓 9%，越南 6%，韓國 6%，泰國 5%，馬來亞 2%，緬甸 1%，日本 1%，其它地區則均不足 1%；另外，當時海外來臺升學的僑生人數中，港澳共有 7249 人，印尼有 2369 人，也分占當時的前兩名，足見港澳與印尼地區是 1950 至 1960 年海外黨務發展的超級指標區域。資料來源：「海外組織工作檢討」，1961 年 4 月 10 日，【中山：鄭彥棻手稿】HW 782.886 8458（5）no.346。

〔註96〕〈海外對匪鬥爭工作統一指導委員會第一次會議紀錄〉，《中國國民黨第七屆中央委員會工作會議第 338～343 次會議紀錄》，1957 年 2 月 20 日，【黨：會議】7.3/366.2。

別是亞洲地區的海外工作組織，其中又以港澳、泰國、日本、菲律賓、韓國這五地為首要對象。〔註 97〕下文亦將簡要說明這五地的海外組織如何重整，以及重整後對原有海外黨務組織造成何種改變。

1. 港澳地區

　　派駐港澳地區原有的工作機構性質就有八種：黨務、情報、外交、僑務、新聞、救濟、文化事業、交通事業八種，其中黨務、情報、文化事業三類之下又各有兩個以上的工作組織。〔註 98〕根據海外統指會第 2 次會議決議，港澳地區組織重整優先針對黨政軍及情報機關派駐港澳之機構人員，對其業務進行檢討與整理。〔註 99〕最後，港澳地區決定設置港澳特派員辦公處負責統一領導原有八類工作組織，以達到工作統一的目的；其中原有黨務與情報機構均併入特派員辦公處重新調整，且不保持原有名義，工作項目亦改由特派員指定適合單位執行，而特派員的命令則來自中央主管機關。〔註 100〕顯然，中央三組在港澳黨務組織改變名義的狀況下，已無法直接下達命令予原駐港澳總支部，一律改為特派員接收命令後再視狀況執行。香港地區自 1953 年英國政府設立專門偵查國共兩黨的組織後，已陸續有許多黨部機構因遭英國當局利用色誘手法破獲而關閉，黨總裁蔣中正曾建議澳門地區應儘快轉為祕密活動，避免步上過去香港地區組織的後塵，且如果能改由女性黨員祕密領導港澳工作小組，或許可降低工作小組遭到查獲的機率。〔註 101〕就現有的資料中並未發現女性黨員領導港澳工作小組活動的訊息，可見這一個提議最後仍不了了之；同時，當年海外黨員

〔註97〕 根據海外統指會歷次會議紀錄，港澳、日本、泰國、菲律賓、韓國五地的海外工作組織最先進行重整工作。

〔註98〕 〈海外對匪鬥爭工作統一指導委員會第三次會議紀錄〉，《中國國民黨第七屆中央委員會工作會議第 344～350 次會議紀錄》，1957 年 3 月 16 日，【黨：會議】7.3/370.3。

〔註99〕 〈海外對匪鬥爭工作統一指導委員會第二次會議紀錄〉，《中國國民黨第七屆中央委員會工作會議第 338～343 次會議紀錄》，1957 年 3 月 2 日，【黨：會議】7.3/368.2。

〔註100〕 〈海外對匪鬥爭工作統一指導委員會第四次會議紀錄〉，《中國國民黨第七屆中央委員會工作會議第 351～358 次會議紀錄》，1957 年 3 月 23 日，【黨：會議】7.3/377.2。

〔註101〕 〈海外對匪鬥爭工作統一指導委員會第六次會議紀錄〉，《中國國民黨第七屆中央委員會工作會議第 344～350 次會議紀錄》，1957 年 4 月 6 日，【黨：會議】7.3/375.3。

中的女性黨員僅占 5.1%，〔註102〕所以要改由女性黨員領導任一地區的海外工作絕對有其難度，但至少蔣的提議在當時是種值得嘗試的突破方案。

2. 日　本

日本一直沒有健全的黨務組織，更無一個統一領導該地海外工作的機構，故暫由駐日大使沈覲鼎主持設置工作會報，並由該會報統一主持日本地區海外工作。〔註103〕首先，依照統一領導辦法第四條規定建立日本地區對匪鬥爭小組（以下內文均簡稱××工作小組，××代表地區，如：日本工作小組）；接著，日本工作小組擬於其下分設：組織、情報、文教、聯戰、經濟五組，工作小組負責人繼續由駐日大使擔任。〔註104〕但這一項提案，卻在中常會第 349 次會議時被蔣中正提出糾正，要求日本工作小組應以黨務為重，情報人員則應減少，同時鹽務總局駐日專門委員似乎無設置必要。〔註105〕日本地區過去同樣沒有一個統一領導的組織，海外統指會希望藉由駐日大使領導日本工作小組，一步一步建立日本地區統一領導組織，換句話說原屬於中央三組管轄的海外黨務部門改由駐日大使指揮。而海外黨務與外交官員對海外工作的關注點一向不同，海外黨務組織改由駐日大使領導後，中央三組欲傳達給海外黨部的命令難保不會遭到駐日大使的修正或留置。

〔註102〕根據《四十六年度的海外黨務》海外女性黨員僅占全體黨員的 5.1%，另依據：「海外工作組織檢討」，1957 年全體海外黨員人數共有 63,996 人，所以可以約略估計 1957 年海外女黨員數約僅有 3263 人左右。上述資料參自：中國國民黨中央委員會第三組編，《四十六年度的海外黨務》（上篇）（臺北：編者自印，1957 年 12 月），頁 22；「海外組織工作檢討」，1961 年 4 月 10 日，【中山：鄭彥棻手稿】HW 782.886 8458（5）no.346。

〔註103〕〈海外對匪鬥爭工作統一指導委員會第四次會議紀錄〉，《中國國民黨第七屆中央委員會工作會議第 351～358 次會議紀錄》，1957 年 3 月 23 日，【黨：會議】7.3/377.2；〈海外對匪鬥爭工作統一指導委員會第五次會議紀錄〉，《中國國民黨第七屆中央委員會工作會議第 344～350 次會議紀錄》，1957 年 3 月 30 日，【黨：會議】7.3/373.2。

〔註104〕〈海外對匪鬥爭工作統一指導委員會第四次會議紀錄〉，《中國國民黨第七屆中央委員會工作會議第 351～358 次會議紀錄》，1957 年 3 月 23 日，【黨：會議】7.3/377.2。

〔註105〕〈海外對匪鬥爭工作統一指導委員會第七次會議紀錄〉，《中國國民黨第七屆中央委員會工作會議第 351～358 次會議紀錄》，1957 年 4 月 13 日，【黨：會議】7.3/377.3。

3. 泰　國

泰國總人口約 22,800,000 人，華僑人數達 3,500,000，約占泰國總人口的七分之一，過去在泰國的海外黨員曾有 21,111 人，到 1957 年時僅剩下 3,447 人；〔註106〕1956 年，鄭彥棻在亞洲地區工作會議中的發言指出泰國黨員人數僅占華僑總人數的 0.1%，〔註107〕顯見泰國華僑雖多，但黨務發展卻有日漸轉弱的趨勢，表示泰國地區的海外黨務發展情況不佳。所以，當海外統指會成立後，在考量泰國地區的黨務、與大陸的相對位置，以及作為東南亞地區重要的反共國家等因素後，海外統指會決意整理泰國地區從事海外工作的各組織。泰國地區的重整模式與日本類似，同樣由駐泰大使杭立武領導駐泰國工作小組，並統一指揮監督駐泰各黨務情報與文化宣傳機構。〔註108〕泰國工作小組重整當地工作組織的方法與日本大致類似，但在過程中有些許的不同。首先，情報人員除對泰國地區的共黨鬥爭需受泰國工作小組的指揮外，其他如滲入大陸後方等情報工作仍受原中央機關的指揮；第二，泰國工作小組需要良好的黨務部門為基礎，所以中央三組將派員負責整理泰國黨部。〔註109〕雖然，泰國工作小組重整時需藉助中央三組先行代為整理泰國黨部，不過整理完畢後中央三組同樣失去直接指揮泰國黨部的權利，就如同日本地區的狀況一樣，必須藉助擔任泰國工作小組的駐泰大使轉達訊息。但泰國與日本地區的海外黨部也因為海外統指會的成立，而獲得再次重整的契機，這一次的重整以原有的黨部為基礎，所以海外統指會的成立亦有助於發展狀況不佳的海外黨部重整原有組織，這一點將有助於海外黨務朝向正面的發展。

〔註106〕〈海外對匪鬥爭工作統一指導委員會第六次會議紀錄〉，《中國國民黨第七屆中央委員會工作會議第 344～350 次會議紀錄》，1957 年 4 月 6 日，【黨：會議】7.3/375.3。

〔註107〕「當前亞洲黨務」，1956 年，【中山：鄭彥棻手稿】HW 782.886 8458（5）no.331。

〔註108〕〈海外對匪鬥爭工作統一指導委員會第九次會議紀錄〉，《中國國民黨第七屆中央委員會工作會議第 351～358 次會議紀錄》，1957 年 5 月 3 日，【黨：會議】7.3/382.2。

〔註109〕〈海外對匪鬥爭工作統一指導委員會第九次會議紀錄〉，《中國國民黨第七屆中央委員會工作會議第 351～358 次會議紀錄》，1957 年 5 月 3 日，【黨：會議】7.3/382.2。

4. 菲律賓、韓國

菲律賓和韓國兩地的對匪鬥爭工作小組重整模式一樣，且在會議上也併案提出，所以在此一併講述。〔註110〕基本上，菲韓兩國的重整模式大致與日本及泰國類似，且提案過程並無太多的異議，這與菲韓兩地黨務組織發展順利有相當大的關係，所以這兩地主要目的是建立統一的工作組織，對於原有組織則無太大的變更。〔註111〕駐菲、駐韓兩地的大使分別領導兩地的工作小組，工作小組內同樣由中央三組的人員擔任祕書，國安局駐外人員負責情報業務；韓國工作小組還包含原中央六組駐韓人員。〔註112〕菲韓兩地工作小組其它方面的組織與業務，大致均與日本、泰國方式雷同，中央三組名義上同樣無法直接指揮當地黨部；但菲韓兩地工作小組的祕書均由中央三組人員出任下，是否可能因為駐菲、駐韓韓兩地大使無暇顧及時，直接轉達中央三組的命令，暫時無足夠的資料證實，不過應可推測中央三組的人員較了解當地僑情，所以祕書的職位多由中央三組人員擔任。

接著海外統指會再陸續組織同樣位於大陸邊境的**越南**、**高棉**兩地工作小組，組織成立模式也比照泰、日、菲、韓模式辦理，均由駐當地大使或公使出面領導工作小組，再配合原中央三組、中央六組、國安局情報人員協同工作。〔註113〕

從海外統指會重整與建立海外工作小組的過程，顯示這一波的海外工作行動並不只是單純的拉攏海外僑民黨員，而是摻雜許多情報與反攻計畫。筆者從當時已建立或欲建立海外工作小組的地區：韓、日、港澳、菲、越南、高棉、泰國、緬甸、印度，這些地區在地理位置上恰好形成對大陸地區的海陸包圍網，也建立起情報人員進入大陸後方的多元管道，且這樣

〔註110〕菲律賓和韓國的工作小組相關紀錄首次見於：〈海外對匪鬥爭工作統一指導委員會第十次會議紀錄〉，《中國國民黨第七屆中央委員會工作會議第359～366次會議紀錄》，1957年5月10日，【黨：會議】7.3/384.4。

〔註111〕〈海外對匪鬥爭工作統一指導委員會第十一次會議紀錄〉，《中國國民黨第七屆中央委員會工作會議第359～366次會議紀錄》，1957年5月17日，【黨：會議】7.3/384.5。

〔註112〕同註111。

〔註113〕越南：〈海外對匪鬥爭工作統一指導委員會第十一次會議紀錄〉，《中國國民黨第七屆中央委員會工作會議第359～366次會議紀錄》，1957年5月17日，【黨：會議】7.3/384.5。高棉：〈海外對匪鬥爭工作統一指導委員會第十九次會議紀錄〉，《中國國民黨第七屆中央委員會工作會議第376～383次會議紀錄》，1957年8月2日，【黨：會議】7.3/406.2。

的包圍網也與美方冷戰時期的想法雷同。而在海外工作須徹底配合反攻政策及與共鬥爭的原則下，中央三組已無法直接發布指導與命令給與海外黨部，必須透過新成立的海外工作小組轉達，使中央三組與海外黨務在整體海外工作中所占份量有逐漸下降的趨勢。

二、海外工作小組工作概況（1957.02 至 1958.12）

1958 年 12 月 10 日，海外統指會祕書處舉行會內第 3 次聯絡會報，針對各地海外工作小組的工作內容進行檢討。〔註114〕當時已成立的海外工作組織，除印尼通訊處與高棉工作小組受當地政治影響而停閉外，日本、韓國、菲律賓、泰國、越南工作小組以及西德工作會報，港澳特派員辦公處，星馬通訊處共八個單位仍正常運作中。在第 3 次聯絡會報中先就日、韓、菲、泰、越、西德六地進行工作成果報告與工作檢討，〔註115〕以下將透過檔案簡要說明這六地的工作概要。各地工作概要內容多述說如何領導華僑從事反共活動，對於情報與其它方面的工作內容則未提。

1. 日　本

日本地區工作小組 1957 年 8 月成立，除時常透過宣傳方式與當地的共產黨員相互鬥爭外。還有其它幾件大型的鬥爭工作，例如：策動當地僑民與反共人士參與 1957 及 1958 年的雙十國慶，發起輿論反對日本與中共簽署貿易協等。但在當地多年以來最重要的工作可能是以下三項：爭取神戶華僑同文學校、監控廖文毅在日本的臺獨活動、策動留學生參加反共組織與活動。〔註116〕其中，又以爭取神戶華僑同文學校與監控廖文毅為主的臺獨活動為主，日本工作小組長期以來對這兩件工作投入許多心力，但最後爭取神戶華僑同文學校一事以失敗收場；〔註117〕對廖文毅為主的臺獨團體

〔註114〕〈海外對匪鬥爭工作統一指導委員會第五十六次會議紀錄〉，《海外對匪鬥爭指導委員會》，1958 年 12 月 26 日，【近：外】816.9 0010。

〔註115〕〈海外對匪鬥爭工作統一指導委員會第五十五次會議紀錄〉，《海外對匪鬥爭指導委員會》，1958 年 12 月 12 日，【近：外】816.9 0008。

〔註116〕〈海外對匪鬥爭工作統一指導委員會第五十六次會議紀錄〉，《海外對匪鬥爭指導委員會》，1958 年 12 月 26 日，【近：外】816.9 0010。

〔註117〕從海外統指會檔案中有關日本的訊息，以爭取神戶同文學校與監控廖文毅為主的臺獨組織兩類最多。爭取神戶華僑同文學校最後並未成功，關於結果與失敗檢討可見：〈海外對匪鬥爭工作統一指導委員會第五十八次會議紀錄〉，《海外對匪鬥爭指導委員會》，1959 年 1 月 23 日，【近：外】816.9 0009。

則始終停留在監控階段，並未有過多的鬥爭活動，但也意識到必須組織與關心留日學生，避免使其親共或出現臺獨思想。最後該團體是由調查局進行策反才瓦解，調查局首先策反廖文毅身邊的重要幹部，使這些重要幹部一一返臺或離開該臺獨組織，1965 年廖文毅終於被迫聲明放棄臺獨理念而返臺投入政府部門工作。〔註118〕

2. 韓　國

韓國地區工作小組，1957 年 8 月成立。韓國工作小組主要的工作都在從事宣傳事宜，透過華文報刊著作拉攏或獲取僑民的支持與同情，其中最大型的活動就是紀念每年的一二三自由日。〔註119〕

3. 菲律賓

菲律賓地區工作小組，1957 年 9 月成立。菲律賓是東南亞國家中與中華民國政府及國民黨關係最好的國家，縱使菲律賓於獨立後實行若干排華政策，也發生「禁僑案」造成當地華僑恐慌，但最後總能和平落幕；所以海外黨務在菲律賓相對友善對待下，獲得不錯的發展成果，更加上菲律賓同屬反共陣營國家，使得當地左傾的華僑不多，自然也不會有太多鬥爭案件，故菲律賓工作小組在該地區的發展相當順利。雖然，在菲律賓工作小組成立前，菲律賓總支部怡朗支部曾破獲中共的 ABC 政工小組，〔註120〕不過在菲國政府大力掃蕩共產黨的政策下，待菲律賓工作小組成立時，基本上已無強有力的共黨組織可與工作小組進行鬥爭。菲律賓工作小組既無需過分擔憂遭菲律賓政府查禁，同時也無強有力的中共黨員做為鬥爭目標下，所能從事的活動就剩宣傳、策進僑團僑領支持政府、雙十國慶、支援八二三炮戰等反共活動〔註121〕。

4. 泰　國

泰國地區工作小組，1957 年 8 月成立。泰國工作小組的發展與菲律賓

〔註118〕廖文毅臺獨組織最後如何被調查局策反和瓦解，詳細的內容可參見：李世傑，《臺灣共和國臨時政府：大統領廖文毅投降始末》（臺北：自由時代出版，1988 年）。

〔註119〕〈海外對匪鬥爭工作統一指導委員會第五十六次會議紀錄〉，《海外對匪鬥爭指導委員會》，1958 年 12 月 26 日，【近：外】816.9 0010。

〔註120〕詳見本論文第二章第四節中有關菲律賓黨務發展的內容。

〔註121〕〈海外對匪鬥爭工作統一指導委員會第五十六次會議紀錄〉，《海外對匪鬥爭指導委員會》，1958 年 12 月 26 日，【近：外】816.9 0010。

有類似的結果。1950 年，泰國與美國的關係日漸密切，1952 年泰國國內通過「反共法」，替海外黨務塑造出有利的發展環境，但自二戰後在泰國的中國國民黨勢力在華僑社會中僅占少數，且在泰國國民黨也無法公開活動下，當地黨務發展成果始終有限。泰國工作小組成立後，從事的主要活動集中在宣傳方面，因為泰國親國民黨的報刊雜誌一向偏少，所以曾策動僑領收購《世界日報》以維持反共力量；另外也建議中央協助忠貞僑領張蘭臣購買埔里糖廠機具設備，以利張資助泰國的反共活動。在泰國黨員僅占泰國華僑的 0.1%情況下，〔註 122〕泰國工作小組的成就自然相當有限，同時共產黨在泰國遭禁後，更失去僑界的直接鬥爭對象，只好也轉向扶助僑領事業和反共宣傳。〔註 123〕

5. 越　南

越南工作小組，1957 年 9 月成立。海外統指會成立前後期間，中華民國政府與越南政府（南越的越南共和國）因為華僑國籍問題，導致雙方外交關係交惡，幾乎瀕臨決裂邊緣。〔註 124〕雖然，中越雙方曾因華僑國籍問題而起衝突，但同為反共陣營的越南政府對於境內華僑的反共工作並未多加阻撓，所以越南工作小組可較無顧慮的從事反共鬥爭活動。越南工作小組主要從事的活動，除宣傳方面的鬥爭行為外，也自行建立調查共諜組織並與越南軍警單位合作，另外更透過中國銀行與交通銀行在越南的分行貸

〔註 122〕「當前亞洲黨務」，1956 年，【中山：鄭彥棻手稿】HW 782.886 8458（5）
　　　　no.331。

〔註 123〕泰國地區的資料來源：巴素（Victor Purcell）著，郭湘章譯，《東南亞之華僑》（上），頁 276；〈海外對匪鬥爭工作統一指導委員會第二十次會議紀錄〉，《中國國民黨第七屆中央委員會工作會議第 376～383 次會議紀錄》，1957 年 8 月 9 日，【黨：會議】7.3/408.2；〈海外對匪鬥爭工作統一指導委員會第五十六次會議紀錄〉，《海外對匪鬥爭指導委員會》，1958 年 12 月 26 日，【近：外】816.9 0010。

〔註 124〕1956 年 8 月 21 日，越南總統吳炎琰簽署第四十八號諭令，修改國籍法第十六條，強迫所有在越南出生的華人，一律歸化為越南籍，而此諭令未公布以前在越出生的兒童，也是適用對象。接著，越南總統吳炎琰更陸續發布一系列的越化法案，但最重要的還是國籍法，日後中越雙方為國籍法一事交惡，甚至瀕臨決裂與斷交邊緣。中華民國政府在處理這件事情時，面臨到外交與僑務的兩難，最後的處理結果明顯的是外交成為國家的最高考量，而越南國籍法一事也在 1957 年正式落幕。細部內容可參見：趙綺娜，《從越南國籍法案之交涉看我國對越南華僑政策（1956～1957）》。

款給《越華晚報》，以維持當地華文報的反共力量。〔註125〕

6. 西　德

西德工作會報，1958年8月成立。由於西德工作會報剛成立，仍處於奠基期，所以僅從事較基礎的工作，還無力從事實質的反共工作。西德工作會報此時主要以聯絡當地反共黨派，以及調查和聯絡僑胞為主。〔註126〕

整體而言，上述六個地區的海外工作小組其工作主要為反共鬥爭，主要方式有：宣傳、舉發共產黨員、擁護政府等活動。但各地區因環境的不同，而展現出強弱不一的反共活動；建立在原有海外黨務基礎上的工作小組，其反共工作的強弱事實上也間接顯示海外黨務過去在該地的強弱。除上述六個地區以外，以下的表3-7統計出至1961年4月為止，海外統指會在海外各地區的工作單位數量，詳見表3-7：

表 3-7：海外對匪鬥爭工作統一指導委員會所屬各地工作單位一覽表（1957～1961.04）

地　區	特派員辦公處	工作小組	工作會報	聯絡小組	聯絡員	設置年月
合計	1	6	2	1	1	－
港澳	1	－	－	－	－	1957年8月1日
泰國	－	1	－	－	－	1957年8月8日
日本	－	1	－	－	－	1957年8月23日
韓國	－	1	－	－	－	1957年8月19日
菲律賓	－	1	－	－	－	1957年9月
越南	－	1	－	－	－	1957年9月
星馬	－	－	－	－	1	1958年3月
西德	－	－	1	－	－	1958年7月17日
寮國	－	1	－	－	－	1959年7月
印度	－	－	－	1	－	1960年4月
溫哥華（加拿大）	－	－	1	－	－	1961年3月31日

資料來源：「海外組織工作檢討」，1961年4月10日，【中山：鄭彥棻手稿】HW 782.886 8458（5）no.346。

〔註125〕〈海外對匪鬥爭工作統一指導委員會第五十六次會議紀錄〉，《海外對匪鬥爭指導委員會》，1958年12月26日，【近：外】816.9 0010。

〔註126〕同註125。

從表 3-7，可知截至 1961 年 4 月前，海外統指會總共在 11 個國家設立其所屬的海外工作單位，且這些國家通通都是反共國家，其中韓國、越南、西德、寮國同樣都因國內共產黨的影響，而導致國家呈現分裂狀態。〔註 127〕

　　另外，當時海外統指會所屬的各地工作單位不僅針對以中共為主的共產黨員進行鬥爭，同時也會針對反對政府的勢力進行監控，如日本的臺獨組織，據悉美國方面亦有類似的情形，藉由組織留學生防堵臺獨思想的蔓延。〔註 128〕

三、印尼革命軍事件對國民黨在印尼黨務的影響

　　1945 年 8 月 15 日，日本宣告無條件投降，17 日以蘇卡諾（Kusno Sosro Sukarno）和哈達（Mohammad Hatta）為首的印尼民族主義者宣告印度尼西亞共和國誕生。印尼獨立運動在歷經與荷蘭的激烈衝突後，1949 年 12 月 27 日，終於正式宣告印尼共和國成立，並由蘇加諾擔任總統。

　　獨立後的印尼雖於 1951 年承認中共政權，但並未因此禁止國民黨在當地華人社會中活動，當然對共產黨的活動也未明令禁止。兩個中國的問題，自然會反映到僑社之中，使得僑社中大致分為左、右兩派的對立立場。雖

〔註 127〕韓國分裂為南北兩韓；越南則是南越、北越；德國分為西德、東德；寮國則是國內政局因共產黨的因素，而導致政局動盪，且時常有內戰與政變發生，國內政治也呈現反共、中立、共產黨三種。有關寮國的資料參自：巴素（Victor Purcell）著，郭湘章譯，《東南亞之華僑》（上），頁 164〜366；郭壽華編著，《越南、寮國、柬埔寨三國通鑑》（臺北：自刊本，1966 年），頁 241〜247。

〔註 128〕美國留學生黨部具備防堵臺獨思想的功能，僅是筆者在閱讀檔案過程中的猜測，而後來在 1970 年代時這一個猜測似乎有成真。第一個美國留學生黨部為 1955 年成立的伊利諾州大學直屬小組，當時成立留學生黨部的原因並非防堵臺獨思想，而是避免留學生被中共吸收，畢竟當時臺獨思想仍未達足以撼動中華民國政府政局的力量。留學生黨部的成立，乃是基於「出國黨員移轉辦法聯繫」的內容，內容中規定海外黨部必須要加強留學生組織，故將留學生黨員獨立成立分部或小組，使黨部與留學生間取得密切聯繫。不過進入 1960 年代後，美國臺獨團體「臺灣獨立聯盟」聲勢日漸壯大，且在彭明敏師生被捕事件後，讓該地的臺獨思想日漸增溫，筆者猜測就這時留學生黨部開始具備反臺獨的功能。資料來源：中國國民黨中央委員會第三組編，《四十四年度海外黨務（上篇）》（臺北：編者自印，1955 年 12 月），頁 11〜12；中國國民黨中央委員會第三組編，《四十五年海外黨務》（上篇），頁 20；陳佳宏，《海外臺獨運動史》（臺北：前衛，1998 年）；陳銘城，《海外臺獨運動四十年》（臺北：自立晚報，1992 年）。

然，印尼並未明令禁止國民黨在當地僑社中活動，但總統蘇卡諾的左傾態
度，常對於支持中華民國政府或國民黨的華僑有所迫害，使得當地的海外
黨務發展空間有限。

　　1958 年，印尼伊斯蘭協議會黨、社會黨與反政府派聯合要求哈達組閣
不成，以普拉威拉奴加拉（Sjarifruddin Prawiranegara）為首的一群人，在巴
東（Padang）組織印尼共和國革命政府（Pemerintah Revolusioner Repubik
Indonesia, PRRI），並與蘇加諾政府互相抗衡，導致印尼內戰爆發；同時，
美國方面因不支持親共的蘇加諾政府，所以亦派遣中央情報局人員協助印
尼革命政府。〔註 129〕

　　印尼內戰並非單純的內戰，這一場內場牽涉到印尼國內各黨、美國等
內外政治勢力。〔註 130〕國民黨在印尼當地的海外黨部也被捲入這一場內戰
之中，1958 年 3 月 26 日印尼地區負責人利用化名吳杰祥發電給黨中央說明
當地情勢，說明當地親左與中立的報刊一律指稱臺灣當局暗中援助革命政
府，且雅加達司令部也已準備進行拘捕當地黨員停閉黨部等行動。〔註 131〕
僑委會在海外統指會第 37 次會議中針對此事做出說明：「印尼自蘇中革命
政府成立後，蘇加諾政府深恐我忠貞僑胞的力量為革命政府所運用，匪俄
亦痛恨我忠貞僑胞在印尼的反共愛國行動，每欲藉機予以打擊，於是盡力

〔註 129〕 李明峻編譯，《東南亞大事紀（1900～2004）》，頁 116。

〔註 130〕 1958 年的印尼內戰有其複雜的前因。1951 年印尼承認中共政權，及蘇俄、
中共雙方對蘇卡諾的態度轉變，使得印共再度死灰復燃，並在印尼各政黨
矛盾間日漸壯大勢力，據信印共茁壯與蘇聯、中共的支持有關，然而並非
所有的政黨都能接受印共的存在。1956 年起，印尼陸續發生副總統哈達
辭職下臺、外長貪污、陸軍叛變等情形；沒多久蘇門達臘陸續有軍人政變
的事件發生，這些兵變的集團希望藉此要求政府讓已辭職的前副總統哈達
出面組閣，但結果卻被執政的印尼國民黨所拒，導致反對印尼國民黨與蘇
嘉諾的政軍人士更加不滿，此時印共勢力也暗中擴張，更加使印尼反共軍
政人士不安。實際上，蘇嘉諾為對付政敵瑪斯友美黨與印尼社會黨，確實
與印共合作來達到他控制國家的目的，使印共再次獲得發展機展。最後，
由於印尼國內各方勢力無法達成協議，故最後爆發內戰，美國方面見到有
機會推翻親共的蘇嘉諾政府自然暗中支持隔命政府。戰爭期間，蘇嘉諾陣
營大肆搜捕印尼境內反共人士，導致僑社中親中國國民黨的華僑遭到拘
捕，同時黨部也被迫暫時停閉，使得國共雙方也被捲入印尼內戰之中。資
料來源：馬樹禮，《印尼的變與亂》（臺北：海外出版社，1965 年再版）；
李明峻編譯，《東南亞大事紀（1900～2004）》，頁 112～118。

〔註 131〕 〈海外對匪鬥爭工作統一指導委員會第三十七次會議紀錄〉，《周海通宣傳
資料》，1958 年 4 月 4 日，【近：外】818.12 0029。

挑撥煽動，藉口革命政府與臺灣有關，空投軍火來自臺灣等進行一連串的排華陰謀，先由報刊的誹謗攻擊到政府的採取行動，發展為左傾群眾的暴動有計畫有步驟的進行，以期全部摧毀我忠貞僑胞生存的基礎，本會鑒於當前情勢的嚴重與迫切，經由鄭委員長彥棻於四月二日發表談話，希望印尼當局基於國際義務與人道立場迅速採取有效措施，防止排華事件之發生，切實保障華僑權益。」〔註132〕僑務委員長鄭彥棻在 4 月 2 日的談話，同樣指稱這一次的事件係當地共黨成員欲借刀殺人之計，打算藉此機會奪取印尼政權，且中華民國政府絕對不會干涉印尼內政，希望印尼當局基於國際義務與人道立場妥為處理。〔註133〕

　　另外，在一份「有關印尼排華運動初步報告」的文件中，對於印尼方面的行為描述更加具體；當地包括《人民日報》、《印尼火炬報》、《東星報》、「安打拉通訊社」、「印尼通訊社」均報導有關臺灣當局介入印尼內戰的新聞，內容一致報導美國與中華民國政府企圖協助革命軍政府，如：「中華民國政府欲與革命政府建交；空投軍火給革命政府的飛機為美國製造，軍火來自臺北，經西貢與星洲送達；杜勒斯要求蔣中正支援革命政府；革命政府透過臺灣當局購買飛機；臺北《聯合報》、《中國新聞》主張支持革命政府等聞。」〔註134〕這些指控都來自於印尼當地的報刊；印尼軍方也特地召開記者會，說明截獲的軍火全都來自於臺灣。〔註135〕根據國民黨黨內的報告，認為這一切都是印尼當地親共人士與當地共黨的不實指控，但在印尼當地這一類的指控似乎獲得多數人的接受，導致當地開始陸續有撕毀中華民國國旗、僑校受攻擊的事端發生，印尼軍方也準備拘捕華僑與海外黨員等情。〔註136〕

　　駐印尼黨務負責人吳杰祥在鄭彥棻等人發表澄清宣言後，4 月 18 日及 26 日再次回電報告當地僑民與黨員情勢和對國內宣言的反應。其內容大致如下：「（一）僑界對於僑委會委員長鄭彥棻的談話反應甚佳，印尼人士也

〔註132〕〈海外對匪鬥爭工作統一指導委員會第三十七次會議紀錄〉，《周海通宣傳資料》，1958 年 4 月 4 日，【近：外】818.12 0029。

〔註133〕來源同註132，來自該份檔案中的「鄭委員長彥棻發表談話內容」。

〔註134〕「有關印尼排華運動初步報告」，〈海外對匪鬥爭工作統一指導委員會第三十七次會議紀錄〉，《周海通宣傳資料》，1958 年 4 月 4 日，【近：外】818.12 0029。

〔註135〕馬樹禮，《印尼的變與亂》，頁 84～85；同註134。

〔註136〕同註134。

認為這是正當的護僑方式。（二）自共黨藉空投軍火事件促使印尼政府取締反共華僑以來，印尼政府中同情我方者始終拒絕共黨的要求；而已經簽字準備執行的命令文件，也被總統蘇嘉諾扣住。傳聞印尼駐聯合國代表對取締反共華僑一事也表示不妥，印尼人士中甚至傳聞臺灣當局擬藉此機會發動大戰，執行反攻大陸的目標，西方及亞洲各國擔憂此事成真，所以都力勸印尼當局三思。（三）耶加達中華商會聯合會負責人朱恕曾兩次被傳詢，但印尼方面並未對其留難。雖然印尼政府中反共人士反對關閉反共報刊，但軍部已於 4 月 17 日下令禁止所有中文報刊，且短期內不會解禁，希望中央政府對此向外宣傳，將此次事件的責任加諸共黨並避免涉及印尼政府。（四）印尼當局曾希望我方停閉黨部以換取印尼政府驅逐反共僑領，但遭我方拒絕；印尼當局對於此事暫時不採取任何行動以減少國際壓力，同時也要求各單位密切注意共黨活動。」〔註 137〕

中央三組對印尼事件進行分析，其中對於印尼黨部拒絕印尼當局要求自動關閉黨所的行為表示肯定，並提醒各黨部：「如自動停閉，此一撤退行動示弱於被或將更召侵辱，亦且影響一般同志情緒。」〔註 138〕同時，亦要求印尼黨部應視情況應變：「（一）假如黨部不幸遭強制停閉，黨員將改以僑民身分繼續活動；（二）同時為加強保密，黨員應盡量採取祕密方式活動；（三）若身分已遭公開，可能面臨被驅逐出境的黨員，經核准後可以登報聲明脫黨，但實際仍保留黨籍繼續從事祕密活動；（四）若無法拒絕印尼政府要求調查黨員名冊時，則提供已顯露身分的黨員名單。」〔註 139〕中央三組尚有其它針對忠貞僑團、僑報僑校、忠貞華僑國籍問題的指示，這些指示多仍希望華僑應避免批評印尼政府，並多參與僑團的反共活動，國籍問題如有需要不妨加入印尼籍，如遭遇驅逐或自願返國者政府自當給予照顧。〔註 140〕

中央三組除針對印尼情勢對黨務僑務做出指示外，同時接獲駐印尼黨員的意見書。四份意見書中，就有三份要求政府以各種形式支援印尼革命

〔註 137〕〈海外對匪鬥爭工作統一指導委員會第三十九次會議紀錄〉，《周海通宣傳資料》，1958 年 5 月 2 日，【近：外】818.12 0029。

〔註 138〕〈海外對匪鬥爭工作統一指導委員會第三十九次會議紀錄〉，《周海通宣傳資料》，1958 年 5 月 2 日，【近：外】818.12 0029。

〔註 139〕同註 138。

〔註 140〕同註 138。

政府，其中不乏：供應軍需物資、軍事顧問、籌組自願軍、訓練在臺僑生返印工作以及攻占爪哇等激進的意見。〔註141〕國防部、外交部、僑委會、國安局等相關單位接獲中央三組提供的意見與報告後，在還不及反應之時，印尼局勢又再度出現新的變化。根據中央三組的報告，5月5日在椰加達一地有 11 人被以從事顛覆活動罪名拘捕，其他各地亦陸續有人遭到拘捕，或者地方黨部遭封閉等情形。〔註142〕同樣在這波拘捕名單中的椰加達中華總會理事長王亞祿曾在3日向僑委會、外交部、國防部發電，希望政府嚴防任何國民參加印尼內戰，僑委會收到電文後亦馬上申明政府從未涉入印尼內戰，並向印尼政府重申保護華僑的用意；外交部也立即循各種外交途徑，試圖與印尼外交人員接觸，並聲明政府並無涉入印尼內戰，希望印尼當局早日釋放無罪華僑；但是國防部與軍方卻未有任何的動作或電文中明此事與軍方毫無關係，至少在海外統指會中的軍方代表未對此事

〔註141〕來源同註138，來自該份檔案中的「關於支援印尼革命之建議列表」。
〔註142〕根據中央三組的報告，被捕人員如下：馬樹禮（立委中華商報社長）、王亞祿（椰城中華總會理事長、大東銀行董事長）、丘元榮（僑務委員）、黃嘉瑞（椰城華聯影片公司經理）、李劍民（椰城中山中學校長）、鈕樹椿（大東銀行董事）、李國元（加瑪烈大學副校長）、饒博基（亞非銀行總經理，已轉入印籍）、謝善才（中央社椰特派員，已入印籍）、梁錫佑（華僑公會理事長，已入印籍）、黃根源（前中華總會理事長，現任椰支部常委，七日始應傳被拘）。另外，萬里洞支部祕書兼培正中學校長李定標亦被拘捕，巨港地區則有十三名中國商人被以協助革命軍交易遭逮捕。5月3日，山口羊直屬支部第八分部國旗與黨徽被要求卸下；7日，泗水直屬支部及《青光日報》被當地政府封閉。另根據馬樹禮的著作：5月5日，首批被捕的共十四人，其中不乏椰加達中華總會理事長、中華商會理事長，閩、廣、客三大會館主持人，銀行、報社、通訊社、中學、大學的負責人。上述資料引自〈海外對匪鬥爭工作統一指導委員會第四十次會議紀錄〉，《周海通宣傳資料》，1958年5月16日，【近：外】818.12 0029；馬樹禮，《印尼的變與亂》，頁86。另根據《印尼華僑志》的內容：椰城衛戍司令部於五月初起，先後逮捕我忠貞僑領馬樹禮、黃根源、王亞祿、梁錫佑、徐琚清、徐軼群、謝善才、李劍民、黃嘉瑞、丘元榮、饒博基、鈕樹椿、李國元、陳星硯、張沾恩、丘漢典、彭精一、朱恕、鄧廣希、徐梅盛、郭品照、楊望俾、方希亮、顏呈植、溫盛通、羅子堅等三十餘人，羈禁在椰城附近之安勒斯荒島。泗水葉立庚、楊少珍等，亦被通知謂印尼國家不歡迎彼等在印尼居住迫令自動離境。資料引述自：華僑志編纂委員會，《印尼華僑志》（臺北：華僑志編纂委員會，1961年），頁56。《印尼華僑志》頁211～214，有其它版本的拘捕名單可供參考。

做出回應。〔註143〕

　　1958年印尼內戰期間，由於印尼當局立場左傾，且當地左派和共黨成員又大肆宣傳中華民國政府同情或資助革命政府的行為，導致當地的親國民黨華僑在此期間蒙受巨大的損失。4月，所有華文報刊遭禁，但左派報刊六星期後便解禁，其他持反共立場的八間報刊則被迫結束，同時來自臺灣與香港的反共及中立報刊亦被禁止進口。6月，國民黨黨部被限令關閉，並要求各地黨員向警政單位自動報到；8月25日，椰加達衛戍司令下令取締國民黨組織與活動，發布命令的理由：「中國國民黨和那些與國民黨有相同傾向的份子的活動是威脅印度尼西亞的安全和秩序。」〔註144〕取締的範圍和對象：「不但中國國民黨的組織及其黨員，凡與國民黨有著相同傾向的集團和組織也被取締，故此命令規定凡在其管理機構、董事會、委託人、股東或僱員中有國民黨份子或曾經一度是國民黨份子的人的團體，都在這法令處理範圍之內。」〔註145〕這一連串法令與措施，使得國民黨在印尼地區的黨部組織元氣大傷，特別是最後的黨部相關機構停閉指令最為嚴重。面對印尼僑民與黨員受迫害，並極可能遭到驅逐出境的情

況下，中央三組約同外交部、僑委會、國安局，中央第二、三組，共同商討對策與後續事宜，商討結果由僑委會與外交部透過官方管道處理，中央三組則嘗試再派員前往印尼刺探最新消息。〔註146〕僑委會方面則已先主動擬訂臨時接待、協助居住、輔導入學、輔導就業四項工作針對印尼歸僑，〔註147〕這對於當時甫新任的僑委會委員長陳清文實是一大

〔註143〕〈海外對匪鬥爭工作統一指導委員會第四十次會議紀錄〉，《周海通宣傳資料》，1958年5月16日，【近：外】818.12 0029。

〔註144〕〈海外對匪鬥爭工作統一指導委員會第四十八次會議紀錄〉，《海外對匪鬥爭指導委員會》，1958年9月5日，【近：外】818.9 0008；華僑志編纂委員會，《印尼華僑志》，頁210。

〔註145〕〈海外對匪鬥爭工作統一指導委員會第四十八次會議紀錄〉，《海外對匪鬥爭指導委員會》，1958年9月5日，【近：外】818.9 0008。有關註144與145的內容，均屬當時印尼軍部發佈的臨時命令，專門針對反共華僑與國民黨員，法案的印尼文統稱為：Kumintang。資料來源：馬樹禮，《印尼的變與亂》，頁87。

〔註146〕〈海外對匪鬥爭工作統一指導委員會第四十八次會議紀錄〉，《海外對匪鬥爭指導委員會》，1958年9月5日，【近：外】818.9 0008。

〔註147〕〈海外對匪鬥爭工作統一指導委員會第四十五次會議紀錄〉，《海外對匪鬥爭指導委員會》，1958年7月25日，【近：外】818.9 0007。

考驗，〔註148〕至於陳清文的處理結果和有多少名印尼歸僑已非本研究所關注的部份，故此方面不再多述。

中央三組對於印尼一地的失敗檢討一如往常，還是強調印尼反共人士與黨員的鬥爭技術不如共黨，以及黨員多為殷實商人導致沒有足夠的財力與時間從事黨務工作。〔註149〕而上述失敗的原因已非新的海外黨務問題，顯見過去籌辦的幹部訓練班等活動，仍無法改變海外黨員鬥爭技術不如共黨的狀況。最後，雖然遭印尼拘捕的黨員和僑領如馬樹禮等人於1959年先後釋放與驅逐出境，但這一回國民黨在印尼與共黨鬥爭不僅失敗，海外黨務也從此元氣大傷以致難已復原，甚至可以說海外黨務從此撤出印尼一地。〔註150〕

就事件的處理過程，駐印尼黨部受到印尼內戰牽連時，中央三組確實於第一時間透過宣傳，並聯繫僑委會、外交部、國防部、國安局等黨政機關協同處理，但在印尼當權者親共的路線下，這些作為實在難有成就，所以仍無法避免忠貞黨員和僑領遭拘捕並先後遭驅除出境的情形，甚至黨部與其外圍組織亦遭查禁。就結果而言，中央三組在這一次的行動可謂完全失敗，雖然有海外統指會做為各機關的聯繫與溝通平檯，但在印尼當局強硬政策下，各機關的努力可謂徒勞無功，僅能安頓與接收願意至臺灣定居的僑民和黨員；且國防部與國安局始終未在會議中證明政府未涉入印尼內戰中，不免讓人留下想像空間〔註151〕；再對比1959年印尼頒布「總統第十號命令」，造成許多華人零售商喪失生計，中共當局隨即派遣「光華輪」前往印尼接回其僑民，前後共四次，並藉由外交管道向印尼政府抗議這樣的行為。〔註152〕明顯的，中央三組與政府部門對於印尼護僑一事不如他

〔註148〕前一任僑務委員會委員長鄭彥棻已於1958年7月16日隨行政院長俞鴻鈞總辭。

〔註149〕〈海外對匪鬥爭工作統一指導委員會第四十九次會議紀錄〉，《海外對匪鬥爭指導委員會》，1958年9月19日，【近：外】818.9 0007。

〔註150〕印尼內戰期間，印尼軍部發布查禁國民黨在當地的黨部與其外圍組織後，從印尼傳回黨中央的訊息便日漸減少，特別是海外統指會自第50次會議後就少有印尼方面的黨務消息，可見印尼黨部方面的活動幾乎可以說已告停止，最大的原因應為原有的領導黨員和僑領不是遭到拘捕就是驅逐出境。

〔註151〕根據近年開放的檔案，國軍似乎曾涉入印尼內戰，且提供軍火予反印尼政府組織。

〔註152〕有關中共接回印尼所屬僑民的資訊可參考：王蒼柏，《活在別處——香港印尼華人口述歷史》（香港：香港大學，2006年一版），頁9。

們的敵人來得積極，當然這也與印尼華人多數已歸入中共國籍有關；〔註153〕但反過來而言，黨政機關在僑民人數少於中共的情況下，處理方式卻未如中共來的大器，顯然有不少環節需要檢討。不過在考量當時中華民國政府與印尼政府的關係，以及臺灣地區地小人稠，能給予印尼僑民的工作機會亦有限下，便能輕易理解當時中華民國政府為何沒有大動作的進行撤僑行動。

四、海外工作基地之一：港澳〔註154〕

　　通常談論海外黨務時會將港澳兩地合併討論，主要原因是兩地黨部均屬駐港澳總支部管理，待海外統指會成立後則歸駐港澳特派員辦公處指揮。不論從早期港澳總支部或晚期港澳特派員辦公處回傳的報告中，總以香港工作占多數，主要原因跟駐港澳總支部與港澳特派員辦公處都設在香港有關，所以香港地區的黨務發展將影響國民黨在港澳的組織運作，故下文將以香港為主體，講述海外統指會期間在港澳地區的海外工作。

　　1949 年港英政府頒佈《社團登記條例》後，長年公開活動的國民黨駐港澳總支部，因為被歸類為由港外創立的政治社團，使國民黨在香港的黨部運動轉入地下化。〔註155〕但受到 1950 年雷震隨洪蘭友視察香港黨務的報告結果，使國民黨並未放棄香港地區黨務，反更加重視。〔註156〕由

〔註153〕 1955 年，中共和印尼雙方簽署「中印雙重國籍協定」，根據協定，在印尼的中國人必須在中國和印尼國籍之間做出選擇。參自：廖建裕，《印尼原住民、華人與中國》（新加坡：新加坡青年書局，2007 年 8 月），頁 155～157；王蒼柏，《活在別處——香港印尼華人口述歷史》，頁 7。

〔註154〕 海外工作基地的說法來自：1958 年 8 月 6 日，美國麥克來致函「聯合情報中心」委員會主席陳大慶，並附「具體工作之建議」一件，附件內容指出幾個可以設為海外工作基地的地區：香港、澳門、日本、東南亞、歐洲、臺灣。其中對於香港的述說最多也最詳盡，因此可以看出香港為當時最重要的海外工作基地。上述資料引自：楊瑞春，《國特風雲——中國國民黨大陸工作祕檔（1950～1990）》，頁 409～411。

〔註155〕 1949 年末，香港警務註冊官根據 1949 年社團條例第五條中有關項目：「註冊官如認定本港社團係為港外地方創立，屬於政治性質機構或團體之分社，或與之聯合或發生關係者，得拒絕註冊；如認定本港社團，似受利用作非法事情，或妨害本港治安、福利或良好秩序情事者，得並拒絕其註冊。」上述內容引自：元邦建，《香港史畧》（香港：中流出版社，1988 年 11 月），頁 215。其它參考來源：周奕，《香港左派鬥爭史》（香港：利訊出版社，2009 年 7 月第四版），頁 10～11。

〔註156〕 詳情可見：喬寶泰，〈中央政府遷臺初期之中國國民黨港澳政策——以雷震、洪蘭友赴港建議為例（一九五〇～一九五一）〉，《港澳與近代中國學

於國民黨仍相當重視香港黨務發展，縱使香港黨務轉入地下化，但國民黨在港澳招收的新黨員人數仍相當可觀，占共 1950 至 1960 年全體亞洲新徵黨員的 45%之多，﹝註157﹞足見國民黨對港澳兩地華僑有一定的影響力。

　　海外統指會正式成立後，原駐港澳總支部改由港澳特派員辦公處指揮，原黨部組織改由港澳特派員辦公處第一處主管。﹝註158﹞表示中央三組失去直接指揮港澳黨部組織的權力。

　　當時，國民黨無法在香港公開活動的狀況下，使在港澳兩地所能從事的黨務活動，及對共黨鬥爭活動多在檯面下暗中較勁。國共雙方均不願意輕易放棄港澳地區組織，與港澳位處大陸東南沿海，均為國共雙方滲透與理解對方的重要管道，以及戰後匯集左、中、右三派人士有關。其中香港更是特別明顯，而造成香港戰後匯集各派政治人士，與當時的香港人口結構有關。1950 年代初期，因國共內戰而逃往香港的難民就多達六十多萬人，而這些難民大多數是親國民黨，或者對共產黨抱著恐懼感，其中某些人在香港地區建立起親國民黨的社團組織，也成為國民黨香港黨務組織在 1950 年代的外圍勢力。﹝註159﹞在這一批難民之中，不僅有各派政治人物，還有一群人來自上海地區的企業家，他們早在國共內戰期間便為了避開共產黨，以及欲選擇較安定與自由的投資環境，而來到香港設廠投資。﹝註160﹞

術研討會論文集》（臺北：國史館，2000 年），頁 621～671。

﹝註157﹞「海外組織工作檢討」，1961 年 4 月 10 日，【中山：鄭彥棻手稿】HW 782. 886 8458（5）no.346。

﹝註158﹞〈海外對匪鬥爭工作統一指導委員會第二十四次會議紀錄〉，《周海通紀錄對匪鬥爭案》，1957 年 10 月 4 日，【近：外】818.11 0009。

﹝註159﹞二戰剛結束時香港總人口數約五、六十萬人，1946 年底人口已一路升到 160 萬，之中有些人是原來的香港住民，也有些欲借道回大陸的居民，因為國內政經出現危機而滯留在港。1949 年年中，香港人口已增至 186 萬人。1949 年年底，中共軍隊逼近廣州，使更多為逃避共產政權的人來港，且逃往香港的難民遠多於返回大陸參加新中國建立的人數。1950 年代初據官方估計，香港人口已達到 230 萬人，其中尚不含非法來港的人。另據 1954 年聯合國難民署的調查顯示，66 萬名難民中有 66%是因為恐懼共產黨政權而出逃，這批難民後來居住於九龍等地，生活狀況悽慘；其中有些親國民黨人士建立起右翼的政治組織。上述引述與參考自：王賡武主編，《香港史新編》（上冊）（香港：三聯，1997 年一版），頁 195～196；劉蜀永主編，《簡明香港史》（香港：三聯，2007 年 7 月第一版五刷），頁 272；姚奇木、陳兆一合著，《香港華僑概況》（臺北：正中書局，1991 年），頁 44～45。

﹝註160﹞關於上海企業家在國共內戰期間遷至香港的著作，可參見黃紹倫的文章，黃透過上海紡織業的例子說明上海企業家選擇香港作為遷移所的原因。詳

不管是當時在香港的政治人士，還是企業人士，都成為國共雙方都時亟欲拉攏的對象，但大體而言，1950 年多數香港居民對政治大多感到厭惡，他們變得既不喜歡大陸，也不喜歡臺灣，故當地黨派報紙的影響力其實相當有限，同時也使國共兩黨在此地區的影響力並非無所限。〔註 161〕

　　在港英政府的限制下，國共兩黨均無法公開活動，僅能透過外圍組織與支持人士進行意識型態上的鬥爭。1950 年代港澳地區最常見的國共鬥爭模式，多以懸掛國旗與國號為主，所以每一年的 10 月 1 日和 10 月 10 日往往是雙方衝突的最高點。其中又以 1956 年的「雙十暴動」最為嚴重，當年有一批右派人士在李鄭屋村徙置區懸掛青天白日旗，結果被大廈管理員以照市政局不得張掛旗幟規定拿下，引來居民不滿，要求管理員為此事道歉。隨後，又有黑社會份子藉機滋事，使當晚事態擴大變成大型暴動，直到 10月 12 日港英政府才完全平息，這一次的暴亂造成上百人傷亡，同時瑞士駐港領事夫婦也遭暴徒攻擊，領事夫人最後甚至傷重不治。〔註 162〕

　　香港因為 1956 年「雙十暴動」的關係，使得港英政府更嚴加取締與查禁國共兩黨在當地的組織。所以，當 1957 年海外統指會在香港設立駐港澳特派員辦公處時，國民黨在當地的海外工作環境已變得更加嚴苛，當時香港地區的海外工作不僅需要與左派人士進行鬥爭外，還時常要提防遭港英政府的取締。當年港英政府的政治部會吸收國民黨停用的人員當內線，以獲取對國民黨在香港的組織情報，或者派員接近親國民黨人士探聽是否有計畫進行可能造成社會騷亂的活動；港英政府不僅對國民黨的相關組織如此，面對中共也同樣採取類似的方式，特別是每年的十一與雙十更會特別謹慎，就怕再一次發生大型暴動。〔註 163〕

可見：黃紹倫著，程美寶譯，〈精英遷移〉，《香港史研究論著選輯》（香港：香港公開大學出版社，1999 年），頁 324～352。
〔註 161〕王賡武主編，《香港史新編》（下冊），頁 521。
〔註 162〕關於 1956 年香港的「雙十暴動」，詳細的描述可見：劉蜀永主編，《簡明香港史》，頁 272～274；姚奇木、陳兆一合著，《香港華僑概況》，頁 48。
〔註 163〕「一週海外匪情僑情簡報」，〈海外對匪鬥爭工作統一指導委員會第二十一次會議紀錄〉，《中國國民黨第七屆中央委員會工作會議第 384～389次會議紀錄》，1957 年 8 月 23 日，【黨：會議】7.3/412.2；「海外匪情僑情簡報」，〈海外對匪鬥爭工作統一指導委員會第四十八次會議紀錄〉，《海外對匪鬥爭指導委員會》，1958 年 9 月 5 日，【近：外】816.9 0008。在海外統指會的檔案中，尚有更多港英政府對國民黨在港活動的查禁紀錄，其中多數都收在「一週海外匪情僑情簡報」或「海外匪情僑情簡報」

相較於香港，澳門黨務發展的情形就順遂多。澳葡政府直到 1966 年才正式禁止國民黨在澳門公開活動。〔註 164〕國民黨在澳門與中共的鬥爭方式，對比現今中共在海外對中華民國政府的打壓方式後，想必會讓國民黨員有時不我與的感覺。1958 年，澳門政府打算舉辦體育會，在約集臺灣中華民國方面的體育代表時，大會提出將同時懸掛葡國旗、青天白日旗、五星旗，臺灣方面隨即表示澳門僑校絕對全力支持這一次的體育會，但希望大會撤掉五星旗；同時，海外統指會也對駐港澳特派員辦公處指示，除繼續堅持向體育會要求撤掉五星旗外，如體育會到時分別編臺灣隊與大陸隊，應立即退出體育會活動。〔註 165〕正所謂十年河東，十年河西，當年的國民黨或許不會想到數十年後，中共也藉由國號、國旗、地區名稱大作文章，並在海外到處打壓國民黨與中華民國政府。

國民黨在香港與澳門兩地的活動模式，由於港英政府與葡澳政府的政策不同，使得兩地黨務活動方式也截然不同。相較於香港的黨務狀況，澳門地區的煙硝味少多了。香港地區的情況如同電影中情報戰，駐在香港的港澳特派員辦公處除須面對與中共的鬥爭，還必須提防遭港英政府吸收的情報人員和偽裝的貴婦及舞女套情報。〔註 166〕所以香港地區的黨務發展成果始終有限，特別是 1956 年的「雙十暴動」後，港英政府對香港境內的政治團體大力掃蕩下，使得國民黨在香港的活力逐步減弱。

港澳特派員辦公處除主持各類型的反共活動，和躲避港英政府的查緝外，也常掩護軍情機關從事祕密任務，但在掩護過程中亦有失手的時候，例如 1957 年 11 月 19 日的「臺船運械案」被查獲，引來香港當地的注意；並也給予中共向倫敦當局抗議的機會。〔註 167〕而這一件事情最後則不了了

中（兩份類型相同，只是後來海外統指會並未每週開會一次，所以才將「一週」兩字拿去）。

〔註 164〕馮漢樹，《澳門華僑概況》（臺北：正中書局，1988 年 11 月），頁 61～62。

〔註 165〕澳門政府舉辦的體育會，所衍生的國旗與國名問題，可見檔案：〈海外對匪鬥爭工作統一指導委員會第三十七次會議紀錄〉，《周海通紀錄對匪鬥爭案》，1958 年 4 月 4 日，【近：外】818.12 0029。但該事件的後續發展，筆者在現存的海外統指會檔案中並未見到相關報告，故無法述說該事件最後如何落幕。

〔註 166〕「海外匪情僑情簡報」，〈海外對匪鬥爭工作統一指導委員會第四十八次會議紀錄〉，《海外對匪鬥爭指導委員會》，1958 年 9 月 5 日，【近：外】816.9 0008。

〔註 167〕詳見：〈海外對匪鬥爭工作統一指導委員會第二十七次會議紀錄〉，《周海

之，未再現於現存的海外統指會之相關檔案中，遂也無法得知這一批軍火是要運往大陸還是香港，以及港英政府的最終是否有追究此事。

整體而言，港澳地區 1950 年代是國民黨海外黨務的重點區域，特別是香港地區，但也因為港英政府禁止國共兩黨公開活動，導致該地的黨務活動成果同樣有限。

　　　※　　　　　　　※　　　　　　　※　　　　　　　※

從港澳與印尼的案例中，可知亞洲地區政情仍未完全穩定，同時冷戰局勢仍在高點，海外各地華僑華人備受影響，因此，海外統指會必須面對的不僅有與共鬥爭工作，還必須擴及外交、僑務層面，及監控海外反中華民國政府或國民黨的團體組織；另一方面美國也繼續干涉亞洲事務，希望藉此讓美國獲得最大利益。當時類似上述的案例尚有許多受限本研究篇幅與題旨無法一一述說，例如日本工作小組嚴密監控廖文毅為主的臺獨組織，並定期向海外統指會匯報最新消息，雖然最後廖文毅組織的瓦解是由調查局策動完成，但廖文毅的臺獨組織讓海外黨務開始關切日本臺籍留學生的問題，及防堵日美兩地留學生投入臺獨活動或反政府的組織中；〔註 168〕美國在資助僑生教育的同時，〔註 169〕更透過金錢與實物援助政府的海外國慶活動。〔註 170〕類似上述的例子在當時多不勝數，但也因為這些例子使國民黨海外黨務背上「干預他國內政」的惡名，〔註 171〕這或許是當年海外黨務始料未及的結果，以及海外黨務逐步轉為幕後，改由

通紀錄對匪鬥爭案》，1957 年 11 月 29 日，【近：外】818.11 0009；〈海外對匪鬥爭工作統一指導委員會第二十九次會議紀錄〉，《周海通紀錄對匪鬥爭案》，1957 年 12 月 20 日，【近：外】818.11 0009。

〔註168〕 由於有關日本臺獨組織的檔案數過多，且直到本文設定結束的 1962 年尚仍繼續存在，故無法一一羅列，但這方面的消息多數記錄在歷次海外統指會中的：「海外匪情僑情簡報」。

〔註169〕 有關美援僑生教育，可詳見：陳月萍，〈美援僑生教育與反共鬥爭（1950～1965）〉（南投：國立暨南國際大學歷史學系碩士論文，2004 年）。

〔註170〕 有關美國資助中華民國政府在海外擴大舉辦雙十國慶一事，可詳見以下數份檔案：〈海外對匪鬥爭工作統一指導委員會第四十五次會議紀錄〉，《海外對匪鬥爭指導委員會》，1958 年 7 月 25 日，【近：外】818.9 0007；〈海外對匪鬥爭工作統一指導委員會第四十八次會議紀錄〉，《海外對匪鬥爭指導委員會》，1958 年 9 月 5 日，【近：外】818.9 0008；〈海外對匪鬥爭工作統一指導委員會第五十二次會議紀錄〉，《海外對匪鬥爭指導委員會》，1958 年 11 月 1 日，【近：外】818.9 0008。

〔註171〕 楊建成，《中國國民黨海外工作理論與實踐，1924～1991》，頁 32。

外交和僑務部門出面交涉及主持僑務事宜的原因之一。

第四節　海外黨務退居幕後

　　從前文可見 1950 年代中後期海外局勢變化給予海外黨務極大的衝擊，表示海外黨務若要繼續在下一個十年中存在，勢必需要再次改變。鄭彥棻 1950 年起就辦理國民黨海外黨務事宜，鄭對自己 1953 年提出的「加強海外工作方案」感到相當自豪，1961 年有鑒於局勢與華僑社會的變化，原有的海外黨務政策必須要再次加以修改，因此鄭於 1961 年 11 月八屆四中全會上提出「當前華僑處境與海外黨務方針」，以此方案作為對過去的檢討與改進。〔註172〕至於政策的執行成效鄭則未多作說明。

　　本研究認為「當前華僑處境與海外黨務方針」與「加強海外工作方案」內容相去無幾，且隔年鄭彥棻便辭去中央三組主任的職位，改由馬樹禮接任，所以馬是否有接續鄭的海外黨務政策，由於這一點已超出本研究的時間斷限，故在此不便續談。事實上，鄭在 1961 年就因為司法行政部業務繁忙，使他在中央三組的業務除非有重大決策，否則多已交由副主任董世芳負責代理行之。〔註173〕

　　海外黨務由公開轉入祕密，並不是 1950 年代中期後才出現的指示，早在 1953 年的「加強海外工作方案」中便已要求：「海外各級黨部應逐步轉為祕密組織，以適應需要，發揮力量，其組織業已公開者，亦應將幹部與黨員逐步隱祕。」〔註174〕但多數的地區由於不夠隱密常遭當地政府查禁，或遭到當地共黨成員騷擾破壞，使得海外統指會成立後為考量組織的保密性，而啟用化名掩護海外統指會及其海外各地的工作小組，通常這些化名每過一段時間變會更換。〔註175〕然而，海外統指會的保密行為並無法挽救

〔註172〕鄭彥棻，《往事憶述》，頁 124～125。
〔註173〕蘇錫文主編，《鄭彥棻先生年譜（初稿）》，頁 130；「海外工作經驗談」，1962 年，【中山：鄭彥棻手稿】HW 782.886 8458（5）no.356。
〔註174〕〈國民黨七屆三中全會第三次會議會議紀錄〉，《中國國民黨第七屆中央委員會第三次全體會議紀錄》，1953 年 11 月 14 日，【黨：會議】7.2/14。
〔註175〕就筆者見過的海外統指會與國民黨七、八兩屆中常會的檔案中，海外統指會最初的化名為「周海通」，1959 年改為「李海興」，後續的檔案中又改為「唐海登」、「谷振海」。其它地區亦有更改化名的情形，如香港從「江品今」改為「麥敬華」；日本由「盛岳星」改為「陳思銘」，後來甚至改用

海外黨部組織遭查禁，特別是作為 1950 年代海外黨務重心區域的港澳與印尼兩地區，也因為如此中央三組的提案也轉趨務實，有關鬥爭的案件幾乎轉由第六組與其他宣傳部門提出，中央三組對華僑教育、華僑投資的議題變得更加積極。〔註 176〕中央三組對海外黨務的提案轉趨務實，筆者認為除中三組可能已明瞭海外黨務的發展有限，不如多關注僑民投資與僑民教育，以鞏固和培養親國民黨的新勢力外；亦可能與海外統指會內部組織的分工有關，使得中央三組無須再花太多心力投入鬥爭與宣傳事宜。

中央三組的提案與關注點轉趨務實，不僅是由於海外黨務組織的發展面臨困境，也與時勢已不利海外黨務組織的發展有關。以海外黨務的重心地區亞洲為例，亞洲各國境內華人逐步轉認同的過程，使得國民黨可以吸收的新黨員日漸減少，雖仍可透過僑生教育培植親中華民國政府與國民黨的海外華人，但海外華人轉認同居住國的趨向已無法阻擋。這樣的發展模式完全符合美國對亞洲地區華人的政策，同時兩個中國局面也幾乎完全定形，雖然 1958 年曾發生八二三炮戰，但仍無損兩岸政權的穩固性；同時在臺灣的中華民國政府更在美國的限制下，使反攻大陸的國策已淪為口號而無法實踐。另外，臺灣方面在美援的強力挹注下，經濟發展已大有起色。海外黨務實無必要在海外另起爭端，此舉將無益於政府的經濟發展和外交政策，所以海外黨務退居幕後乃是時勢所趨。而運用碩果僅存的海外黨部組織輔助僑務與外交部門的工作，則成為 1960 年代後海外黨務必須學習的重大課題。

日式化名；越南從「俞紹周」改為「張國忠」，諸如此類的情形相當多，在此不便一一解說，以下僅附上要求更改化名的檔案來源，或首次見到新化名的檔案：〈海外對匪鬥爭工作統一指導委員會第五十七次會議紀錄〉，《海外對匪鬥爭指導委員會》，1959 年 1 月 9 日，【近：外】816.9 0010；〈海外對匪鬥爭工作統一指導委員會第五十九次會議紀錄〉，《海外對匪鬥爭指導委員會》，1959 年 2 月 6 日，【近：外】816.9 0009；〈海外對匪鬥爭工作統一指導委員會第六十七次會議紀錄〉，《海外對匪鬥爭指導委員會》，1959 年 7 月 3 日，【近：外】816.9 0002。

〔註 176〕 中央三組在海外統指會第 58 次會議中，曾提出建議增進與泰國的貿易，給予當地僑商經營及就業的機會；過往中央三組提到的貿易案多牽涉到忠貞僑領黨員，如泰國張蘭臣購買埔里糖廠設備一事，而這一次則是關注整體僑民，以及政府的經貿措施。詳見：〈海外對匪鬥爭工作統一指導委員會第五十八次會議紀錄〉，《海外對匪鬥爭指導委員會》，1959 年 1 月 23 日，【近：外】816.9 0009。

小　結

　　自從「加強海外工作方案」通過後，東南亞地區的海外黨務發展有不升反降的現象存在，似乎便已說明國民黨在海外的影響已達到上限邊緣。雖然，主導海外黨務的中央三組並不如此認為，但卻也承認海外工作還有極大改進的空間，所以召開「亞洲地區工作會議」，廣邀以亞洲地區為主的海外黨員代表，共同對海外工作遭遇的問題進行討論，其中各地區普遍表達資源資金不足，或者當地黨部、僑務、外交、情報各部門各行其事，互不統屬導致工作成效不良等的怨言。關於亞洲地區工作會議中海外各地代表的提案，中央三組均表示將協同僑務與外交部門共同協力解決，但在過去從事海外工作的各單位普遍存在合作不佳的現象，難道召開一次亞洲地區工作會議便能完全解決這種弊端？

　　從事後發展而言，海外統指會的成立便是為解決過去各機關統合性過差，也是作為扭轉海外黨務漸入頹勢的奮力一搏。由軍方人士出馬掌握海外統指會，中央三組則降位居輔佐角色下，海外統指會自然會關注利於反攻大陸的消息與事件。由此舉可見各單位仍是以自己熟悉的業務為重，所以 *China News* 會出現抨擊海外工作僅注重表面且各單位普遍合作不良的言論，一點也不令人意外。不過也因為海外統指會組織成員來自各機關，使從事海外工作的各機關有一個共同的溝通平臺與管道，然而各單位如何看待海外統指會這個組織就不得而知了。

　　回到本研究關注的海外黨務問題。單從海外統指會的海外工作小組建立，到各地工作小組工作成果報告，以及印尼和港澳地區的案例來觀察海外黨務的發展。皆清楚顯示，中央三組在海外統指會成立後，失去直接控管海外黨部組織的權力，而過去同樣也在海外從事情報工作的中央六組，卻可能因為海外統指會注重情報的性質而提升其在海外的地位與權力。海外統指會成立前，中央三組幾乎代表整體海外黨務，甚至在主任鄭彥棻兼任僑務委員會委員長的同時，更可指揮僑務部門，使黨務僑務雙方在海外相輔相成。但當 1958 年，鄭彥棻隨行政院院長俞鴻鈞總辭，便不再兼任僑務委員會委員長一職後，黨務僑務雙方的關係是否還能如過去那般的密切，特別是 1960 年鄭彥接下行政院司法行政部長一職後，更是值得注意與關切。

　　簡而言之，中央三組在海外統指會成立後，逐步失去其對海外黨部組

織的主導性與操控性，且海外黨務也不再是海外工作的重心。故 1960 年後海外黨務逐步消失在海外工作項目之中，由僑務與外交部門取代是早有徵兆。但並不能將海外黨務重要性降低歸咎給海外統指會的成立，海外黨務在海外工作中的重要性降低，有更多的原因來自整體海外環境已不容海外黨務如過去那般的活動。筆者認為最大的原因來自華僑在國家認同面上逐步轉向認同僑居地政府，和政府的「反攻大陸」政策始終無法付諸實行有關。〔註 177〕當然，楊建成提到的海外黨員籍貫與年齡問題，亦可能是主要因素之一。〔註 178〕

最後，本章節礙於篇幅限制，僅能提供有限的案例來說明海外統指會成立後，海外華僑與國民黨及政府如何互動以及國共兩黨的競爭與鬥爭。實際上，在當時臺灣方面的一舉一動都備受海外僑民的關注，例如 1957 年在臺北發生的劉自然案；〔註 179〕1958 年為因應中共當局讓暨南大學復校，臺灣方面也擬復校與之競爭，〔註 180〕諸如此類競爭的議題仍相當多。

〔註 177〕 1958 年，海外黨員對《中美聯合公報》紛紛發表不滿及失望的言論，而這些言論多刊在海外華人報之中。參考來源：〈海外對匪鬥爭工作統一指導委員會第五十二次會議紀錄〉，《海外對匪鬥爭指導委員會》，1958 年 11 月 1 日，【近：外】816.9 0008。

〔註 178〕 詳細內容可見：楊建成，《中國國民黨海外工作理論與實踐，1924～1991》，頁 39～47。

〔註 179〕 可見檔案：〈海外對匪鬥爭工作統一指導委員會第十三次會議紀錄〉，《中國國民黨第七屆中央委員會工作會議第 359～366 次會議紀錄》，1957 年 5 月 31 日，【黨：會議】7.3/390.2。

〔註 180〕 相關訊息可見檔案：〈海外對匪鬥爭工作統一指導委員會第四十三次會議紀錄〉，《周海通宣傳資料》，1958 年 6 月 27 日，【近：外】818.12 0029。

結　論

　　1950 年，在臺灣的國民黨推行黨務改造運動，希望藉由改造徹底擺脫在中國大陸時期的負面形象，並增強黨員的忠誠與組織的力量。這一波改造是國民黨對 1949 年大失敗的反省與自我整肅，黨務改造是一個全面性的運動，所以海外黨部自然也被納入這一次的黨務改造運動之中，但海外黨務改造的研究成果卻是趨近於零。

　　筆者認為海外黨務與國內黨務有許多的不同，首先海外黨員無須為 1949 年的失敗負責，其次經過長年的戰亂黨中央已無法全盤掌握海外黨部的狀況，所以海外黨務改造並未和國內同時起步，而是待黨中央確定海外黨務的情勢後，才推行適合海外黨務的改造運動。

　　海外黨務改造比國內黨務改造晚啟動，乃是多種歷史因素揉合之下所造成的。在過去的歷史中，海外華僑曾多次協助國民黨與中華民國政府度過難關，因此當 1950 年國民黨撤退至臺灣後，依然有部份華僑願意支持國民黨與中華民國政府完成反共復國大業，雖然這些華僑已是海外華人社會中的少數份子，但還是具備一定的影響力。

　　在當年海外黨員總數大於在臺黨員總數，海外華僑總數也同樣多於在臺軍民總數的背景下，令在臺灣的國民黨難以忽視海外華僑與黨員的力量。國民黨海外黨部一向為海外華僑自發性籌組，黨員忠貞程度也相對高。若能藉由忠貞度高的海外黨員拉攏海外華僑支持國民黨的反共復國大業，成功率不僅可獲得提升，更可藉此向世界宣稱臺灣的中華民國才是唯一合法的中國政權。在這樣的背景因素之下，國民黨推行一連串的運動，企圖恢復海外黨部運作，及恢復僑民對黨與政府的信心。過去的研究中，楊建成稱這些運動為「海外黨務復興運動」，特別是發生在鄭彥棻主持海外黨務

時期（1950～1962 年）的運動。

海外黨務復興運動主要目的為重新獲得海外黨員與華僑的支持，但國民黨在獲得海外黨員與華僑支持前，必須先面對幾項現實的因素，號稱中的 25 萬多名海外黨員數與 1,300 多萬華僑數，對於負責海外黨務改造的第三組而言，可能成為極大的壓力來源。而在龐大的壓力之下，第三組推行海外黨務改造時還有幾個棘手的問題必須面對：（一）海外各地的狀況不一，各國政府對待國民黨的態度也不一；（二）自二戰結束以來，仍有許多黨部與黨中央未回復聯繫，或者黨部工作陷入停頓狀態；（三）海外華僑的認同問題：當地政府、中華民國政府、中共政權；（四）該使用何種方式改造海外黨務。第三組為化解海外黨務改造中可能面臨的問題，花費半年多的時日，對外由主任鄭彥棻至海外訪問僑界與黨部，對內則由副主任李樸生等人召集海外黨員以各種名義回臺參加黨務座談會。第三組用半年多的時間傾聽海外黨員與僑民對海外黨務改造的意見後，最後決定採行「因地制宜」式的海外黨務改造路線，並將國內改造精神與原則落實入海外黨務之中。

事實上，「因地制宜」的原則在海外黨務發展歷史中並非新穎創見，不過第三組主動與海外黨部黨員聯繫，亦主動提出用「因地制宜」作為海外黨務發展原則，表示在 1950 年代初期第三組掌握海外黨務發展主導權的同時，亦主動的去關切海外黨務發展。在第三組的主動運作下，1951 年 4 月第三組向中改會正式提出「中國國民黨海外黨務實施綱要」作為海外黨務改造的最高法源依據；在該方案中不僅海外黨務改造適用因地制宜原則，整理海外黨員時也將採用不同於國內的方式，以期在招收海外新黨員的同時，也同步對原有黨員進行整肅。

第三組在 1950 年代初期的海外黨務改造採行「因地制宜」式的原則，從第三組與國民黨的觀點而言，這表示對海外黨務的主動關心；但若從其它面向來看，是否暗示第三組已無法完全掌控全數的海外黨部，而必須透過更主動的妥協方式來完成黨務改造。筆者會質疑第三組在海外黨務上的主動性，乃是由於國民黨已失去僑鄉做為誘因，就如李道緝所言國民黨在這段時期僅能透過政治與華僑保持連結，因此筆者認為第三組在面對 1950 年代初期的海外黨務問題時，檯面上主動出擊的態勢乃是受環境所迫。第三組在無路可退的情勢下，只剩主動出擊可選擇，若不主動出擊黨務改造

將淪為口號，更遑論要與中共在海外進行鬥爭活動，和推動其他的海外黨務活動及重建國民黨在海外的布局。究竟 1950 年代初期第三組從事海外黨務改造時面臨的困境有多大？透過當時的海外黨員總數便可一目了然，海外黨員總數從號稱的 25 萬多人，銳減到 3 萬多人，便證明海外僑民對國民黨的熱忱已不若以往，表示第三組更無主動出擊以外的方式可選。海外黨務改造前後第三組不斷與海外黨員及僑民互有往來，海外僑民對黨的熱忱還剩多少，想必第三組早已了然於心，故第三組針對海外黨務主動出擊的態度在獲得讚揚之餘時；在另一個層面中，則表示第三組選擇最壞情況中的最佳打算來面對海外黨務。

但海外黨務改造的完成，僅代表完成「海外黨務復興運動」的第一步，改造完畢後的海外黨務如何更進一步發展？關於這方面的研究始終欠缺詳盡的描述。

探討海外黨務改造完成後的海外黨務發展，就必須回歸到黨務運作層面，甚至擴及到以黨為中心的海外工作層面。1950 年代的海外黨務運作模式仍沿襲過去與僑務、外交、情報合作的模式，特別是海外黨務改造完成和在臺灣的中華民國政府穩定後，過去四個組織在海外聯手合作的情形又再次出現於 1950 年代的國民黨海外工作中。1950 年代的國際冷戰局勢，以及韓戰爆發後美國對臺灣及亞洲局勢的關注度提升後，使美國不僅在國內有反共的壓力存在，在海外美國為自身的國際利益，選擇介入東南亞區域的政治，特別是東南亞的華人問題。美國政府希望東南亞華人如無法立即同化於當地，至少也要選擇向臺灣的中華民國政府或國民黨靠攏，這樣的因素下美援不僅侷限在對臺灣的軍事與經濟發展，更在協助支援臺灣僑生教育之餘，在海外發展出另類的「美援」模式。所謂的另類「美援」模式，便是指 1950 年代美國為確保在亞洲對共產主義的圍堵政策（特別是中共），在亞洲地區與國民黨海外工作進行合作，合作方式多以金援為主。

最後，根據檔案中的內容，筆者將當時國民黨海外工作運作模式分為主次兩個大環節，其中主環節包括：黨務、僑務、外交，副環節包括：情報、「美援」。表示當時的海外工作以黨務、僑務、外交為主，情報與「美援」的重要性則不多，但也不容忽視。因為「美援」涉入國民黨的海外工作中，意味著海外工作在 1950 年代也被納入冷戰體系之中，不管是有意還是無意。

　　在海外工作獲得「美援」協助的同時，屬於海外黨務重點區域的亞洲地區，亦開始有國家針對境內的華僑華人和國民黨活動進行打壓。剛完成海外黨務改造的中央三組（已完成改造，故改稱中央三組），在面對各國政府打壓海外黨務的同時，還需要提防海外共黨組織的侵擾，中央三組為面對更新更嚴峻的海外局勢，1953 年成立海外工作指導小組作為黨務、僑務、外交、情報等工作的決策與執行機構。緊接著，中央三組更於 1953 年在七屆三中全會上提「加強海外工作方案」，該方案不僅成為海外黨務改造後的發展準則，同時也給予海外工作新的指示。新指示中指出海外工作已非再以黨務為中心不可，外交、僑務、黨務都有可能成為海外工作實質的領導中心；當黨務在面對海外問題而無法出面領導時，外交與僑務的角色就更顯重要，黨務則退居幕後成為名義上的領導中心。

　　而獲得吳鐵城等人好評的「加強海外工作方案」，大致上仍保持中央三組面對海外黨務的主動性與積極性，但實質上在方案通過前亞洲地區已開始出現變化，使許多地區的華僑和黨部活動陷入新的危機中。「加強海外工作方案」便是為因應新的海外局勢而設計，這個方案的確對從事海外工作的各組織有更加明確的指示，然而中央三組受迫於局勢而提出的新方案，使這時的海外黨務變成主動出擊與被動回應參半。

　　特別是「加強海外工作方案」通過前後，在日本、泰國、菲律賓所發生的事件均說明海外黨務、僑務、外交、情報在海外的合作成果有限，甚至效果不彰，才導致必須要有一個明確的方案指示四連環的運作與領導模式。不過，縱使有良好的指示方案也無法扭轉海外黨務所面臨的困境，例如在日本、泰國兩地的黨務受限於當地環境始終無法擴大發展和運動；而黨務發展良好的菲律賓地區，則在「禁僑案」中暴露當地黨務、僑務、外交、情報系統的連結不周全，導致許多華僑和黨員無辜受累。顯示冷戰與反共國家未必會有利於海外黨務的發展，一個國家反共不代表能容忍國民黨在其境內從事政治活動，但分享境內共黨情報則不在此限制之中，這樣的說法除了菲律賓以外，其他亞洲地區幾乎都能適用。

　　而待「加強海外工作方案」真正通過並實行後，海外黨務發展卻未如預期的漸入佳境。1954 年 9 月 15 日的，中央三組的「最近東南亞僑情報告」透露一向作為海外黨務重點區域的東南亞地區，在這時的海外黨務發展不但沒有向上爬升，反而有逐步下降的趨勢，這種現象勢必給予中央三

組極大的壓力。為扭轉海外黨務在 1950 年代中期面臨的劣勢，中央三組決議召開「亞洲地區工作會議」，會議中邀集海內外熟悉海外黨務工作的人士，冀望能讓海外黨務停止弱化，並轉向好的一面發展。

「亞洲地區工作會議」確實針對 1950 年代中期的海外黨務作出許多建言與批評，冀望黨中央能更積極的發展海外黨務，並正視海外各組織間互不統屬對海外黨務帶來的嚴重性。最後，在黨總裁蔣中正的命令下，中常會依據國安局局長鄭介民在亞洲地區工作會議的提案成立海外對匪鬥爭工作統一指導委員會，該會目的在統合各單位在海外的工作組織，其中包括：海外黨務、僑務、外交、情報、心戰、政戰、文化、宣傳、金融、貿易等各種組織力量。其中，金融與貿易兩工作單位更是首次見於 1950 年代海外工作組織中，顯示海外工作變得更加全面化，兩岸在經濟方面上競爭也成為海外工作的重點之一。

從事後發展而言，海外統指會的成立便是為解決過去海外各機關統合性過差，也是作為扭轉海外黨務漸入頹勢的奮力一搏。在由軍方人士出馬掌握海外統指會，中央三組則改為輔佐角色下，海外統指會偏重關注利於反攻大陸的消息與事件是可以想見的。主持海外統指會的軍方人士較關注海外情報與鬥爭業務，就和過去中央三組主導的海外工作指導小組較注重海外黨務發展一樣，這表示負責主持的單位均無法全盤的關注海外工作，僅偏重與自身有關的業務；海外統指會不僅同樣存在類似的問題，更無力改變海外工作報告內容盡力討好上級的文化。雖然，海外統指會仍無法擺脫過去海外工作組織的弊病，但也非全無建樹，否則就不會一直存在到 1966 年才結束。海外統指會最大的優點在於組織成員來自各機關，使從事海外工作的各機關有一個共同的溝通平臺與管道，然而各單位如何看待這個海外統指會便需另外探究。

從海外統指會的海外工作小組建立，到各地工作小組工作成果報告，以及印尼和港澳地區的案例來觀察海外黨務的發展。這段工作過程中已清楚顯示中央三組在海外統指會成立後，失去直接控管海外黨部組織的權力，而過去同樣也在海外從事情報工作的中央六組，卻因為海外統指會注重情報的性質而提升其在海外的地位與權力。海外統指會成立前，中央三組幾乎代表整體海外黨務，甚至在主任鄭彥棻兼任僑務委員長的同時，更可指揮僑務部門，使黨務僑務雙方在海外相輔相成。但當 1958 年，鄭彥棻

隨行政院院長俞鴻鈞總辭後，便不再兼任僑務委員長一職後，黨務僑務雙方的關係是否還能如過去那般的密切？特別是當 1960 年鄭彥棻接下行政院司法行政部長一職後，這個問題則更是值得注意與關切。

海外統指會成立後，中央三組逐步失去其對海外黨部組織的主導性與操控力，間接的表示黨務已不再是海外工作的重心。所以，1960 年後海外工作轉趨務實，不僅代表僑務與外交部門成為海外工作的新重心，也意味海外黨務自此難以再回復昔日的榮光。

造成海外黨務不再是海外工作的重心，海外統指會的成立並非主要原因，真正的主因與整體海外環境已不容海外黨務如過去那樣的活動。1950 年代海外黨務發展過程中，始終無法解決黨員的籍貫與年齡問題，同時華僑在國家認同面上亦漸轉向認同僑居地政府，再加上政府遲遲無法兌現「反攻大陸」的國策，這是國民黨本身的內務問題。外力方面則是亞洲各國相繼禁止國民黨在境內公開活動，亞洲地區黨員數占全體海外黨員數的77%，若國民黨無法在亞洲地區公開活動，其海外黨務還能有多大的發揮呢？就在海外黨務發展受限，以及各種內外因素交迫下，海外黨務所能獲得的成就日漸減少，這一點從歷年海外新徵黨員人數上便可見出端倪，所以海外黨務最終不得不走入幕後，看著以僑務、外交為主的新海外路線。

由於筆者僅是概要的述說 1950 至 1962 年的海外黨務發展過程，因此對於許多當時海內外發生的事件無法一一述說。例如：古巴黨務在改造時期是少數黨務發展良好的黨部、海外黨務眼中的香港調景嶺難胞、海外僑界對 1957 年的劉自然案觀感、1958 年國民黨曾計畫也讓暨南大學在臺復校以與中共一別苗頭、海外黨務對日本及美國留學生的控管方式、海外僑界對八二三炮戰的觀感等。

筆者提出上述的眾多議題，乃是希望藉此拋磚引玉，吸引華僑華人研究、國民黨研究及冷戰研究者給予這段歷史更多的關注。過去從華僑華人研究角度切入的研究，往往因國民黨海工會檔案尚未開放閱覽而放棄，筆者也曾遭遇同樣的問題而考慮縮短研究斷限，但在翻閱每一次的國民黨黨內會議後發現仍有足夠的史料可以重新建構當年的海外黨務。特別是 1957 年成立的海外統指會檔案，海外統指會檔案現在分存於黨史館與近史所檔案館，兩館均未有該會的完整檔案，筆者推測闕漏的部份可能存在於海工會的檔案之中，不過在翻閱 1957 年至 1962 年年底海外統指會所有的會議

紀錄後，認為目前闕漏的部份對多數的研究議題並不會造成關鍵性的影響，所以希望對這段時期有興趣的研究人員多多善用此份檔案。另外，海外統指會的檔案中不僅與海外黨務有關，對當代外交、經濟亦有極密切的關聯。

參考文獻

壹、中文書目

一、檔　案

（一）中國國民黨中央委員會黨史委員會館藏檔案，台北：

一般檔案

《中央日報》有關海外僑務黨務的剪報、《中外雜誌》剪報

會議紀錄檔案

中改會會議紀錄、第七屆中央委員會工作會議紀錄、第七屆
中央常務委員會會議紀錄、第七次全國代表大會會議紀錄、七屆
三中全會會議紀錄、第八次全國代表大會會議紀錄、八屆四中全
會會議紀錄、第八屆中央委員會工作會議會議紀錄、第八屆中央
常務委員會會議紀錄

期刊

《海外黨務通訊》、《改造》

（二）中央研究院近代史研究所檔案館館藏檔案，台北：

外交部祕書處檔案

818.11 0005、818.11 0006、818.11 0007、818.11 0008、818.11
0009、818.11 0010、818.12 0026、818.12 0027、818.12 0028、818.12
0029、819 0030、816.9 0002、816.9 0003、816.9 0004、816.9 0005、
816.9 0006、816.9 0007、816.9 0008、816.9 0009、816.90010、817.1
0071、817.1 0072、817.1 0073、817.1 0074、817.1 0075、817.1 0076、

817.1 0077、817.1 0078、817.1 0079、817.1 0080、817.2 0003

（三）國立中山大學圖書館鄭彥棻先生特藏，高雄：

《鄭彥棻先生手稿檔案》

《鄭彥棻先生影集》

二、史料彙編

1. 中央改造委員會編，《中國國民黨第七次全國代表大會黨務報告》（下篇）（台北：中央改造委員會，出版年不詳）。

2. 中央委員會第一組編，《中國國民黨六十年來組織之發展》（台北：編者自印，1954 年）。

3. 中國國民黨中央委員會第三組編，《中國國民黨在海外：海外黨務發展史料初稿彙編（上篇）》（台北：編者自印，1961 年）。

4. 中國國民黨中央委員會第三組編，《中國國民黨在海外：各地黨部史料初稿彙編（下篇）》（台北：編者自印，1961 年）。

5. 中國國民黨中央委員會第三組編，《中國國民黨海外黨務法規輯要》（台北：編者自印，1954 年）。

6. 中國國民黨中央委員會第三組編，《四十二年度的海外黨務》（台北：編者自印，1954 年 2 月）。

7. 中國國民黨中央委員會第三組編，《四十三年度海外黨務（上篇）》（台北：編者自印，1954 年 12 月）。

8. 中國國民黨中央委員會第三組編，《四十四年度海外黨務（上篇）》（台北：編者自印，1955 年 12 月）。

9. 中國國民黨中央委員會第三組編，《四十五年度海外黨務（上篇）》（台北：編者自印，1956 年 12 月）。

10. 中國國民黨中央委員會第三組編，《四十五年度海外黨務（下篇）》（台北：編者自印，1957 年 8 月）。

11. 中國國民黨中央委員會第三組編，《四十六年度海外黨務（上篇）》（台北：編者自印，1958 年 2 月）。

12. 中國國民黨中央委員會第三組編，《四十七年度海外黨務（上篇）》（台北：編者自印，1958 年 12 月）。

13. 中國國民黨中央委員會第三組編,《四十八年度海外黨務（上篇）》（台北：編者自印,1959 年 12 月）。

14. 中國國民黨中央委員會第三組編,《四十八年度海外黨務（下篇）》（台北：編者自印,1960 年 6 月）。

15. 中國國民黨中央委員會第三組編,《四十九年度海外黨務（上篇）》（台北：編者自印,1961 年 1 月）。

16. 中國國民黨中央委員會第三組編,《四十九年度海外黨務（下篇）》（台北：編者自印,1961 年 7 月）。

17. 中國國民黨中央委員會第三組編,《五十年度海外黨務（上篇）》（台北：編者自印,1961 年 12 月）。

18. 中國國民黨中央委員會第三組編,《五十年度海外黨務（下篇）》（台北：編者自印,1961 年 7 月）。

19. 中國國民黨中央委員會第三組編,《五十一年度海外黨務（下篇）》（台北：編者自印,1963 年 10 月）。

20. 中國國民黨中央委員會第三組編,《加強海外工作方案》（台北：中國國民黨中央委員會第三組,1965 年）。

21. 中國國民黨中央祕書處編,《中國國民黨中央改造委員會會議決議案》（台北：編者自印,1952 年 12 月）。

22. 邵銘煌、薛化元主編,《蔣中正總裁批簽檔案目錄》（台北：政大歷史系、中國國民黨黨史館,2005 年）。

23. 邵銘煌主編,劉維開編輯,《中國國民黨黨務發展史料：中央改造委員會資料彙編》（上、下）（台北：近代中國出版社,2000～2001 年）。

24. 革命實踐研究院,《總裁言論選輯（二）黨務》（台北：中央委員會,1954 年 10 月再版）。

25. 陳鵬仁主編；劉維開編,《中國國民黨黨務發展史料：海外黨務工作》（台北：近代中國出版社,1998 年）。

26. 僑務委員會編,《僑務二十五年》（台北：海外出版社,1957 年）。

27. 僑務委員會編,《僑務五十年》（台北：僑務委員會,1982 年）。

28. 僑務委員會編，《蔣總統對海外僑胞的指示》（台北：僑務委員會，1967年）。

29. 僑務會議實錄編輯委員會編，《僑務會議實錄》（台北：海外出版社，1952年）。

二、官方出版文獻

1. 中國國民黨中央委員會第三組編，《如何使僑生樂意參加本黨》（台北：中國國民黨中央委員會第三組，1962年）。

2. 中國國民黨中央委員會第三組編，《海外工作方針與僑務政策（自八屆五中全會至九屆五中全會）》（台北：中國國民黨中央委員會第三組，1969年）。

3. 中國國民黨中央委員會第三組編，《黨的僑民運動》（台北：中國國民黨中央委員會第三組，1960年）。

4. 向誠主編，《十二年來：華僑反共救國運動述要》（台北：海外，1961年）。

5. 明鎮華，《中共對拉丁美洲的滲透》（台北：海外，1959年9月）。

6. 明鎮華，《亞洲現勢與中共的滲透》（台北：海外，1961年3月）。

7. 海外出版社編，《十年來的海外僑胞》（台北：海外文庫，1960年）。

8. 梁子衡，《海外工作外一章》（台北：不詳，1961年1月）。

9. 陳德規，《傾銷與滲透》（台北：海外，1958年2月）。

10. 華僑志編纂委員會，《印尼華僑志》（台北：華僑志編纂委員會，1961年）。

11. 華僑志編纂委員會，《華僑志總志》（台北：海外出版社，1956年）。

12. 劉偉森，《僑情與國事》（台北：海外出版社，1962年）。

13. 鄭彥棻，《革命領袖對海外工作的指示》（台北：海外文庫，1953年）。

14. 鄭彥棻，《國父在海外》（台北：海外文庫，1954年）。

15. 鄭彥棻，《華僑文教工作的方針與任務》（台北：海外出版社，1957年7月）。

16. 鄭彥棻，《當前華僑處境與海外黨務方針》（台北：中國國民黨中央委員會第三組，1962 年）。

17. 鄭彥棻，《當前僑務講述綱要》（台北：中央委員會第三組，1957 年）。

18. 鄭彥棻，《僑胞的動向與路向》（台北：海外出版社，1952 年）。

19. 鄭彥棻，《僑務問題的新認識》（台北：海外出版社，1955 年 8 月）。

20. 鄭彥棻講；僑委會編，《當前僑務》（台北：中國國民黨中央委員會第三組，1957 年）。

三、回憶錄、憶述文集、年譜、文集

1. 李樸生，《我不識字的母親》（台北：傳記文學，1978 年）。

2. 沈錡，《我的一生：沈錡回憶錄》（二）（台北：聯經，2000 年）。

3. 陳伯中編，《鄭彥棻八十年》（台北：傳記文學出版社，1982 年 1 月）。

4. 馮成榮，《鄭彥棻傳》（台北：東大圖書公司，1993 年）。

5. 樂炳南，《鄭介民將軍生平》（台北：時英，2010 年 4 月）。

6. 鄭彥棻，《往事憶述》（台北：傳記文學出版社，1985 年 12 月）。

7. 鄭彥棻，《往事憶述》（台北：傳記文學出版社，1985 年 12 月）。

8. 鄭彥棻，《景光集》（台北：三民，1975 年）。

9. 鄭彥棻文教基金會編，《鄭彥棻先生紀念集》（台北：鄭彥棻文教基金會，1991 年 2 月）。

10. 蘇錫文，《鄭彥棻先生年譜（初稿）》（台北：傳記文學，1991 年）。

四、專 著

1. 元邦建，《香港史畧》（香港：中流出版社，1988 年 11 月）。

2. 巴素（Victor Purcell），郭湘章譯，《東南亞之華僑》（上、下）（台北：正中，1966 年初版）。

3. 王良卿，《改造的誕生》（台北：政大歷史系，2010 年）。

4. 王蒼柏，《活在別處－香港印尼華人口述歷史》（香港：香港大學，2006 年一版）。

5. 王賡武，《中國與海外華人》（台北：台灣商務，1994 年）。

6. 王賡武，《香港史新編》（上、下）（香港：三聯，1997年一版）。

7. 任貴祥，《華僑華人與國共關係》（武漢：武漢出版社，1999年）。

8. 任貴祥，《華僑與中國民族民主革命》（北京：中央編譯出版社，2005年）。

9. 向誠主編，《華僑反共救國運動述要》（台北：海外出版社，1961年）。

10. 朱東芹，《衝突與融合──菲華商聯總會與戰後菲華社會的發展》（廈門：廈門大學，2005年）。

11. 朱敬先，《華僑教育》（台北：中華書局，1973年）。

12. 吳俊德，《中國國民黨在海外一百年》（台北：海外出版社，1994年）。

13. 李盈慧，《華僑政策與海外民族主義（一九一二～一九四九）》（台北：國史館，1997年）。

14. 李元瑾主編，《新馬華人：傳統與現代的對話》（新加坡：南洋理工大學、新加坡亞洲研究學會、南洋大學畢業生協會，2002年）。

15. 李世傑，《台灣共和國臨時政府：大統領廖文毅投降始末》（台北：自由時代出版，1988年）。

16. 李明峻編譯，《東南亞大事紀（1900～2004）》（台北：中研院人社中心亞太區域研究專題中心，2006年）。

17. 李雲漢，《中國國民黨史述：第四編保衛台灣與建設台灣》（台北：國民黨黨史會，1994年）。

18. 李樸生等著，《五十年來的華僑與僑務》（台北：正中書局，1997年4月再版）。

19. 李樸生講，《僑務之檢討與展望》（本書不載出版項）。

20. 周奕，《香港左派鬥爭史》（香港：利訊出版社，2009年7月第四版）。

21. 林金枝，《近代華僑投資國內企業概論》（福建：廈門大學，1988年）。

22. 姚奇木、陳兆一合著，《香港華僑概況》（台北：正中，1991年）。

23. 約翰・梅森（John W. Mason）著，何宏儒譯，《冷戰》（台北：麥田，2001年）。

24. 郁漢良，《華僑教育發展史》（台北：國立編譯館，2001年）。

25. 夏誠華,《民國以來的僑務與僑教研究(1912~2004)》(新竹:玄奘大學海外華人研究中心,2005 年)。

26. 袁覲賢,《華僑文教問題》(台北:僑務委員會海外僑團工作幹部講習會,1968 年)。

27. 馬樹禮,《印尼的變與亂》(台北:海外出版社,1965 年再版)。

28. 馬樹禮,《黨務與僑務之配合》(台北:僑務委員會海外僑團工作幹部講習會,1968 年)。

29. 高信,《中華民國之華僑與僑務》(台北:正中書局,1989 年)。

30. 崔貴強,《星馬華人國家認同的轉向(1945~1959)》(修訂卷)(新加坡:新加坡青年書局,2007 年)。

31. 張四德,《美國史》(台北:大安出版社,1993 年二版)。

32. 張四德,《異鄉文化的接受與同化—— 一九四〇至一九六〇年間之美國華僑研究》(臺北:文史哲出版社,1986 年)。

33. 張存武、王國璋著,《菲華商聯總會之興衰與演變:1954~1998》(台北:中央研究院亞太研究計畫,2002 年)。

34. 張希哲,《中華民國的僑生教育》(台北:正中書局,1991 年)。

35. 張曙光,《美國遏制戰略與冷戰起源再探》(上海:上海教育出版社,2007 年 1 月 1 日)。

36. 許福明,《中國國民黨的改造(1950~1952)》(台北:正中書局,1986 年初版)。

37. 郭廷以,《近代中國史綱》(台北:曉園,1994 年)。

38. 郭壽華編著,《越南、寮國、柬埔寨三國通鑑》(台北:自刊本,1966 年)。

39. 陳文壽,《華僑華人僑務:北京視點》(香港:香港社會科學出版社,2007 年)。

40. 陳佳宏,《海外台獨運動史》(台北:前衛,1998 年)。

41. 陳烈甫,《虎克騷亂與社會改革》(台北:正中,1971 年)。

42. 陳烈甫,《菲律賓的歷史與中菲關係的過去與現在》(台北:正中,1970 年二版)。

43. 陳銘城，《海外台獨運動四十年》（台北：自立晚報，1992 年）。

44. 陳樹強，《三民主義僑務政策之實踐與評估》（台北：海華基金會，1994年）。

45. 陳鴻瑜，《越南近現代史》（台北：國立編譯館，2009 年 6 月）。

46. 麥禮謙，《從華僑到華人——二十世紀美國華人社會發展史》（香港：三聯書店，1992 年）。

47. 華僑革命史編纂委員會編纂，《華僑革命史》（台北：正中書局，1981年）。

48. 馮漢樹，《澳門華僑概況》（台北：正中，1988 年 11 月）。

49. 黃馮明編撰，《當前的華僑問題及期展望》（台北：僑務委員會海外僑團工作幹部講習會，1968 年）。

50. 黃福鑾編著，《華僑與中國革命》（香港：亞洲出版社，1954 年）。

51. 楊建成，《中國國民黨海外工作理論與實踐，1924～1991》（台北：楊氏台灣現代史資料出版屋出版，2001 年 11 月 12 日初版）。

52. 楊瑞春，《國特風雲——中國國民黨大陸工作祕檔（1950～1990）》（台北：稻田，2009 年 12 月）。

53. 僑務委員會，《中華民國僑務發展歷程——攜手走過的歲月》（台北：僑務委員會華僑通訊社，1990 年）。

54. 廖建裕，《印尼原住民、華人與中國》（新加坡：新加坡青年書局，2007年 8 月）。

55. 劉伯驥，《美國華僑史》（台北：黎明文化，1981 年）。

56. 劉蜀永主編，《簡明香港史》（香港：三聯，2007 年 7 月第一版五刷）。

57. 潘朝英、賴丹尼，《越南危機》（台北：徵信新聞報，1966 年 10 月）。

五、論　文

1. 毛松年，〈區域性經濟合作趨勢與今日亞洲華僑問題〉，《華僑問題論文集》（第六輯）（台北：海外出版社，1959 年），頁 66～69。

2. 朱浤源，〈中國國民黨在新馬：戰前與戰後的比較〉，《新馬華人：傳統與現代的對話》（新加坡：南洋理工大學、新加坡亞洲研究學會、南洋大學畢業生協會，2002 年），頁 201～258。

3. 李守孔，〈中國國民黨改造之意義與價值〉，《近代中國》，第 43 期（台北：1984 年 10 月），頁 29～41。

4. 李盈慧，〈1949 年以來中華民國的華僑教育政策〉，《暨大學報》第 1 卷第 1 期（1997.3），頁 165～194。

5. 李盈慧，〈「回國」升學：星馬華裔青年與海峽兩岸關係〉，《東南亞與中國：連接、疏遠、定位》（新加坡：新加坡亞洲研究學會，2009 年），頁 87～128。

6. 李盈慧，〈海外青年技術訓練班的創辦與發展〉，《華僑教育學術研討會會議實錄》（南投：國立暨南國際大學，1998 年）。

7. 李雲漢，〈中國國民黨遷台前後的改造與創新，一九四九～一九五二〉，《近代中國》第 87 期（1992.2），頁 19～40。

8. 李道緝，〈構建新「祖國」──鄭彥棻時期（民國 39～47 年）的僑務工作〉，《中央大學人文學報》第 31 期（2007.7），頁 181～207。

9. 林若雩，〈由優勢到競爭：臺灣的僑務政策（一九四九～二○○○）〉，《立法院院聞》29 卷 9 期（2001.9），頁 36～47。

10. 張正藩，〈華僑教育的發展與改進〉，《華僑問題論文集》（第四輯）（台北：海外出版社，1957 年），頁 76～93。

11. 張希哲，〈論僑生教育政策〉，《華僑問題論文集》（第六輯）（台北：海外出版社，1959 年），頁 34～52。

12. 梁子衡，〈華僑政治思想與組織型態〉，《華僑問題論文集》（第四輯）（台北：海外出版社，1957 年），頁 47～61。

13. 梁寒操，〈應以三民主義精神從事僑運〉，《華僑問題論文集》（第六輯）（台北：海外出版社，1959 年），頁 1～10。

14. 莊國土，〈論東南亞華族及其族群認同的演變〉，《時代變局與海外華人的族國認同》（台北：海外華人研究學會，2005 年 3 月），頁 11～50。

15. 陳三井，〈中國國民黨民國三十九年之改造與台灣新政〉，《中國國民黨黨史論文選集》（第五冊）（台北：近代中國，1994 年），頁 559～593。

16. 陳三井，〈鄭彥棻的黨政學三棲生涯〉，《近代中國》第 122 期（1997.12），頁 178～186。

17. 陳以令，〈東南亞華僑前途展望〉，《華僑問題論文集》（第十三輯）（台北：海外出版社，1966 年），頁 39～48。

18. 陳德規，〈華僑國民外交試論〉，《華僑問題論文集》（第四輯）（台北：海外出版社，1957 年），頁 68～75。

19. 喬寶泰，〈中央政府遷台初期之中國國民黨港澳政策——以雷震、洪蘭友赴港建議為例（一九五〇～一九五一）〉，《港澳與近代中國學術研討會論文集》（台北：國史館，2000 年），頁 621～671。

20. 黃紹倫著，程美寶譯，〈精英遷移〉，《香港史研究論著選輯》（香港：香港公開大學出版社，1999 年），頁 324～352。

21. 楊建成，〈中國國民黨海外黨務工作的理論與實踐，1924～1991〉，《海外華人研究》第三期（1995.06），頁 31～50。

22. 趙綺娜，〈外交部亞太司檔案的內容與利用：從一九五〇年代台灣對東南亞華僑（華人）政策談起〉，《近代中國史研究通訊》27 期（1999.3），頁 128～136。

23. 趙綺娜，〈美國政府在臺灣的教育與文化交流活動（一九五一至一九七〇）〉，《歐美研究》31 期 1 卷（2001.3），頁 79～127。

24. 鄧公玄，〈華僑政策的檢討〉，《華僑問題論文集》（第五輯）（台北：海外出版社，1959 年），頁 1～5。

25. 蕭次尹，〈論華僑政策〉，《華僑問題論文集》（第六輯）（台北：海外出版社，1959 年），頁 11～16。

26. 蕭次尹，〈論當前僑務工作的幾個中心問題〉，《華僑問題論文集》（第五輯）（台北：海外出版社，1959 年），頁 6～15。

27. 鍾賢濱，〈蔣總統對華僑問題指示輯要〉，《華僑問題論文集》（第十三輯）（台北：海外出版社，1966 年），頁 7～19。

28. 顏清煌，〈從歷史的角度看海外華人的社會變革〉，《戰後海外華人變化國際學術研討會論文集》（北京：中國華僑出版公司，1990 年），頁 6。

六、學位論文

1. 李明儀，〈僑生回國就學政策之研究〉，高雄：國立中山大學中山學術研究所碩士論文，1992 年。

2. 李靜兒，〈近半世紀的「華僑」教育（1950～2000）〉，台中：私立東海大學歷史學系碩士論文，2004 年。

3. 范雅梅，〈論 1949 年以後國民黨政權的僑務政策：從流亡政權、在地知識與國際脈絡談起〉，台北：國立台灣大學社會學研究所碩士論文，2004 年。

4. 許馨燕，〈華僑及外國人在台投資之檢討（1952～1989）〉，南投：國立暨南國際大學歷史學系碩士論文，2004 年。

5. 陳文峰，〈我國當前僑務政策與措施研究〉，台北：私立中國文化大學民族與華僑研究所碩士論文，1985 年。

6. 陳月萍，〈美援僑生教育與反共鬥爭（1950～1965）〉，南投：國立暨南國際大學歷史學系碩士論文，2004 年。

7. 陳伯壽，〈華僑回國投資之研究〉，台北：私立中國文化大學民族與華僑研究所碩士論文，1986 年。

8. 陳慧嬌，〈偶然身為僑生：戰後不同世代華裔馬來西亞人來台求學的身分認同〉，台北：國立政治大學新聞研究所碩士論文，2005 年。

9. 陳曉慧，〈由上而下的革命：中國國民黨改造之研究（1950～1952）〉，台北：國立政治大學歷史學系博士論文，2000 年。

10. 彭佩琪，〈國民黨政府在美僑社的僑務工作（1949～1960）〉，台北：國立台灣師範大學歷史所碩士論文，2009 年。

11. 彭琪庭，〈香港僑資與台灣紡織業（1951～65）〉，台北：國立台灣師範大學歷史所碩士論文，2009 年。

12. 黃正杰，〈政治民主化與台灣對外僑政策變遷：以對美國僑社政策為例〉，台北：國立台灣大學政治學系博士論文，2009 年。

13. 黃辰濤，〈爭取海外力量：中華民國外交、僑務、黨務在新馬的運作（1945～1957）〉，南投：國立暨南國際大學歷史學系碩士論文，2008 年。

14. 黃清璉，〈華僑與國內觀光事業之發展——如何鼓勵華僑回國投資觀光事業、從事觀光活動〉，台北：私立中國文化大學民族與華僑研究所碩士論文，1985 年。

15. 葉家豪，〈商政角色的延續與斷裂：時代變局下的新加坡中華總商會（1945～1965）〉，南投：國立暨南國際大學歷史學系碩士論文，2007 年。

16. 葛寧佳，〈華僑回國投資機器設備租貸業務之研究〉，台北：私立中國文化大學民族與華僑研究所碩士論文，1985 年。

17. 管訓美，〈現階段我國僑務政策之研究〉，台中：國立中興大學公共政策研究所碩士論文，1983 年。

18. 蔡先容，〈中山先生僑務思想與當今僑務政策之研究〉，高雄：國立中山大學中山學術研究所碩士論文，1992 年。

19. 顏國裕，〈我國僑務政策之研究——民國六十年以後之發展分析〉，台北：國立政治大學公共行政研究所碩士論文，1989 年。

20. 饒慶鈴，〈海峽兩岸推展僑務政策之比較研究：兼論僑教之比較〉，台北：國立台灣師範大學政治學研究所博士論文，2005 年。

貳、英文書目

1. Tan Chee Beng,"People of Chinese descent: language, nationality and idenity"in Wang Ling-chi and Wang Gung wu, ed., *The Chinese diaspora: selected essays,vol.1*, Singapore: Times Academic Press,pp.29-48.

2. Theresita Ang See,"The Chinese in the Philippines: Continuity and Change", in Leo Suryadinata, ed., *Southeast Asian Chinese: The Socio-Cultural Dimension* （Singapore: Time Academic Press，1995）, pp.28-41.

3. Wang Gungwu, *Community and Nation：Essays on Southeast Asia and The Chinese*（Singapore Time Academic Press ,1981.）

4. Wang Gungwu,1996"Sojourning：the Chinese experience in Southeast Asia", in Anthony Reid, ed., *Sojourners and settlers：histories of Southeast Asia and the Chinese* （Honolulu：University of Hawaii Press）,pp.1-14.

5. Yen,Chinghwang, *Studies in Modern Overseas Chinese History* （Singapore: Time Academic Press,1995）

6. Yong C. F. &McKenna, R. B., *The Kuomintang movement in British Malaya, 1912-1949*, （Singapore: Singapore University Press,1990）

附錄一 鄭彥棻與僑務黨務相關事宜年表（1947～1962 年）

日　期		鄭彥棻重要事蹟（與黨務僑務相關事件）	國民黨內重要事件	中外局勢	備　註
民國36年（1947年）	4 月	28 日，奉派為中央政治委員會委員。	28 日，中央政治委員會恢復。下設：政治、經濟、外交、內政、教育五委員會。	奉派為中央政治委員會副祕書長	
	6 月	30 日，奉命協同辦理青年團結束及黨團合併事宜。	30 日，中央常會決議：撤銷三民主義青年團，歸併於黨。		
	7 月	奉派為中央政治委員會副祕書長，黨團統一組織委員會委員兼祕書。	通過「厲行全國總動員戡亂平共匪叛亂方案」、「動員戡亂綱要」。		
	8 月	奉國民政府任命為立法委員。			
	9 月	9 日，當選為黨團合併後之中央執行委員會委員，並奉派任中央執行委員會副祕書長，旋又奉派為黨團統一組織委員會北平、天津視察員。			
	12 月	27 日，由國民黨提名為廣東省第一選區立法委員。			

民國37年（1948年）	1月	當選行憲後第一屆立法委員（廣東第一選區）。			
	5月	8日，擔任立法院〈議事規則〉起草委員。		17日，選出孫科、陳立夫為立法院正副院長。	
	12月	30日，奉總裁批准代理中央黨部祕書長職務。		24日，桂系人士要求蔣介石下野。	
民國38年（1949年）	1月	20日，奉蔣介石指示注意黨務工作，協調各方。	21日，蔣介石留下手諭，提名鄭彥棻記任中央執行委員會祕書長。		蔣介石雖引退但仍身為國民黨總裁，並透過祕電指示鄭彥棻黨務工作。
		24日，中常會通過鄭彥棻繼任中央執行委員會祕書長提案。			
	2月		中央黨部遷穗。		
			8日，中常會在廣州開會，通過革新黨務、整肅紀律案。		
	4月		19日，中常會決議拒絕中共「國內和平協定」之要求。	15日，國共和談第二次正式會議。	
			22日，於國民黨中央常務委員會之下，設「非常委員會」，凡政府重大決策均先由黨中央通過，再由政府執行。	19日，拒絕中共二十四項要求。	
	6月		24日，蔣介石在台北草山設總裁辦公室。		
	12月	5日，奉命前往香港，面請當時在香港的黨國人員赴台。	5日，中央黨部從成都分批撤退至台灣。	中央遷抵成都。	
			11日，中央黨部正式在台北辦公。	11日，行政院決意遷都臺北。	

民國39年（1950年）	1月	奉總裁諭，前往日月潭，研商有關黨務改造是夷，並草擬有關文件。	蔣介石召集黨內高層幹部研商有關黨務改造一事。	1日，麥克阿瑟發表五點援華意見。	
	2月	23日，參加中央常務會議。	23日，中央常務會議以李宗仁出國不歸，政府中樞無主，一致決議：請蔣介石繼續行使總統職權。		
	3月			1日，蔣介石重出擔任總統一職，並任命陳誠為行政院長。	
	6月			25日，韓戰爆發。	
				27日，美總統下令第七艦隊協防台灣。	
	7月		22日，中常會舉行臨時會議，討論總裁蔣介石交議的〈本黨改造案〉。會中修正並通過〈中國國民黨改造方案〉。		
			26日，總裁蔣介石遴派16位為中央改造委員會委員。		
	8月	5日，鄭彥棻被任命為國民黨中央改造委員會委員，同時身兼第三組主任，負責海外工作。	5日，中央改造委員會成立，改造委員宣誓就職，正式展開黨務改造運動。		
	9月	8日，奉令以聯合國代表團顧問名義，隨團赴美，隨後並轉赴美洲各地視察黨務、訪問僑胞。			
		10日，抵三藩市會面僑胞。			
		15日，抵紐約會面僑胞。			

	10月	1 日，抵波士頓。			
		6 日，抵芝加哥。			
		8 日，抵山但寸。			
		9 日，抵墨西哥。			
		14 日，抵覃必古。			
		16 日，抵瓜地馬拉。			
		18 日，抵薩爾瓦多。			
		19 日，抵宏都拉斯。			
		20 日，抵尼加拉瓜。			
		21 日，抵哥斯大黎加。			
		22 日，抵巴拿馬。			
		25 日，抵哥倫比亞。			
		26 日，抵厄瓜多。			
		27 日，抵秘魯。			
	11月	2 日，抵智利。			
		9 日，抵阿根廷。			
		11 日，抵烏拉圭。			
		12 日，抵巴西。			
		15 日，抵委內瑞拉。			
		17 日，抵古巴。			
	12月	13 日，抵華盛頓。			
		17 日，抵費城。			
		18 日，返紐約。			
		26 日，抵加拿大多倫多。			
		28 日，抵加拿大渥太華。			
		29 日，抵加拿大滿地可。			
		31 日，返回紐約。			
民國40年（1951年）	1月	17 日，由紐約抵芝加哥。			
		20 日，抵三藩市。			
		23 日，抵砵崙。			
		24 日，抵西雅圖。			
		25 日，抵加拿大溫哥華。			

		26 日，抵加拿大維多利亞。			
		27 日，抵洛杉磯。			
		28 日，轉飛墨西哥米市卡利。			
		29 日，返三藩市，轉赴沙加緬度後，再返三藩市。			
	2 月	1 日，抵檀香山。			
		7 至 20 日，抵日本，先後前往東京、橫濱、大阪、奈良、神戶、京都、長崎。			
		21 日，自日本東京返回台北。			
	3 月	15 日，向中央改造委員會報告〈現階段海外黨務應如何改造〉。			
	4 月	18 日，提請中央改造委員會第一一七次會議通過:〈中國國民黨海外黨務改造實施綱要〉		25 日，中美雙方為〈軍事援華顧問團〉換文。	
	5 月	21 日，提報中央改造委員會第一三六次會議核備施行，有關海外黨報輔導委員會簡則。			
	6 月	27 日，研訂海外總支部、直屬支部、支部造委員會組織通則，提經中央改造委員會第一四七次及一六一次會議通過。			
民國 41 年（1952 年）	1 月		1 日，中央改造委員會第三組舉辦:華僑愛國運動照片展覽。		
	2 月	6 日，提報中央改造委員會第二九一次會議通過:〈海外華僑青年運動輔導委員會組織〉			

		17 日，前往泰國宣慰僑胞。			
3 月	11 日，仍在泰國訪問僑胞，接政府命令為行政院政務委員兼僑務委員會委員長。			
	14 日，抵越南，訪問西貢。			
	21 日，抵河內。			
	24 日，抵海防。			
	28 日，西貢。			
4 月	2 日，由越南抵高棉金邊。		28 日，〈中日和平條約〉於台北正式簽字。	
	6 日，由高棉返西貢，於西堤聯區訪問僑胞。			
	9 日，抵香港，視察僑團。			
	14 日，返回台灣。			
	16 日，正式接下僑務委員會委員長一職。			
	18 日，依法辭去立法委員一職。			
	23 日，奉派與祕書董世芳攜帶〈總統致旅菲僑胞書〉，赴菲律濱。			
5 月	23 日，向總統報告視察海外之經過。			
8 月	28 日，主持僑委會與中央第三組聯合舉辦的：華僑教育問題座談會。			
10 月	19 日，國民黨七全大會中被選為中央委員，並奉總裁命令擔任第三組主任。	中國國民黨改造完成。		21 日，華僑救國聯合總會成立。
		10 日，召開全國第七次代表大會，成立中央委員會。		
12 月	21 日至 30 日，邀請全球各僑團代表，召開全球僑務會議。			政府表示重視全球僑務會議，訂每年 10 月 21 日為華僑節。

民國 42 年 （ 1953 年 ）	3 月	督導組、會、華僑救國聯合總會策動全球華僑簽訂〈華僑反共救國公約〉		1 日，蔣介石復行總統一職三週年。
	5 月	5 日，出席國民黨七屆二中全會，向全會報告海外黨務工作。		
	6 月	17 日，向中央常會第四十一會議提出〈海外黨務組織綱要〉獲得通過。		
	11 月	12 日，出席國民黨七屆三中全會，提出〈加強海外工作方案〉，於會中討論後通過。		
民國 43 年 （ 1954 年 ）	2 月		15 日，七屆中央委員會臨時全體會議，提名蔣介石為中華民國第二任總統候選人，陳誠為副總統候選人。	2 日，艾森豪解除台灣中立化。
				19 日，國大總統選舉：蔣介石當選第二任總統、陳誠當選副總統。
	3 月	14 日，在台北舉辦海外黨務檢討會議。		
	5 月	27 日，行政院改組，鄭彥棻再度擔任行政院政務委員兼僑務委員會委員長。		20 日，蔣介石、陳誠宣誓就職。
				27 日，行政院改組。
	7 月	12 日，報請行政院會議協助北越僑胞疏散。		
		15 日，辦理撤僑工作。		
	10 月			4 日，舉辦「東南亞華僑青年問題研討會」。
	12 月			3 日，簽署〈中美共同防禦條約〉。

				續執行北越撤僑第二期計畫。	
民國44年（1955年）	2月			5日，第七艦隊協助大陳島徹退。	
	9月	1日，在台北中山堂召開「華僑文教會議」。			
	10月	5日，七屆六中全會第五次大會通過有關海外黨務工作的黨務決議案。			七屆六中全會中通過的海外黨務工作之提示：（一）爭取海外青年向心力；（二）以黨務為僑務核心，以僑務發展黨務；（三）聯繫海外僑團的反共力量；(四)解決來台升學僑生的生活問題，並加強對三民主義的認識。
	11月	12日，在台北實踐堂舉辦「四十四年海外黨務檢討會」。			
民國45年（1956年）	5月	7日，在七屆七中全會五次大會中報告有關海外黨務工作之提案，並獲得通過：有關海外黨務工作之提示。			七屆七中全會通過的海外黨務工作之提示：擴大海外對中共戰鬥力，吸收海外優秀青年，培養海外新生力，並輔導華僑經濟發展。
					8日，泰國中華會館遭中共人士縱火。
	6月	主持成立「回國僑生輔導小組」。			「回國僑生輔導小組」除幫助僑生課業，同時培養他們成為日後海外工作幹部。

	10 月	22 日，在台北市中山堂召開「亞洲地區工作會議」。			31 日，恭祝蔣介石七十華誕，策動海外華僑捐建軍眷住宅，已完成 720 棟。
		28 日，在台北市中山堂召開「華僑經濟檢討會議」。			
民國46年（1957年）	3 月	6 日，參加國民黨七屆八中全會第五次大會，會中通過有關海外黨務工作之提示。			七屆八中全會通過的海外黨務工作之提示：（一）厚植海外新生力量；（二）加強海外外交、僑務、經濟、文化、新戰各部門密切合作；（三）領導僑胞踴躍參加反共復國工作。
	5 月	6 日，向越南華僑廣播，表明我國保護越南華僑決策。			越南華僑發生國籍問題。
		17 日，抵三藩市，並指導駐美國總支部第十三次代表大會。			
		30 日，訪問沙加緬度僑胞。			
	6 月	1 日，抵斐市那。			
		2 日，抵羅安琪。			
		4 日，抵亞路仙度，並就近前往墨西哥的米市卡利。			
		6 日，經羅安琪轉往自利。			
		7 日，返三藩市。			
		11 日，抵砵崙。			
		12 日，抵西雅圖。			
		14 日，抵加拿大溫哥華。			
		15 日，赴維多利亞。			
		19 日，抵溫尼辟。			
		21 日，抵加東之多朗度。			

		22日，轉滿地可。		
		23日，返多朗度。		
		24日，由加拿大轉往美國紐約，開始美東地區視導活動。		
	7月	3日，由紐約轉往華盛頓。		
		7日，前往費城。		
		8日，返回紐約。		
		14日，前往波士頓。		
		16日，返回紐約。		
		22日，前往企李扶崙。		
		23日，抵底特律。		
		24日，抵芝加哥。		
		26日，轉往南美洲的山旦寸。		
		27日，抵休士頓。		
		29日，返抵紐約。		
		30日，啟程前往歐洲。		
		31日，抵英國倫敦。		
	8月	3日，抵比利時布魯塞爾。		
		7日，抵法國巴黎。		
		10日，抵西班牙馬德里。		
		16日，由巴基斯坦喀拉蚩飛抵泰國曼谷。		
		20日，抵香港。		
		27日，返回台北。		
	10月	10日，參加國民黨第八次全國代表大會，並獲選為第八屆中央委員。	10日，召開第八次全國代表大會，並選舉新任中央執監委員。		「華僑救國聯合總會」召開期間：10月21日至28日。
		21日，出席「華僑救國聯合總會」。		

民國47年（1958年）	4月	5日，表達對關心華僑處境，並呼籲印尼保障我國僑胞。			
		22日，赴菲律濱指導總支部第十六次代表大會，並視導當地僑務黨務。			
	7月	8日，先前籌備的「華僑金融信託公司」，奉准擴展業務改設「華僑商業銀行」。			
		16日，隨行政院長俞鴻鈞總辭，專任黨內第三組主任。			
	8月			23日，爆發八二三炮戰。	
	10月	27日，主持在台北賓館舉辦的「四十七年海外黨務座談會」。			「四十七年海外黨務座談會」召開期間：10月27至29日。
民國48年（1959年）	1月	1日，向海外僑胞和大陸同胞廣播，支持反共革命，以三民主義建立新中國。			
	5月	22日，主持「戰時海外黨務研討會」。			「戰時海外黨務研討會」檢討：海外各地工作情形、研討今日海外黨務工作方針。
	6月	28日，主持「四十八年應屆畢業大專院校之僑生同志座談會」。			「四十八年應屆畢業大專院校之僑生同志座談會」討論：各僑居地情情和黨務需加強部份。
	8月			7日，八七水災。	
	11月			17日，印尼排華，造成流血事件。同時，菲律賓限華籍旅客兩星期內離境。	

民國49年（1960年）	1月			10日，國民大會第三次會議定於2月20日台北舉行。	
	3月	邀請海外國大代表及海外中央評議委員，舉行座談會。		21日，國民大會選出第三屆中華民國總統蔣介石，副總統陳誠。	
	5月			20日，正、副總統宣誓就職。	
	6月	1日，行政院改組，鄭彥棻奉派接任司法行政部長兼行政院政務委員。		18日，美國總統艾森豪訪華。	
民國50年（1961年）	3月	參加華僑商業銀行開業典禮。			
	11月	在八屆四中全會提出〈當前僑處境與海外黨務方針〉			這一年由於鄭彥棻在司法行政部業務繁忙，所以中央第三組業務除非重大決策，否則都交由副主任董世芳代行處理。
民國51年（1962年）	12月	奉准辭卸中央第三組主任，專任司法行政部長。			

資料來源：蘇錫文，《鄭彥棻先生年譜（初稿）》（台北：傳記文學，1991年）。
　　　　　馮成榮，《鄭彥棻傳》（台北：東大，1993年）。
　　　　　鄭彥棻，《往事憶述》（台北：傳記文學，1985年）。

附錄二　1950 至 1960 年間海外黨務組織各類統計表

表一：歷年海外組織之發展（1950～1960）

年　份		中央直屬			海外黨部所屬					黨員人數
		總支部	直屬支部	直屬分部	支部	直屬分部	分部	小組	通訊處	
第一階段	1950	10	79	5	66	46	1,412	—	189	總整理期間
	1951	10	79	5	66	46	1,412	—	189	31,742
	1952	12	78	5	66	46	1,810	—	189	35,935
第二階段	1953	12	78	5	66	46	1,810	69	189	47,601
	1954	12	79	6	66	46	1,810	521	189	48,709
	1955	12	80	6	66	46	769	1,003	62	54,069
	1956	12	80	7	65	50	765	1,432	33	61,280
	1957	12	80	8	59	51	765	1,892	33	63,996
第三階段	1958	12	80	11	59	51	767	1,901	33	65,003
	1959	13	81	11	67	47	759	2,176	33	69,142
	1960	13	71	10	77	48	792	2,295	33	71,465

資料來源：「海外組織工作檢討」，擬稿日期不詳，國立中山大學圖書館特藏，《鄭彥棻先生手稿檔案》，檔號：HW 782.886 8458（5） no.346。

表二：1960 年中央直屬海外黨部數

地　區	總支部	直屬支部	直屬分部
亞　洲	6	43	－
美　洲	4	19	6
大洋洲	2	5	－
歐　洲	1	－	3
非　洲	－	4	1
總　計	13	71	10

資料來源：「海外組織工作檢討」，擬稿日期不詳，國立中山大學圖書館特藏，《鄭
　　　　彥棻先生手稿檔案》，檔號：HW 782.886 8458（5）no.346。

表三：歷年海外組織由公開轉為祕密概況（1950～1960）

時　期	組　織			黨員人數	由公開轉為祕密組織之地區
	總支部	直屬支部	小組		
第一階段（1950～1952）	2	14	－	4,994	港澳總支部 印度總支部 星馬地區十四個直屬支部
第二階段（1953～1957）	4	34	1,874	21,984	緬甸總支部 泰國總支部 高棉直屬支部 印尼地區十九個直屬支部
第三階段（1958～1960）	6	35	2,117	37,318	越南總支部 古巴總支部 寮國直屬支部

資料來源：「海外組織工作檢討」，擬稿日期不詳，國立中山大學圖書館特藏，《鄭
　　　　彥棻先生手稿檔案》，檔號：HW 782.886 8458（5）　no.346。

表四：歷年港澳總支部組織之發展（1950～1960）

時　期	組　織			黨　員		新黨員	
	支部	分部	小組	人數	發展百分比	人數	發展百分比
第一階段終了1952 年底	7	61	0	4994	100	1,901	100

第二階段終了 1957 年底	8	102	1,874	15,235	305	11,096	583
第三段現況 1960 年底	9	128	1,991	18,839	377	14,692	773

資料來源：「海外組織工作檢討」，擬稿日期不詳，國立中山大學圖書館特藏，《鄭
彥棻先生手稿檔案》，檔號：HW 782.886 8458（5）no.346。

表五：海外對匪鬥爭工作統一指導委員會所屬各地工作單位一覽表

地　　區	特派員 辦公處	工作 小組	工作 會報	聯絡 小組	聯絡員	設置年月
合計	1	6	2	1	1	
港澳	1	－	－	－	－	1957 年 8 月 1 日
泰國	－	1	－	－	－	1957 年 8 月 8 日
日本	－	1	－	－	－	1957 年 8 月 23 日
韓國	－	1	－	－	－	1957 年 8 月 19 日
菲律賓	－	1	－	－	－	1957 年 9 月
越南	－	1	－	－	－	1957 年 9 月
星馬	－	－	－	－	1	1958 年 3 月
西德	－	－	1	－	－	1958 年 7 月 17 日
寮國	－	1	－	－	－	1959 年 7 月
印度	－	－	－	1	－	1960 年 4 月
溫哥華（加拿大）	－	－	1	－	－	1961 年 3 月 31 日

資料來源：「海外組織工作檢討」，擬稿日期不詳，國立中山大學圖書館特藏，《鄭
彥棻先生手稿檔案》，檔號：HW 782.886 8458（5）no.346。

表六：歷年海外新徵黨員之性別分析（1950～1960）

年　　份		合計	男	女	女性新黨員所 占百分比（%）	新徵女性黨 員累積數
總　　計		32,580	30,422	2,158	7	－
第一階段	1950	1,986	1,811	175	9	175
	1951	1,478	1,418	60	4	235
	1952	5,363	5,172	191	4	426

	1953	4,914	4,717	197	4	623
	1954	4,018	3,909	109	3	732
第二階段	1955	3,842	3,675	167	4	899
	1956	3,146	2,921	225	7	1,124
	1957	2,214	1,964	250	11	1,374
	1958	2,516	2,117	339	13	1,713
第三階段	1959	1,490	1,270	220	13	1,933
	1960	1,613	1,388	225	14	2,158

資料來源：「海外組織工作檢討」，擬稿日期不詳，國立中山大學圖書館特藏，《鄭彥棻先生手稿檔案》，檔號：HW 782.886 8458（5） no.346。

表七：歷年海外新徵黨員年齡分析（1950～1960）

年齡別	人　數	各年齡組織及其以下各組人數累積
總　計	32,580	—
16～20	3,589	3,589
21～30	10,656	14,245
31～40	11,242	25,478
41～50	5,173	30,660
51～60	1,558	32,218
61～67	362	32,580

說明：1. 新徵黨員平均年齡為三十二歲。
　　　2. 歷年新徵黨員之年齡在三十三歲以下者，百分之四十四，四十歲以下者百分之七十八。
　　　3. 歷年新徵黨員之平均年齡逐年遞減，自三十九年之三十四歲至四十九年降為三十二歲。

資料來源：「海外組織工作檢討」，擬稿日期不詳，國立中山大學圖書館特藏，《鄭彥棻先生手稿檔案》，檔號：HW 782.886 8458（5） no.346。

表八：歷年海外新徵黨員職業分析（1950～1960）

職　業　別	人　數	百　分　比
總計	32,580	100
商	10,808	33
工	9,967	30
學生	4,904	15

文教	2,403	8
農	1,851	6
其它	2,647	8

說明：職業分類中「商」係指店東經理；「工」係包括各種產業及職業工人；「文教」
　　　包括學校教職員、報館編輯、家庭教師等；「農」係指在當地務農生活者。
資料來源：「海外組織工作檢討」，擬稿日期不詳，國立中山大學圖書館特藏，《鄭
　　　彥棻先生手稿檔案》，檔號：HW 782.886 8458（5）　no.346。

表九：各地區歷年海外新徵黨員分析（1950～1960）

地 區 別	人 數	百 分 比
總計	32,580	100
亞洲	28,995	88
港澳	14,692	45
印尼	3,872	12
菲律賓	3,052	9
越南	1,947	6
韓國	1,828	6
泰國	1,514	5
馬來亞	729	2
緬甸	490	1
日本	374	1
星加坡	154	0.5
帝汶	149	0.5
高棉	91	0.3
寮國	67	0.2
北婆羅洲	20	微量
印度	16	微量
美洲	1,739	6
北美	1,077	3
西印度群島	249	1
南美	215	1
中美	198	1
大洋洲	1,066	3

歐洲	514	2
非洲	266	1

資料來源：「海外組織工作檢討」，擬稿日期不詳，國立中山大學圖書館特藏，《鄭
彥棻先生手稿檔案》，檔號：HW 782.886 8458（5） no.346。

表十：歷年海外新徵黨員籍貫分析（1950～1960）

年　份		合計	廣東		福建		其它省籍	
			人數	占當年人數百分比	人數	占當年人數百分比	人數	占當年人數百分比
總　計		32,580	23,990	74	3,745	11	4,845	15
第一階段	1950	1,986	1,295	65	395	20	298	15
	1951	1,478	972	66	421	28	85	6
	1952	5,363	3,655	68	1,059	20	649	12
第二階段	1953	4,914	3,612	74	570	11	732	15
	1954	4,018	3,149	78	141	4	728	18
	1955	3,842	3,235	84	135	4	472	12
	1956	3,146	2,436	78	169	5	541	17
	1957	2,214	1,642	74	194	9	378	17
第三階段	1958	2,516	1,958	78	155	6	403	16
	1959	1,490	872	59	269	18	349	23
	1960	1,613	1,164	72	239	15	210	13

說明：其他省籍包括冀、魯、豫、蘇、浙、皖、贛、湘、鄂、川、滇、貴、黔、東
北等省。
資料來源：「海外組織工作檢討」，擬稿日期不詳，國立中山大學圖書館特藏，《鄭
彥棻先生手稿檔案》，檔號：HW 782.886 8458（5） no.346。

表十一：海外黨部委員平均年齡（1953～1960）

年　別	1953	1954	1955	1956	1957	1958	1959	1960
平均年齡	61	59	54	51	51	51	49	49

資料來源：「海外組織工作檢討」，擬稿日期不詳，國立中山大學圖書館特藏，《鄭
彥棻先生手稿檔案》，檔號：HW 782.886 8458（5） no.346。

表十二：海外各地區黨部委員平均年齡（以最近一屆委員年齡為依據）

地　　區	平　均　年　齡
總平均	49
亞洲	47
菲律賓	48
泰國	46
緬甸	43
越南	49
高棉	51
寮國	45
星馬	50
印尼	49
帝汶	47
日本	46
韓國	47
港澳	49
美洲	51
北美	50
中美	52
南美	52
西印度群島	51
歐洲	50
非洲	50
大洋洲	51

資料來源：「海外組織工作檢討」，擬稿日期不詳，國立中山大學圖書館特藏，《鄭彥棻先生手稿檔案》，檔號：HW 782.886 8458（5）no.346。